Robert Misik

Gott behüte!

Warum wir die Religion aus der Politik raushalten müssen

Robert Misik, taz-Kolumnist, profil-Journalist, Blogger und Videoblogger (www.misik.at). Autor des Politbestsellers »Genial dagegen. Kritisches Denken von Marx bis Michael Moore« (AtV 7058). Lieferbar bei Aufbau »Politik der Paranoia. Gegen die neuen Konservativen«, bei AtV »Marx für Eilige« und »Alles Ware. Glanz und Elend der Kommerzkultur«.

2008 erhielt Robert Misik den Österreichischen Staatspreis für Kulturpublizistik.

Ohne übertriebene Rücksichtnahme auf religiöse Gefühle liefert Robert Misik eine aktuelle, provokante und humorvolle Religionskritik. Karl Marx glaubte noch, dass Religionen Opium des Volkes sind, ein Beruhigungsmittel, um die Härten des Lebens zu ertragen. Heute wissen wir: Sie sind eher das Aufputschmittel der Völker. Mit Religionen werden - trotz aller Liebesgebote und Toleranz-Zitate in den Heiligen Büchern - Menschen zu Fundamentalisten gemacht.

Misiks Buch plädiert für einen entspannten, doch prinzipienstarken Laizismus. Dessen Leitlinie kann nur sein: Jeder soll glauben, was ihm Spaß macht, aber er soll andere gefälligst nicht damit belästigen. Und er soll nicht Staat und Politik für sich einspannen.

Robert Misik

Gott behüte!

Warum wir die Religion aus der Politik raushalten müssen

aufbau taschenbuch

ISBN 978-3-7466-7070-6

Aufbau Taschenbuch ist eine Marke
der Aufbau Verlag GmbH & Co. KG

1. Auflage 2010

Umschlaggestaltung capa, Anke Fesel
Druck und Binden C. H. Beck, Nördlingen
Printed in Germany

www.aufbau-verlag.de

Inhalt

ACHTES KAPITEL

NEUNTES KAPITEL

SCHLUSS

Den Himmel überlassen wir
Den Engeln und den Spatzen.

Heinrich Heine,
Deutschland. Ein Wintermärchen

Erstes Kapitel

Revival der Religionen?

Wie aus dem Kampf der Kulturen eine Konkurrenz der Fundamentalismen wird.

> Man sagt oft, es sei falsch, die Religionen anzugreifen, weil die Religion die Menschen tugendhaft macht. So sagt man jedenfalls. Ich selbst habe das noch nicht bemerkt.
>
> *Bertrand Russell*

Vor vierzig Jahren prophezeite der international renommierte Religionsexperte Peter Berger in der *New York Times*, dass sich »im 21. Jahrhundert religiöse Gläubige wahrscheinlich nur noch in kleinen Sekten finden« werden, »aneinandergekuschelt, um einer weltweiten säkularen Kultur zu widerstehen«[1]. Im Modernisierungsprozess würden traditionelle Bindungen erodieren, der globale Siegeszug von technologischem Fortschritt, wissenschaftlicher Vernunft, Individualisierung und Aufklärung würde den Religionsgemeinschaften hart zusetzen – ja, ihnen den Garaus machen, so die These, die natürlich in keiner Weise abwegig erschien. Vielleicht hätte das nicht jeder so zugespitzt formuliert wie Berger, aber im Grunde war das, was er da vorhersagte, Common Sense: Die Religionen haben ihre Zeit hinter sich. Nach dem Motto: Es war schön mit dir, Gott, aber im wissenschaftlichen Zeitalter wirst du nicht mehr benötigt, thank you very much.

Es ist keine allzu große Übertreibung, wenn man sagt, die Prophezeiung erwies sich als nicht exakt zutreffend. Die Religionen erfreuen sich nicht nur weithin großer Beliebtheit, die meisten Weltgegenden wurden in den vergangenen fünfzehn Jahren sogar von einer regelrechten

Spiritualisierungswelle überzogen. Die muslimische Welt blieb nicht nur glaubensstark, in den meisten Ländern steht eine säkulare oder gemäßigt muslimische politische Führung unter dem Druck islamistischer Heißsporne. In den Ländern des ehemals sowjetischen Orbits stießen Popen, Pfarrer und Imame in das Vakuum, das die Kommunisten hinterlassen hatten. In Afrika konkurrieren Islam und Christentum am Markt der Sinnangebote, und Lateinamerika erlebt so etwas wie eine zweite Christianisierung. In den USA schlussendlich sind strenggläubige evangelikale Protestanten zu einer derart starken politischen Kraft geworden, dass sie Wahlen beinahe spielend entscheiden können. Und in fast allen diesen Fällen sinkt die Bedeutung der traditionellen und institutionalisierten religiösen Autoritäten, während fundamentalistische Strömungen aggressiv Terrain für sich gewinnen – »freie Radikale« gewissermaßen.

Die Weltpolitik steht ohnehin im Bann »religiöser« oder »kultureller« Konflikte. Gewiss, man muss vorsichtig sein, deshalb wollen wir vorerst diese Begriffe behutsam zwischen Gänsefüßchen setzen. Schließlich werden oft nur Interessen- und Identitätskonflikte, die früher in säkularer Sprache ausgetragen und im Jargon von Sozialismus, Nationalismus und Antikolonialismus verbalisiert worden wären, in religiöse Terminologie übersetzt. Daraus wird ein »Wir« gegen »Sie«, etwa »der Islam« gegen »den Westen«. Aber selbst wenn man zubilligen mag, dass reale Konflikte in der Sprache des Religiösen ausgetragen werden, dann ist diese Sprache doch keine Nebensache, keine Belanglosigkeit aus den Sphären der Überbauphänomene ohne Bedeutung für die Sache selbst – harmlose »Sprachspiele« in dem Sinn gibt es nicht. In gewissem Sinne gibt es kaum etwas, das ernster ist als Sprache. Konfliktparteien suchen sich nicht bloß eine Sprache, Konfliktkonstellationen werden über Sprache zu einem guten Stück auch erst konstituiert.

Wenn man lange genug von religiösen oder kulturellen Konflikten spricht, dann gibt es sie am Ende eben auch. Vor allem, wenn man einen »Krieg gegen den Terror« ausruft und nicht wenige darin einen »Krieg gegen den Islam« sehen. Und wenn sich Kulturen und Zivilisationen, weil sie sich (aus welchen Gründen immer) bedroht sehen, in die Religion flüchten, als identitätsstiftenden Kitt, der Stolz und Kraft und Ehre verspricht.

Doch der radikale Islam – ob terroristisch in der Spielart von al-Qaida, ob theokratisch in der Spielart der islamischen Mullahs, ob zivilgesellschaftlich-konservativ in der Spielart der ägyptischen Moslembrüder – ist nur das offensichtlichste Exempel der neuen Wucht des Religiösen. Auch andernorts gibt es bigotte Frömmler, und auch wenn sie keine Bomben werfen, stellen sie die Frage nach dem Verhältnis des Politischen zum Religiösen neu und mit einer Vehemenz, von der man ehedem dachte, sie würde der Vergangenheit angehören. Es bedarf oft nicht einmal besonderen religiösen Eifers, schon kommen knifflige Fragen aufs Tapet. Denn die alte säkularistische Formel, wonach das Religiöse Privatsache und das Öffentliche in Glaubensdingen neutral zu sein hat, klingt zwar gut, aber sie hilft nicht immer, wenn Streitfragen auftauchen. Sie funktioniert noch einigermaßen als Leitfaden, wenn die Religiösen in der Minderheit sind – dann ist die weltanschauliche Neutralität des säkularen Staates vor allem Gewähr für religiöse Minoritäten, ihren Glauben ohne staatliche Gängelung ausüben zu können. Doch sobald der Anteil der Frommen oder nur religiös stark Gebundenen in Richtung signifikanter Minderheit, wenn nicht gar Mehrheit tendiert, wird die Formel zu einem eher krummen Maßstab.

Denn religiöse Überzeugungen sind nie unpolitisch. Glaubensgemeinschaften produzieren etwas, ohne das auch politische Gemeinschaften nicht auskommen: Zusammengehörigkeitsgefühl, die Bereitschaft der Mitglieder einer

Gemeinschaft, füreinander einzustehen, Verantwortung für den Nächsten zu übernehmen. Der Glaube ist nie zur Gänze etwas, das der Gläubige nur mit seinem Inneren ausmacht. Die Glaubensgewissheiten und die Vorstellungen von einem guten – und im Umkehrschluss: einem schlechten – Leben gehen Hand in Hand wie Laurel und Hardy. Kurzum: Eine religiöse Gemeinschaft hat immer auch eine manchmal klarere, manchmal diffusere Vorstellung von dem, was ein sittliches Leben ausmacht. Gewiss, es gibt die Unbedingten, die der Meinung sind, Ehebruch habe mit Steinigung geahndet zu werden, und es gibt diejenigen, die auf liberale Weise einzuräumen bereit sind, dass es verschiedene Wege zum Glück gibt. Aber letztendlich gibt es keine religiöse Gemeinschaft, die nicht im Innersten auch eine Reihe von Gewissheiten hat, wie das sittliche Zusammenleben der Menschen in einer moralischen (oder gottgefälligen) Gesellschaft geregelt werden sollte – und zwar meist bis in Details hinein. In Theokratien, in denen es keine Trennung von Staat und Religion gibt, nehmen die spirituellen Autoritäten für sich das Recht in Anspruch, direkt an der Ausübung der staatlichen Gewalt teilzunehmen – indem sie Gesetze formulieren oder sogar eine eigene Religionspolizei aufstellen. Aber auch in Demokratien, in denen die Trennung von Staat und Religion von den kirchlichen Führern akzeptiert wird, greifen religiöse Lobbygruppen in den öffentlichen Diskurs und die politische Debatte ein. Sie haben ihre Meinung zu Fragen wie Abtreibung, Antibabypille und Kondomnutzung, Blasphemie, Pornografie, Lehrplänen in den Schulen, zur Evolutionstheorie, zur Eheschließung von Homosexuellen oder zu den Außengrenzen der Europäischen Union. Sie vertreten diese Meinung mal subtiler, mal offensiver. Homosexualität halten sie in aller Regel für eine Sünde, aber damit ist es ja meist nicht getan. Sie wollen meist auch, dass aus ihren Meinungen staatliche Gesetze werden.

Sie wollen ihre Moralvorstellungen anderen aufzwingen. Werden sie dann kritisiert, weil ihr öffentliches Agieren die weltanschauliche Neutralität des säkularen Staates gefährde, sind sie schnell beleidigt – sie wenden dann regelmäßig ein, religiöse Ansichten würden nicht »respektiert«. In Gesellschaften, in denen die Mehrheit der Bürger religiös ist, werden Politiker eher nicht darauf pochen, dass ihre Religion Privatsache sei, sondern sich als gute Gläubige präsentieren – sei's aus ehrlicher Überzeugung, sei's aus Berechnung. Auf die Frage, wer sein Lieblingsphilosoph sei, antwortete George W. Bush bekanntlich: »Christus, weil er mich im Herzen verändert hat ... Wenn Sie Ihr Herz und Ihr Leben Christus zuwenden, wenn Sie anerkennen, dass Christus der Retter ist, dann verändert das Ihr Herz. Es verändert Ihr Leben. Und genau so ist es mir ergangen.« Es ist, auch wenn man die religiöse Neutralität des säkularen Staates verteidigt, natürlich nicht leicht, das zu kritisieren. Übertritt ein Politiker, der sich so ostentativ als Gläubiger präsentiert, eine rote Linie, oder nimmt er nur sein Recht als Bürger wahr, die Werte, die ihm wichtig sind, im öffentlichen Raum zu vertreten, wie das jedem anderen auch zusteht? Warum soll ein Politiker, der Jesus liebt, nicht versuchen dürfen, um die Wählerstimmen von Millionen Jesus- Jüngern zu werben? Und warum sollen religiöse Lobbygruppen ihre Vorstellungen von einer Organisation des gesellschaftlichen Lebens nicht offensiv vertreten? Rüstungsfirmen, Gewerkschaften, Atheisten, Zeitungsredakteure und Kommunisten tun das doch auch. Es sei, sagt der Wiener Erzbischof Christoph Schönborn deshalb, »tendenziell totalitär, wenn man sagen würde, religiöse Motivationen dürfen nicht in die Politik einfließen. Natürlich dürfen sie das. Das sind die Überzeugungen der Bürger.«[2] Aber besteht das Problem wirklich darin, dass die religiösen Bürger ihre Gottesrede aus dem öffentlichen Diskurs heraushalten müssen? Oder nicht doch eher im Gegenteil? Der italienische Philosoph Paolo

Flores d'Arcais, alles andere als ein Kirchenhasser, meint jedenfalls: »Im Übrigen ist es Realität (und darin besteht auch die Dramatik des Problems), dass im öffentlichen Bereich alle (oder zumindest zu viele und immer mehr) den Namen Gottes anrufen.«[3]

Doch mit solchen Fragen fangen die Probleme erst an. Der säkulare Staat hat die Glaubens- und Gewissensfreiheit der Bürger zu schützen, egal was sie glauben – und egal, ob sie überhaupt etwas glauben. Allein, dieser bloße Respekt, dass jedermann an das glauben darf, worauf er Lust und Laune hat, wird vom Gläubigen nicht immer als Schutz erlebt – sondern als gefährlicher Relativismus, der das religiöse Leben ausdünnt. Wenn er in einem gesellschaftlichen Umfeld lebt, das seinen Glaubensüberzeugungen zuwiderläuft, wird der Gläubige sein Leben als »mit einer authentisch ›aus dem Glauben‹ geführten Existenz unvereinbar«[4] empfinden, wie das Jürgen Habermas formulierte. Er wird der Meinung sein, dass die sündhafte Ordnung, in der er lebt, es ihm erheblich erschwert, wenn nicht gar verunmöglicht, seine Lebenspraxis an seinen religiösen Überzeugungen auszurichten. Ist nicht schon der Anspruch, dass der Gläubige im säkularen Staat seine politischen Ansprüche nicht in religiöser Sprache zu formulieren hat, für den gottgefälligen Menschen eine ziemliche Zumutung? Andererseits, sobald man einräumt, »religiös begründete Stellungnahmen« hätten »in der politischen Öffentlichkeit einen legitimen Platz« (Habermas), bleibt oft nicht viel von der Trennung von Religion und Politik. Denn sofort wird, mehr intuitiv als bewusst, der Religion eine spezifische Autorität auf bestimmten Politikfeldern zugebilligt – beispielsweise in jenen, in denen »ethische« Fragen eine besondere Bedeutung haben. Sei es in Fragen der Genmedizin, der Stammzellenforschung, der Pränataldiagnostik, des Umweltschutzes, des interethnischen Zusammenlebens oder auch der Vergangenheitsbewältigung –

Kardinälen, Bischöfen und Pfarrern wird nahezu automatisch ein eigentümliches Spezialistentum zugebilligt, weil sie gewissermaßen Fachleute in Sachen Menschenwürde, Versöhnung, Schöpfung, kurzum: »fürs Leben« seien. So können sich die Kirchenmänner ehrlich freuen, »dass überall die Religionen massiv wieder zu einem politischen Faktor werden« (Christoph Schönborn).[5] Kaum einer fragt in solchen Fällen, warum denn ein Kirchenmann, der oft von den realen Härten der Existenz wenig Ahnung hat, größere Kompetenz für die Abwägung der schwierigen Fragen der Lebensführung haben soll als beispielsweise eine alleinerziehende Mutter von zwei Kindern, die Beruf, Kinderwohl und Patchworkbeziehung schaukeln muss und sich bei all dem auch noch ihre Gedanken darüber macht, was richtig und was falsch ist. Warum eigentlich sind all die Ethikkommissionen und Moralausschüsse randvoll mit Geistlichen und Theologen? Religiöse Führer sind also, wie immer man es dreht und wendet, eigentümliche Fremdkörper im öffentlichen Leben. Erheben sie ihre Stimme, bringen sie eine seltsame Dissonanz in die Diskurse, allein dieser subtilen Privilegierungen wegen. »Die Religion vergiftet alles«, schreibt deshalb der religionskritische angloamerikanische Publizist Christopher Hitchens.[6]

Positionieren sich die politisierenden Religiösen im politischen Meinungsstreit, sind sie immer auch auf eine Sonderrolle bedacht mittendrin und doch nicht ganz dabei. Selbst nehmen sie meist kein Blatt vor den Mund, wenn sie sich in die Niederungen der öffentlichen Polemiken begeben. Die goldene Regel der Sound-Bite-Society, dass ein flotter Spruch für Aufmerksamkeit sorgt, haben sie gelernt, also formulieren auch Gottes Hirten gerne scharf. So sagte der katholische Bischof von Augsburg, Walter Mixa, anlässlich der politischen Diskussion über Kindergeld, Krippenplätze und Geburtenraten, die Politik degradiere Frauen zu »Gebärmaschinen«, nur weil sie die Voraussetzungen dafür verbessern will, dass Frauen Beruf und Familie leichter unter einen Hut bringen können. Als dann ein Sturm der Entrüstung ausbrach und der Bischof harte Widerworte einstecken musste, klagte er verbittert über »die Medien«. In aller Regel freilich haben die politisierenden Religiösen eine Allzweckkeule bereit, wenn man ihnen Kontra gibt. Dann wenden sie nämlich ein, die Kritiker würden ihre »religiösen Gefühle« verletzen und ihren Glauben »nicht respektieren«. Mit dieser allen Religionen eigenen auftrumpfenden Beleidigtheit unterlaufen sie aber gerade die Gleichberechtigung in öffentlichen Angelegenheiten, die sie eben noch eingefordert haben. Wenn es ihnen passt, insistieren sie darauf, dass sich doch wohl auch religiöse Stimmen artikulieren dürften, werden sie aber selbst Ziel der Polemik, dann verweisen sie darauf, dass man die zarten Seelen eines Gläubigen doch nicht verletzen dürfe. Schon der gemessene Einwand, dass man doch bitte zu vertrackten gesellschaftlichen Fragen besser nicht auf die Expertise von Leuten vertraue, die – wie im Falle des Christentums – an die Dreifaltigkeit und die Jungfrauengeburt oder – wie im Falle des Islams – an Paradiesjungfrauen glauben, wird dann als Affront intoleranter Atheisten angesehen. Wohlgemerkt: Keine andere gesellschaftliche Stimme kann darauf pochen, dass ihre »Gefühle« im Meinungsstreit nicht verletzt werden dürften. Denn hat man schon jemals von politischen Akteuren gehört, die beklagten, die Argumentation ihrer Gegner würde ihre »gewerkschaftlichen Gefühle« verletzen oder ihre »liberalistischen Überzeugungen« nicht respektieren?

Um nicht falsch verstanden zu werden: Ich bin keineswegs der Meinung, die Religionen hätten nur Unbrauchbares zur politischen Debatte beizutragen. Sie sind auch nicht die Wurzel allen Übels, sondern oft auch die Form, in der sich Probleme äußern. Ich bin mir auch nicht so sicher, dass die Welt schlagartig besser würde, gelänge es, den

Gottglauben ein für alle Mal und mit Stumpf und Stiel auszurotten, und die Kriminalgeschichte der Religionen disqualifiziert Gläubige noch lange nicht als Gesprächspartner in öffentlichen Angelegenheiten. Und es ist gewiss auch ein Unterschied zwischen einem christlichen Bischof, der sich angesichts dessen, dass er sich in seinen subjektiven religiösen Empfindungen beleidigt sieht, mit missmutigem Gesicht in eine Talkshow setzt, und einem bärtigen Islamisten, der gleich eine Bombe legt, wenn er nur hört, in irgendeiner Zeitung in einer fernen Weltgegend habe es Karikaturen gegeben, in denen der Prophet Mohammed verspottet worden wäre. Es geht mir hier eher um Problembewusstsein: Religiöse Stimmen artikulieren sich, mischen sich in die öffentlichen Debatten ein, immer von einer gewissermaßen »unmöglichen« Position aus. Sie sind Teil der Debatte, aber immer mit einem inneren Vorbehalt. Sie wollen überzeugen, sind aber im letzten vernünftigen Argument unzugänglich. Wenn es ihnen ins Zeug passt, dann führen sie Daten, Fakten und wissenschaftliche Erkenntnisse ins Feld – nur um ein, zwei Augenblicke später darauf zu verweisen, die eigentliche Wahrheit liege im Glauben und damit jenseits des beschränkten Horizonts der rationalistischen Vernunft. Sie wollen hier und jetzt mitbestimmen – und im Notfall haben sie den Hinweis Jesu zur Hand: »Mein Reich ist nicht von dieser Welt« (Johannes 18,36).

Gewiss, man muss religiöse Gefühle nicht verletzen. Als höflicher Mensch werde ich versuchen, nicht ohne Not meinen Mitmenschen Schmerzen zu bereiten. Es zeugt nicht von gutem Stil, in Anwesenheit eines strenggläubigen Christen einen Witz über Jesus am Kreuz zu erzählen, und ich muss als Karikaturist auch keine Cartoons malen, auf denen Mohammed statt eines Turbans eine Bombe am Kopf trägt. Dass ich besser auf die Gefühle meines Gegenübers achte, als ihm bedenkenlos auf der Seele herumzutrampeln, gehört mit Recht zu den allgemein geschätzten Umgangsformen. Man redet ja, wie die Wendung sagt, auch im Haus des Gehenkten nicht über den Strick, und wenn man irrtümlich flapsig dahinsagt, »heute fühle ich mich wie ein Krüppel«, und dann bemerkt, neben einem sitzt jemand mit nur einem Bein, dann schämt man sich über alle Maßen. Aber das ist mit Respekt vor religiösen Gefühlen ja meist nicht gemeint. Mit dem Respekt wird eine gewisse Wertschätzung eingefordert; dass man Religion nicht gering schätzen dürfe und man die Glaubenswahrheiten des anderen achten müsse. Doch auch ein solches Achtungsgebot bringt den öffentlichen Diskurs ein wenig aus der Balance. Denn »nicht jeder Unfug, nur weil einer ihn für wichtig hält, kann Achtung verlangen, wenn man unter Achtung mehr versteht, als ihn einfach machen zu lassen, sofern er keinen Schaden damit anrichtet«, formuliert der Hamburger Literaturwissenschaftler Jan Philipp Reemtsma.[7] Was den Gläubigen am Wichtigsten ist, dürfe aber in den politischen Dialogen liberaler und demokratischer Gesellschaften gerade nicht respektiert werden, führt Reemtsma aus. Denn religiös ist derjenige, »der meint, was immer wir auf diesem oder jenem Wege noch über die Welt herausbekommen können: Das, was die Welt im Innersten zusammenhält, das Geheimnis der Welt, ihr Sinn – also irgendwie das *Eigentliche* –, wird es nicht sein. Und auf dieses Eigentliche kommt es an.«[8] Würde man das aber respektieren, würde man Ignoranz gegenüber vernünftigen Beweggründen und argumentativer Kommunikation respektieren. Man wird zwar in einer säkularen Gesellschaft religiöse Gläubige, die ohne jede Evidenz an überirdische Wesen glauben, nicht für wahnsinnig erklären oder sonst wie diskriminieren. Nur es wird, im Gegenteil, verlangt, den Anspruch eines Gesprächspartners zu achten, er habe einen irgendwie »privilegierten Zugang zur Wahrheit« (Reemtsma). Mehr noch: Man hat mit einem Gesprächspartner zu tun, der agnostische oder atheistische Gefühle selbst nicht »achten« kann, weil er der sicheren Überzeugung ist – und zwar selbst dann, wenn er ein sehr liberaler, aufgeklärter Gläubiger ist –, das religiöse Element sei etwas, was jede Gesellschaft dringend brauche. Ja, dieser Anspruch der Gläubigen geht sogar in den Überzeugungsschatz nicht weniger Säkularer ein. Mögen sie selbst auch chronisch »religiös unmusikalisch« (Max Weber) sein – sie meinen nicht selten, dass ihnen eine Dimension spirituellen Erlebens abgehe, es ihnen also an etwas mangele; dass eine Gesellschaft, die von keiner religiösen Grundüberzeugung durchzogen ist, ein Defizit aufweise; dass es dieser an »Sinn« fehle, an verbindlichen Werten, an Orientierung, an innerem Zusammenhalt. Dass also, mit einem Wort, die säkulare Welt eine irgendwie arme Welt sei.

Nur ganz selten wird gefragt, ob wirklich etwas fehlt, wenn sich die Menschen im Westen wegen ihrer Glaubenswahrheiten seltener in die Luft sprengen.

Mit der Wende zum neuen Jahrtausend ist die Religion wieder ins Zentrum der öffentlichen Diskurse gerückt. Es ist eine seltsame Angstlust, die sich da breitmacht. Mit dem Wendemoment des 11. Septembers 2001 geriet der radikale Islam ins Scheinwerferlicht. Der Islamismus wird als neue »totalitäre Bedrohung« wahrgenommen, als regelrechte Weltgefahr. Nicht nur der Terror der Leute Osama bin Ladens wird als Risiko für freie Gesellschaften gesehen, jeder Muslim steht praktisch unter Generalverdacht. Männer mit Bart und Frauen mit Schleier werden schief angesehen. Gleichzeitig ist vom »Revival der Religion« (*Frankfurter Allgemeine Zeitung*), der »Desäkularisierung der postideologischen Welt« (*Süddeutsche Zeitung*) die Rede – und die wird nicht nur als Bedrohung erlebt. Auch säkulare Geister interessieren sich für das Religiöse und betrachten den Vormarsch evangelikaler Frömmler in den USA irgendwie als liebenswerte Marotte (so wurde im

Weißen Haus unter George W. Bush ein Bibel-Lesekreis eingerichtet, an dem man besser teilnahm, wenn man nicht aufs Karriereabstellgleis geschoben werden wollte). Der Tod von Papst Johannes Paul II. wurde zu einem Globalereignis wie der von Lady Di, und der neue Pontifex Maximus, Benedikt XVI., der als Joseph Ratzinger noch als Panzerkardinal gefürchtet war, rückt in die Rolle eines eigenartigen Popstars, mit schelmischem Blick und liebenswürdiger Schrulligkeit, der die »Re-Evangelisierung Europas« verkündet und deshalb als erfrischend anders gilt. Dabei ist natürlich durchaus fraglich, ob man tatsächlich von einem »Vormarsch der Religion oder gar von einem ›postsäkularen Zeitalter‹« sprechen kann, wie der Bochumer Religionswissenschaftler Volkhard Krech anmerkt.[9] Schließlich sind die Gotteshäuser heute nicht voller als vor zehn Jahren, und wenn Kirchentage neuerdings als große Religionsparty aufgezogen werden, liegt der Schwerpunkt weniger auf Religion als auf Party. »Fest steht«, schreibt Krech, »dass Religion als Thema, als Sensation und als Event Konjunktur hat.«

»Gott ist doch nicht tot«, proklamiert Rüdiger Safranski, der große Popularisierer der deutschen Philosophie.

Auch die »Sinnsuche«, ohne die heutzutage keine anständige Talkshow auskommt, ist schließlich eine ambivalente Sache. Gewiss, je bedeutungsärmer das Leben im Hamsterrad zwischen Job, Fernsehen und Disco wird, umso größer ist das Bedürfnis der Bürger, ihrer an sich oberflächlichen Existenz irgendwelche gewichtigeren Bedeutungen zu verleihen – ein Bedürfnis, das offenbar auch ansteigt, seit die klassischen Ideologien, die schließlich so etwas wie postreligiöse Sinnangebote waren, weitgehend aus der Welt verschwunden sind. Dies hilft weniger den institutionalisierten Kirchen als den frei flottierenden Sinnanbietern. Islamische Sufis, buddhistische Meditationsmönche und christliche Erweckungsprediger stehen hoch im Kurs. Ja, so mancher bastelt sich seine eigene Patchwork-Religion zusammen. Untersuchungen zeigten, dass sogar unter papsttreuen christlichen Kirchgängern die Zahl derer signifikant zunimmt, die an die Wiedergeburt glauben – ein fernöstlicher Glaubensbaustein, importiert in den Westen, auch wenn er gar nicht zu dem Fels passt, auf dem Jesus seine Kirche errichten wollte. Aber egal: Ein bisschen von dem, was vordergründig als »Religions-Revival« daherkommt, ist, wenn man es genauer betrachtet, von den Angeboten der Wellness-Industrie gar nicht so leicht zu unterscheiden – ein Angebot am Markt für Sinn und Tiefgang, wo sich jeder von der Stange nimmt, was ihm gerade gefällt. Dabei geht es um keine religiösen »Wahrheiten«, sondern eher um eine Stimmung, in die der Gläubige sich versetzen will. Die »Sinnsuche« ist schon erfolgreich, wenn der »Sinn« nur in dieser Hinsicht funktioniert,[10] wenn es ihr also gelingt, dem Leben Würze zu geben. »Religion wird zum Geschmacksverstärker des Sinns in der Brühe der Existenz«, spottet der italienische Philosoph Paolo Flores d'Arcais über eine solche Form der »Wegwerfreligiosität« nach dem Motto »Prêt-à-croir«, auch wenn er eingesteht: »Oberflächlich gesehen geht diese Taktik auf, denn sie ist Teil einer triumphalen Rückkehr der Religiosität.«[11] Das ist einer der Gründe, warum mancher linksradikale Philosoph wie Slavoj Žižek die Passionen fundamentalistischer Hardcore-Gläubiger der »New-Age-Spiritualität« vorzieht, der Religion als Kulturangebot, die, so Žižek, auch nur eine Spielart des »postmodernen Vergnügungshungers«[12] sei. Man wünscht sich strenge Theologen, wenn das westliche Christentum bisweilen nur mehr »wie das Zitat einer Religion« wirkt, »die es früher einmal gegeben hat«, wie der Publizist Harald Martenstein ironisch anmerkt: »Christentum ist ein Serviceangebot an diejenigen, die noch ein paar spirituelle Restbedürfnisse haben, die Yoga allein nicht stillen kann.«[13]

Diese Soft-Gläubigkeit wird dann aber eben nicht als Argument gegen das Religiöse selbst vorgebracht, sondern nur gegen seine marktgängige Verformung. Es entsteht so etwas wie eine Sehnsucht nach dem starken Glauben, nach einer genuinen religiösen Leidenschaftlichkeit, nach einer Strenge und einem Unterscheidungswillen, kurzum: nach einer Religiosität, die sich nicht an alles anzupassen vermag, sondern auf der Unterscheidung zwischen Gut und Böse beharrt, gewissermaßen nach einer politischeren Religiosität. So mancher postmoderne Denker findet die Fundamentalisten interessant, weil die einfach noch etwas haben, was sie ernst nehmen. Man ist religiös, aber nicht mehr auf traditionelle Weise.

Aber wie immer man diese Ambiguitäten beurteilen mag, die Religiösen fühlen sich jedenfalls im Aufschwung. Sie formulieren ihre Ansprüche wieder offensiver, drängender. Sie mengen sich selbstbewusster ins politische Leben ein – auch in Europa. Gewiss, der alte Kontinent ist noch ein Bollwerk des Säkularismus. Aber die Anhänger einer glaubensorientierten Politik fühlen sich auch in unseren Breiten stärker, weil sich die historische Perspektive ändert. Einst wähnten sie ihre Felle davonschwimmen, weil der Säkularismus als allgemeiner geschichtlicher Trend betrachtet wurde – und jene Weltgegenden, in denen sich eine kräftige Gläubigkeit behauptete, als Sonderzonen galten. Heute ist es eher umgekehrt. Selbst wenn Europa noch Heimstatt des Säkularen bliebe, erwiese sich dies doch eher als weltgeschichtliche Ausnahme. Wie sagte ein iranischer Denker während des Besuchs des Philosophen Jürgen Habermas in Teheran: »Man sehe doch heute, dass sich die Entfaltung der europäischen Moderne im Vergleich mit den anderen großen Kulturen als der eigentliche Sonderweg darstelle. Über deren pathologische Windungen müsse man eher nachdenken als über die des Islam.«[14] Nicht das Religiöse wird heute mehr als Anachronismus gesehen – sondern das Säkulare.

Vor allem die katholische Kirche in Europa sieht neue Chancen – wenngleich auch Bedrohungen. Man beobachtet aufmerksam die »religiöse Renaissance«[15] in den USA, wo die religiösen Gemeinschaften beträchtlichen Einfluss gewonnen haben. Der Historiker Samuel Huntington, der mit seiner These vom »Clash of Civilisations« (»Kampf der Kulturen«) berühmt geworden ist, resümiert: »Zwischen 1990 und 2000 waren die nach der Zahl ihrer Anhänger am schnellsten wachsenden Glaubensgemeinschaften die Mormonen (mit einem Zuwachs von 19,3 Prozent), die konservativen evangelikalen Gruppierungen Christian Churches and Churches of Christ (Zuwachs von 18,6 Prozent) und Assemblies of God (18,5 Prozent), gefolgt von der katholischen Kirche (16,2 Prozent). Die Mitgliederzahl der Baptist Convention wuchs zwischen 1973 und 1985 um 17 Prozent. (...) Der erste Ansatz, diesen Personenkreis umfassend zu organisieren, war die 1979 von Jerry Falwell gegründete Moral Majority. Ende der Achtzigerjahre verlor sie an Bedeutung und wurde von der Christian Coalition abgelöst, die Pat Robertson 1989 ins Leben gerufen hatte. 1995 verfügte Robertson angeblich über 1,7 Millionen Anhänger. Andere evangelikale Organisationen sind Focus on the Family mit zwei Millionen Anhängern, die American Family Association mit 600000 Anhängern. (...) 2000 stimmten 84 Prozent der weißen evangelikalen Protestanten, die regelmäßig in die Kirche gingen, für George W. Bush, etwa 40 Prozent all derjenigen, die Bush wählten, waren Evangelikale. Sie stellten einen entscheidenden Machtfaktor in der Republikanischen Partei dar.« Huntingtons Schluss: »Das 21. Jahrhundert beginnt als Zeitalter der Religion.«

90 Prozent der Bürger der USA deklarieren sich als religiös, und zwei Drittel bekunden, sie würden nie für einen Politiker stimmen, der nicht an Gott glaubt. Die besonders konservativen Gemeinden haben durchschnittlich um

20 Prozent mehr Mitglieder als Anfang der Neunzigerjahre. In Europa sind wir von solchen Zuständen noch etwas entfernt – Gott sei Dank, ist man versucht zu sagen. Aber manches schwappt jetzt schon auf recht beängstigende Weise über. So regte im Sommer 2007 Karin Wolff, die Kultusministerin des Bundeslandes Hessen, an, man möge den »Kreationismus« – also die Lehre, dass Gott die Welt, wie sie ist, in sechs Tagen geschaffen hat – in den Biologie-Lehrplan (!) aufnehmen und gleichberechtigt mit der wissenschaftlichen Evolutionstheorie Charles Darwins unterrichten. Obskure Begründung der peinlichen Schulpolitikerin: Die beiden Lehren wären doch vereinbar.

Manche christlichen Kirchenleute sehen gerade den globalen Aufstieg des Islam und das Wachstum der muslimischen Gemeinden in Europa als Chance, die eigenen Kreise zu erweitern, wobei sich abwehrende Panikreflexe aufs Schönste mit Neid auf die Intensität religiöser Überzeugungen paaren, wie man sie bei den Muslimen wahrnimmt – sowie mit diffusen Hoffnungen auf eine Art Symbiose der Religionen, die beiden nützt. Auch Papst Benedikt XVI. setzt darauf, Europa könne seine christliche Identität womöglich wieder schätzen lernen – in Abgrenzung zur muslimischen Welt. So wandte er – noch als Kardinal – gegen den Beitritt der Türkei zur Europäischen Union ein, diese repräsentiere »einen anderen Kontinent« und so solle sie sich »besser mit islamischen Staaten zusammenschließen, anstatt weiter eine Mitgliedschaft in der christlich geprägten Europäischen Union anzustreben«. Seine Glaubensbrüder setzten sich zu dieser Zeit gerade dafür ein, den Bezug auf den christlichen Gott in die europäische Verfassung aufzunehmen. Aufmerksam wird im Vatikan vermerkt, dass der langfristige Trend zur Säkularisierung auch in Europa abgebrochen ist – in den vergangenen zwanzig Jahren hat der Anteil derer, die sich als areligiös bezeichnen, nicht mehr zugenommen. Zwiespältig werden das Anwachsen der muslimischen Minderheit und die kulturellen Konflikte wahrgenommen, die damit im Zusammenhang stehen. In Erfurt führte die diffuse Angst vor dem Islam sogar dazu, dass sich ein Pastor das Leben nahm, um so die Christenheit aufzurütteln.[16] Mit einem guten Schuss an durchgeknalltem Alarmismus warnt etwa der Salzburger Weihbischof Andreas Laun seit Jahr und Tag vor der »Machtübernahme« der Muslime in Europa – wegen deren hoher Fruchtbarkeitsrate, die dazu führen würde, dass der Islam das Christentum als Mehrheitsreligion bald ablöse, und wegen des Rechts auf Schwangerschaftsabbruch, das schließlich zur Folge habe, dass potenzielle Christenkinder massenhaft abgetrieben würden. Gerade deshalb kann Laun dieser Islamisierung Europas aber etwas abgewinnen, wenn die Muslime nur die sündhafte Säkularisierung rückgängig machen würden: »Wahrscheinlich werden die Moslems die Fristenlösung abschaffen«, glaubt Laun allen Ernstes.

Auch sonst hofft man in religiösen Kreisen, dass der »Zusammenprall der Kulturen« positive Resultate zeitigen könnte. Schließlich könne man mit bigotten Muslimen ein Bündnis gegen moderne Übel wie Hedonismus und »Werterelativismus« eingehen. »Den Kulturen der Welt ist die absolute Profanität, die sich im Abendland herausgebildet hat, zutiefst fremd«, schrieb Papst Benedikt XVI., als er noch Kardinal war. »Insofern ruft uns gerade die Multikulturalität wieder zu uns selbst zurück«, gibt sich der katholische Chefideologe überzeugt – »auf das christliche Erbe unseres durch das Christentum gewordenen Kontinents.«[17] Darüber hinaus könnten Kulturkonflikte mit Angehörigen anderer Religionen die Glaubensintensität der Christen selbst wieder steigern. Studien zeigten, dass etwa in Großbritannien der Anteil derer, die sich selbst als »Christen« bezeichnen, in Vierteln mit hohem Anteil an muslimischen Migranten signifikant ansteigt.[18] Wenn man mit »dem Anderen« konfrontiert ist, besinnt man sich offenbar stärker auf die eigene Identität – ein Umstand, der christliche Würdenträger recht optimistisch in die Zukunft blicken lässt.

Eine Welt, in der die Religionen wieder mehr zu sagen haben und die Menschen sich wieder auf ihren Gott besinnen, dies wäre, propagieren die spirituellen Führer, eine Welt, in der der Mensch wieder mehr zählt, in der es nicht mehr nur um Geld und materielle Reichtümer geht, sondern um ein reicheres Leben. Aber es wäre wohl auch eine Welt, in der sich ein neuer, aggressiver Ton nach und nach durchsetzen würde. Gesellschaftliche Konflikte würden zu Identitätskonflikten, zu einem »Wir gegen Sie«, und die Suche nach Ausgleich und Kompromissen wäre noch ein Stück schwieriger. Leicht kann aus dem »Kampf der Kulturen« eine Konkurrenz der Fundamentalismen werden. Wenn Identitäten und Glaubenswahrheiten in der Arena der Politik verhandelt werden, dann steigt das Spannungspotenzial in aller Regel. Politik ist ein Spiel der Aushandlung unterschiedlicher Interessen, der Glaube nicht. All das wäre keine Kleinigkeit. Denn wenn es um Gott geht, gibt es schließlich keine Kompromisse.

Bibelkreis & Korankränzchen 1

Wie »medienbewusst« war Jesus?

Bertolt Brecht, nach jener Lektüre gefragt, die ihn am meisten prägte, antwortete: »Sie werden lachen – die Bibel.« Nun, wer die Werke des großen B.B. kennt, hätte auch sonst nicht daran gezweifelt. Der Dramatiker hatte sich doch recht großzügig bedient aus der Heiligen Schrift. Macht nichts, die Bibel als Textschatz ist so etwas wie das Ur-Zitat. Dass alles irgendwie Zitat ist, dass wir alle von medialen Bildern konstituiert werden, wie uns die Postmoderne lehrte, das ist nämlich nicht ganz so neu: Seit dem Aufkommen der Buchreligionen leben die Menschen regelrecht »zitathafte Leben«, eifern nach, modellieren ihre Ichs nach literarischen Vorlagen. Das heißt freilich: Wir sind immer schon medienbewusst gewesen.

Eines der frühesten oder zumindest das erste große klassische Exempel von »Medienbewusstsein« finden wir in den Evangelien. Mir gefällt diese Geschichte außerordentlich, weil sie zeigt, wie sich auch ein Messias ans Skript halten muss und gerade dieser Umstand für die Gläubigen seine Heiligkeit beweist. Als Jesus von Nazareth wenige Tage vor seinem Tod in Jerusalem einzieht, setzt er einen »provozierenden Akt der messianischen Selbstinszenierung« (James Tabor). Er schickt seine Jünger vor und trägt ihnen auf, ein »Füllen« zu holen. Auf diesem Fohlen reitet Jesus in Jerusalem ein, unter den berühmten Rufen der Menge: »Hosianna dem Sohn Davids!« (Matthäus 21,9)

Der jüdische Prophet Jesus kannte natürlich die prophetischen Erzählungen des Judentums und er wusste, dass alle anderen sie auch kannten. Darunter die Verheißung des Propheten Sacharja des messianischen Friedensreichs. Der sagte für den großen Tag voraus: »Du, Tochter Jerusalem, jauchze! Siehe, dein König kommt zu dir, ein Gerechter und ein Helfer, arm und reitet auf einem Esel, auf einem Füllen einer Eselin!« (Sacharja 8,9) Für die Anhänger Jesu war der Umstand, dass Jesus so wie verheißen in Jerusalem einzog, der Beweis seines Messiasstatus – dabei beweist die Tatsache natürlich nicht mehr, als dass Jesus die Verheißung kannte und sich dementsprechend verhielt. Er setzte eine zitathafte Handlung, die seinen Anspruch untermauerte. Er zog ein als der angekündigte Spross Davids (Jeremia 23,5), damit als Messias-König. Eine Herrschaftsgeste.

Man sollte das bedenken, wenn man das nächste Mal die Nase darüber rümpft, dass einer sich in Pose wirft und eine Rolle spielt, deren Autor er nicht ist. Denn das kommt, wie wir sehen, bei den bedeutendsten Männern vor. Mehr noch: Oft macht gerade das ihre Bedeutung aus.

Zweites Kapitel

Politische Theologie

Warum so viel Religion in der Politik steckt.
Und warum die so schwer da rauszukriegen ist.

> Die Freiheit ist kein Geschenk des amerikanischen Volkes an die Welt, sondern das Geschenk Gottes an die Menschen, die auf der Welt leben.
>
> *George W. Bush*

Ende Jänner 2004 fand in der Katholischen Akademie München eine Begegnung statt, die Europas Intellektuelle verstörte und elektrisierte zugleich. Jürgen Habermas, gewissermaßen der Pontifex Maximus der linksliberalen »Kritischen Theorie« und damit oberster Aufklärer Deutschlands, traf in der kontemplativen Atmosphäre der Münchner Akademie mit Joseph Kardinal Ratzinger, damals Präfekt der römischen Glaubenskongregation, zusammen. Es war eine beinahe konspirative Begegnung im kleinen Kreis, von der zuvor nur Eingeweihte gewusst hatten. Es herrschte »striktes Stillschweigen, im offiziellen Programm der Akademie wurde die Zusammenkunft mit keinem Wort erwähnt«, beschrieb Thomas Assheuer kurz danach in der *Zeit* die Geheimniskrämerei.[19]

Was sollten sich die beiden auch zu sagen haben, die zwei »jeder von einem anderen Stern« (Assheuer)? Auf der einen Seite der Kardinal, der darauf insistiert, die Religion liefere die »vorpolitischen moralischen Grundlagen«, ohne die auch der demokratische Rechtsstaat nicht existieren könne, der schlichtweg meint, dass die religiösen Ethiken die Welt zusammenhalten; auf der anderen Seite der Philosoph, für den »rechtsstaatliche Demokratie und säkulare Vernunft durchaus in der Lage sind, ihre Normativität aus sich selbst zu schöpfen, ohne eine ›Absicherung‹ durch religiöse Überlieferung«. Aber siehe, die kirchlichen Autoritäten sind demütiger geworden, scheinen sich auf die Rolle des »Korrektivs« beschränken zu können, während sich auch die liberale Philosophie verändert habe, schreibt Assheuer: »Sie ist, was den Verfassungsstaat angeht, politisch am Ziel. Doch ihre Vermutung, die Religion werde im Sog einer säkularisierten Moderne verschwinden, war falsch.«

Was Habermas offensichtlich an dem Gespräch mit dem Kardinal reizte, der als Chef der Glaubenskongregation immerhin der Nachfolgeinstitution der heiligen Inquisition vorstand, ist das, was er seither bei vielen Gelegenheiten die »entgleisende Säkularisierung«[20] nennt. Weil etwa der modernen Medizin, den Diagnose- und Reproduktionstechnologien sehr viel möglich, der moralische Konsens darüber, was getan werden dürfe und was nicht, aber im Schwinden begriffen ist, sieht Habermas die Gefahr der Dominanz »naturalistischer Weltbilder« – dass einfach getan wird, was machbar ist, und man den Menschen nur noch als Mischmasch aus Genen und biochemischen Reaktionen sieht. Demgegenüber seien die Religionen wichtige Ressourcen, moralische Fragen an die Wissenschaften zu richten. Schon bei seiner Dankesrede anlässlich der Entgegennahme des Frankfurter Friedenspreises im Jahr 2001 hatte Habermas insinuiert, dass das »religiöse Bewusstsein« in Europa doch längst geläutert sei. Es habe sich »auf die Autorität von Wissenschaften« eingestellt, »die das gesellschaftliche Monopol an Weltwissen innehaben«. Auch habe es sich »auf die Prämissen eines Verfassungsstaates einlassen« müssen, »der sich aus einer profanen Moral begründet«.[21] Darum aber ist gerade von einer solchen geläuterten Religiosität zu erhoffen, dass es ihr gelinge, »die Gottesebenbildlichkeit des Menschengeschöpfs in die säkulare Sprache des Grundgesetzes zu übersetzen«.

Kurzum: Damit die säkulare Vernunft keine Frankensteins züchtet, müsste ihr das religiöse Bewusstsein in den Arm fallen. Denn die säkulare Vernunft kenne aus sich heraus offenbar keine Grenzen.

In seinem Dialog mit Ratzinger erinnerte Habermas an ein zweites Defizit der zeitgenössischen »postsäkularen Gesellschaften«. Zwar verteidigte er noch einmal explizit den liberalen Verfassungsstaat – dieser könne sehr wohl seinen Legitimationsbedarf »selbstgenügsam«[22] bestreiten, der demokratische Staat habe keineswegs eine ihm »als solchen innewohnende, also interne Schwäche«, zu deren Kompensation die Demokratie etwa der Religion bedürfe. Aber es seien »externe Gründe« denkbar, wie etwa die Marktwirtschaft und die Individualisierungsprozesse im Zuge gesellschaftlicher Modernisierung. Habermas: »Eine entgleisende Modernisierung der Gesellschaft im Ganzen könnte sehr wohl das demokratische Band mürbe machen und die Art von Solidarität auszehren, auf die der demokratische Staat, ohne sie rechtlich erzwingen zu können, angewiesen ist.« Dann verwandelten sich »die Bürger wohlhabender und friedlicher liberaler Gesellschaften in vereinzelte, selbstinteressiert handelnde Monaden, die nur noch ihre subjektiven Rechte wie Waffen gegeneinander richten. Evidenzen für ein solches Abbröckeln der staatsbürgerlichen Solidarität zeigen sich im größeren Zusammenhang einer politisch unbeherrschten Dynamik von Weltwirtschaft und Weltgesellschaft.«[23] Die Folge wäre eine Aushöhlung des demokratischen Verfassungsstaates, wenn etwa die Märkte Steuerungsfunktionen übernehmen, die einstmals der Politik vorbehalten waren, was wiederum den staatsbürgerlichen »Privatismus« und die »Entpolitisierung der Bürger« verstärke. Nicht der säkulare Verfassungsstaat, aber die beschleunigte kapitalistische Modernisierung machten die Menschen zu Monaden, die nebeneinanderher leben. In den Versuchen, dem entgegenzutreten, könne das religiöse

Bewusstsein, so Habermas, also einen »funktionalen Beitrag«[24] leisten. Etwas salopp gesagt meint Habermas: Wenn so viel drunter und drüber geht wie im beschleunigten Turbokapitalismus, dann kann vielleicht die Religion doch helfen, das Ganze zusammenzuhalten. Beim ultrakonservativen Kardinal rannte er damit natürlich offene Türen ein. Habermas' Ausführungen erinnerten an eine These, die vor mehr als vierzig Jahren von dem bedeutenden Staatsrechtler Ernst-Wolfgang Böckenförde proklamiert wurde und seither viele Debatten in rechtsphilosophischen, aber auch theologischen Zirkeln ausgelöst hat. »Der freiheitliche, säkularisierte Staat lebt von Voraussetzungen, die er selbst nicht garantieren kann«, lautet die mittlerweile berühmte Wendung Böckenfördes. »Das ist das große Wagnis, das er, um der Freiheit willen, eingegangen ist.«[25]

Das heißt freilich: Der freiheitliche, säkulare Staat ist selbst religiös bedingt. Zwar hat sich das europäische Modell des weltanschaulich neutralen Staates gegen die Religionen durchgesetzt, bekanntermaßen als Reaktion auf den Blutrausch der Religionskriege, aber auch dieser moderne Staat tut sich schwer, das Erbe der Religionen aus sich herauszubekommen. Eine mehrere tausend Jahre alte Religionsgeschichte steckt fest in ihm drinnen und hinterlässt ihre Spuren auch da, wo man sie gar nicht mehr vermuten würde. Und, das war Böckenfördes Pointe: Er kann ohne religiöse Grundierung auch nur schlecht existieren. Auch dieser säkulare Staat basiert auf der Vergemeinschaftungsleistung, die die Religionen schafften, er zehrt von dem Band, das die Glaubensgemeinschaften zwischen den Bürgern geknüpft haben, und sei es nur, weil sie die Idee in die Welt brachten, Menschengruppen auf gemeinsame Vorstellungen zu verpflichten. Bloß, mit dem Fortschreiten der Säkularisierung lockert er dieses Band. Und damit untergräbt er auch seine eigenen Existenzbedingungen. Aus einem Gemeinwesen wird dann in letzter Konsequenz eine

Menge frei nebeneinanderher lebender Staatsbürger, die sich durch keine gemeinsamen Werte mehr verbunden fühlen. Die staatsbürgerliche Verpflichtung erodiert – dies ist der Sinn des Satzes von den »Voraussetzungen«, die der freiheitliche, säkulare Staat »nicht garantieren kann«, obwohl er von ihnen »lebt«.

Die Frage, was Säkularisierung überhaupt heißt, sorgt seit jeher für knifflige Debatten – ob Säkularisierung bedeutet, dass die Moderne das Band mit den Religionen wirklich abschneidet, oder ob nicht vielmehr das Fortwirken des Religiösen im Modernen der eigentliche Charakter des Säkularen ist. Den Grundton hat schon 1922 der ebenso berühmte wie berüchtigte rechte Staatstheoretiker Carl Schmitt angeschlagen, und zwar in seinem mittlerweile legendären Essay »Politische Theologie«. Darin proklamiert Schmitt: »Alle prägnanten Begriffe der modernen Staatslehre sind säkularisierte theologische Begriffe.«[26] Und er schließt eine Reihe provozierender Feststellungen an, etwa: »Der Ausnahmezustand hat für die Jurisprudenz eine analoge Bedeutung wie das Wunder für die Theologie.« Der Souverän als großer Entscheider ist in der modernen Staatsauffassung Gott nachempfunden. Doch nicht nur in der Staatsorganisation und den Rechtsbegriffen spiegelt sich immer das »metaphysische Bild, das sich ein bestimmtes Zeitalter von der Welt macht« (Schmitt) – die politischen Theorien, Hoffnungen, die revolutionären und reformistischen Freiheitsbewegungen sind allesamt mit religiösen Spuren durchzogen. Der Philosoph und Rabbiner Jacob Taubes schrieb in diesem Sinne: »Da es keine Theologie ohne politische Implikationen gibt, gibt es auch keine politische Theorie ohne theologische Voraussetzungen.«[27]

Religionen haben seit jeher Menschen nicht nur auf Gott verpflichtet, sondern auch aufeinander. Sie waren der Kitt, der ehedem die ersten Gemeinwesen miteinander verband (und sie gegen andere Gemeinwesen aufbrachte). Sie waren homogenisierend nach innen – das ist ihre historische Leistung. Und sie waren aggressiv nach außen – das ist ihr geschichtlicher Preis. »Und zieh eine Grenze um das Volk«, verkündete der Gott Jahwe Moses bei ihrem Gipfeltreffen am Berg Sinai (2. Mose 19,12). Aber das eine ist ohne das andere nicht zu haben: Vergemeinschaftung funktioniert immer über Abgrenzung. Wobei die monotheistischen Religionen, allen voran Juden- und Christentum, hier für eine Verschärfung sorgten – sowohl in der historischen Praxis wie auch in der textlichen Fundierung, in den heiligen Schriften dieser Religionen. Religion und Theologie hatte also von Beginn an politische Konsequenzen. Genauso, wie sich die Theologie in die politischen Theorien regelrecht hineinfraß. Die Vorstellung von – diesseitiger – Erlösung, der Schaffung eines Paradieses auf Erden, wie sie etwa von kommunistischen, sozialistischen, aber auch liberalen Bewegungen vertreten wurden (und werden), greift bis in kleinste Formulierungen hinein auf religiöse Vorstellungsreihen zurück. Und noch etwas verbindet Religion und erfolgreiche Politik: Politische Bewegungen, mögen sie auch noch so weltlich sein, benötigen selbst ein Glaubenselement – die Intensität und die Leidenschaft, mit der ihre Anhänger von der Richtigkeit ihres Tuns und von der historischen Mission ihrer Überzeugung ausgehen. Glaubensschwache Politik wird zu passionslosem Technokratismus und unterspült selbst den Zusammenhalt von Gemeinwesen.

Man könnte auch sagen: Technokratische Politiker treiben die Bürger wieder in die Arme von Päpsten, Predigern und Ayatollahs.

Aber die Pointe der Säkularisierungsthese ist auch, dass sich Politik und Religion nicht so leicht auseinanderhalten lassen. Auch die schönsten weltlichen Ideen haben oft ein religiöses Element. Wie sehr die abendländischen politischen Vorstellungswelten vom religiösen Erbe zehren, hat der amerikanische Sozialphilosoph Michael Walzer in seinem wunderschönen Buch »Exodus und Revolution« beschrieben. Darin zeigt er, wie das zweite Buch Mose, die Exodusgeschichte vom Auszug aus Ägypten, auch die modernsten Ideen der Befreiung der Menschen aus Knechtschaft und Unterdrückung inspirierte – »eine Vorstellung von großer Wirksamkeit und Kraft im westlichen politischen Gedankengut«, so Walzer, »die Vorstellung einer Rettung von Leid und Unterdrückung«, von »einer diesseitigen Erlösung«[28]. Kaum eine politische Idee, die die Verbesserung der Welt auf ihre Fahnen geschrieben hat, kommt ohne Motive der Exodus-Erzählung aus. Da sind: Moses, der Führer des Volkes; ein Volk, das in Sklaverei gehalten wird; ein Volk, das, indem es den Auszug wagt, sein Geschick in die eigenen Hände nimmt. »Das moralische Leben der Menschheit – und deshalb auch ihr politisches Leben – liegt völlig in menschlicher Hand«, deutet Walzer die Pointe der Ethik, wie sie die Mosesgeschichte erzählt. »Und in dem Moment, in dem das Volk sein Leben in die eigenen Hände nimmt, ist es nicht feige und niedergeschlagen, sondern mutig. Am Berge Sinai stehend, verkörpert es die Vortrefflichkeit des Menschen.«[29] Aber der Weg in die Freiheit führt durch die Wüste, wer ein besseres Leben erringen will, muss erst Entbehrungen auf sich nehmen. Und im Marsch durch die Wüste, der vierzig Jahre dauert, erweist sich die »sklavische Gesinnung«[30] der einstigen Unterdrückten. Immer wieder »murrte das Volk wider Mose« (2. Mose 15,24), es sehnte sich nach Ägypten zurück. Dort war es zwar der Sklaverei unterworfen, der Abhängigkeit, aber dies war auch eine Abhängigkeit, die bequem macht. In der Freiheit der Wüste erinnerte es sich der eigentümlichen Komfortabilität der Knechtschaft: »Wollte Gott, wir wären in Ägypten gestorben durch des HERRN Hand, als wir bei den Fleischtöpfen saßen und hatten Brot die Fülle zu essen« (2. Mose 16,3). Der Marsch in die Freiheit war nicht nur Versprechen, sondern auch eine Zumutung: »Es fehlt nicht viel, so werden sie mich noch steinigen.« (2. Mose 17,4) Gott führte die Israeliten deshalb erst nach vierzig Jahren in das Land Kanaan (»Ich sehe, dass es ein halsstarriges Volk ist«, 2. Mose 32,9), damit ein neues Geschlecht im Gelobten Land einzöge. Moses selbst sieht das Land, »in dem Milch und Honig fließt« (2. Mose 3,8), nur aus der Ferne, aber er kann es nicht erreichen.

All die Vorstellungen, dass es mit der Befreiung aus Unterdrückung nicht getan ist, sondern dass sich die Befreiten selbst – auch innerlich – befreien müssten, sich den Schmutz der Sklaverei von den Händen zu waschen hätten, kurzum: die Ideen von einem »neuen Menschen«, der erst geschaffen werden müsste, sie klingen in der Exodusgeschichte deutlich an. Noch in den säkularsten Befreiungsideen finden sich mehr als nur Spuren dieses Ursprungs. So schrieb Karl Marx explizit, die Revolution sei »keine kurzatmige Revolution. Das jetzige Geschlecht gleicht den Juden, die Moses durch die Wüste führt. Es hat nicht nur eine neue Welt zu erobern, es muss untergehen, um den Menschen Platz zu machen, die einer solchen Welt gewachsen sind.«[31] Weltverbesserung wurde in diesem Sinn als »langer Marsch« imaginiert, »Vorwärts«, »Marchons«, so lauteten jahrzehntelang die Parolen von sozialistischen Bewegungen jeder Spielart. So haben die politischen Theorien und Utopien einen unübersehbaren theologischen Kern.

Aber noch ein Motiv vieler politischer Bewegungen und aller politischer Utopien ist ein leicht erkennbares Erbe der jüdisch-christlichen – also biblischen – Gedankenwelt: dass die Zukunft besser wird als die Vergangenheit. Dies scheint uns, die wir Kinder des Fortschrittsgeistes mit seinem Innovationspathos und seiner Zukunftsgier sind, banal. Doch das »futurozentrische«, also auf einen Akt der Erlösung in der Zukunft gerichtete Weltbild der biblischen Lehren war einst eine Gedankenrevolution, vergleicht man es nur etwa mit den hellenistischen Vorstellungen von der »ewigen Wiederkehr«, mit der alten zyklischen Geschichtsauffassung. Erst mit dem biblischen und christlichen Weltbild setzt sich eine Geschichtsbetrachtung durch, die Karl Löwith in seiner einflussreichen Studie »Weltgeschichte und Heilsgeschehen« als »prinzipiell futuristisch«[32] charakterisiert. Die biblische Vorstellung geht davon aus, dass mit der Ankunft eines Messias die schlechte Zeit vergeht und das Heil anbricht, dass »das Wesen dieser Welt vergeht« (1. Korinther 7,31). Die gesamte biblische Prophetie ist vom Glauben getragen, dass ein neuer Messias-König, Nachfolger des legendären Königs David, wieder die Herrschaft übernähme und Gerechtigkeit einziehe – unter den Israeliten, Gottes Volk, aber auch unter allen anderen Völkern, ist das Volk Israel doch das »Licht der Heiden« (Jesaja 49,6). »Siehe, es kommt die Zeit, spricht der HERR, dass ich dem David einen gerechten Spross erwecken will. Der soll ein König sein, der wohl regieren und Recht und Gerechtigkeit im Lande üben wird.« (Jeremia 23,5) Weiter: »Und es sollen sich zu der Zeit viele Völker zum HERRN wenden und sollen mein Volk sei.« (Sacharja 2,15) »Er wird Frieden gebieten den Völkern, und seine Herrschaft wird sein von einem Meer bis zum andern.« (Sacharja 9,10) »Der HERR wird König sein über alle Lande«, und die Völker werden »ihre Schwerter zu Pflugscharen und ihre Spieße zu Sicheln machen«. (Jesaja 2,3-4)

In einem Akt der messianischen Reinigung würde Gut von Böse geschieden, wie das im Buche Daniel prophezeit ist: »Ich sah, wie Throne aufgestellt wurden, und einer, der uralt war, setzte sich. (…) Und von ihm ging aus ein langer feuriger Strahl. (…) Das Gericht wurde gehalten, und die Bücher wurden aufgetan. (…) und siehe, es kam einer mit den Wolken des Himmels wie eines Menschen Sohn und gelangte zu dem, der uralt war (...) Der gab ihm Macht, Ehre und Reich, dass ihm alle Völker und Leute aus so vielen verschiedenen Sprachen dienen sollten. Seine Macht ist ewig und vergeht nicht, und sein Reich hat kein Ende.« (Daniel 7,9-14)

Mit diesen messianischen Vorstellungen vom künftigen Heil – gewissermaßen die Urszene des profanen Fortschrittsglaubens – ist das biblische Prophetentum eng verbunden, das für so viele politische Aufwiegler zum Vorbild wurde. Weil das Ende der Zeiten, das »Weltgericht« (die Apokalypse des Johannes), so nah ist, mahnten die Propheten zur Umkehr. Sie stellten sich mutig gegen die weltliche Macht und das religiöse Establishment. Dieses klassische Prophetentum ist eine der bedeutendsten Mitgifte, die die jüdische Religion der Geistesgeschichte der Menschheit hinterlassen hat. Mit Recht fragt der große Tübinger Theologe Hans Küng: »In welcher Religion wären Propheten so mutig gegen Könige und Priester aufgestanden!«[33] Die Propheten sind »Wächter, Warner, Prüfer und Mahner für die Gegenwart«. Gegen die Eitelkeit des Irdischen mahnten sie zu einem gottgefälligen Leben und zur Achtung der moralischen Ordnung: »Lernet Gutes tun, trachtet nach Recht, helft den Unterdrückten, schaffet den Waisen Recht, führet der Witwen Sache!«, rief der Prophet Jesaja (Jesaja 1,17). Jeremia beklagte den Verfall der Sitten – das Wort »Jeremiade« hat darin seinen Ursprung. »Es steht gräulich und grässlich im Lande.« (Jeremia 5,30) Jeremia überbrachte die Worte, die der Herr ihm in den Mund gelegt habe: »Die Leichen der Menschen sollen liegen wie Dung auf dem Felde und wie Garben hinter dem Schnitter, die niemand sammelt.« (Jeremia 9,21) Und: »Bessert euer Leben und euer Tun, so will ich bei euch wohnen an diesem Ort.« (Jeremia 7,3) Selbstgefälligkeit jedenfalls kann man aus diesen harten Sätzen, in denen ein Volk immer wieder mit sich selbst ins Gericht geht (sich, wie man seit jeher sagt, ohne dass einem der biblische Ursprung noch bewusst wäre, »die Leviten liest«), jedenfalls nicht lernen. Deshalb gäbe es, meint der Erzbischof von Wien Kardinal Christoph Schönborn, »keine bessere Schule der Selbstkritik als die Bibel«[34].

Jesus von Nazareth selbst war einer aus dieser langen Reihe der jüdischen Propheten – auch wenn er von seinen Anhängern selbst als der Messias verehrt wurde. Im 1. Jahrhundert braute sich ein regelrechter »apokalyptischer Sturm« zusammen, wie das der amerikanische Bibelwissenschaftler James D. Tabor nennt.[35] In einem provozierenden Akt der »messianischen Selbstinszenierung« erklärte Jesus den Anspruch auf die Messiasrolle – und damit auf den Thron Israels. »Ich bin es«, sagte er im Verhör vor den Hohepriestern auf die Frage, ob er denn Gottes Sohn sei. Davor war er auf einem Fohlen in Jerusalem eingeritten – explizit, wie es im Matthäus-Evangelium heißt, »damit erfüllt würde, was gesagt ist durch den Propheten, der da spricht«. Damit war die Voraussage des Propheten Sacharja gemeint: »Juble laut, Tochter Zion! Jauchze, Tochter Jerusalem! Siehe, dein König kommt zu dir. Er ist gerecht und hilft; er ist demütig und reitet auf einem Esel, auf einem Fohlen, dem Jungen einer Eselin.« (Sacharja 9,9) Jesus ließ seine Jünger ein Fohlen holen, damit er wie der in der Prophetie angekündigte »Gesalbte« in Jerusalem einreite. Eine frühe Form von Medienkompetenz! Der messianische Prophetismus hatte immer politische Konsequenzen. Der Anspruch, Spross Davids zu sein, war Anspruch auf den Königsthron. Die revolutionäre Botschaft der Propheten – die Botschaft Jesu ebenso wie die der großen klassischen Propheten – bedrohte das Establishment, die Ordnung der Dinge. Das kommende Gute wurde in der messianischen Überspannung dieser Zeit so ziemlich exakt als das Gegenteil dessen imaginiert, was existiert: »Aber viele, die die Ersten sind, werden die Letzten und die Letzten werden die

Ersten sein.« (Matthäus 19,30) »Siehe, ich mache alles neu.« (Offenbarung 21,5)

Die politischen Implikationen dieses Messianismus waren immer ambivalent. Der Eifer der Propheten bedrohte die herrschende Ordnung nicht nur, weil die Volksaufläufe, die sie verursachten, auf eine Weise wirkten, die man heutzutage am ehesten »subversiv« nennen würde, sondern weil sie die Sündhaftigkeit des öffentlichen Lebens anprangerten. Jesus von Nazareth rief alle zu sich, »die ihr mühselig und beladen seid«. In der Naherwartung des Reiches Gottes lag aber immer auch ein Moment der Abkehr von den weltlichen Dingen. »Das Himmelreich ist nah gekommen« (Matthäus 3,2), die Zeit ist nahe. Jesus forderte von seinen Anhängern eine »vollkommene Lösung von der Erde«[36], wie das Ernest Renan in seiner berühmten Jesus-Biografie formulierte: »Mein Reich ist nicht von dieser Welt.« (Johannes 18,36) So rief Jesus nicht zur Revolte auf – angesichts des nahenden Himmelreiches war die weltliche Macht eine lächerliche Lappalie. »So gebt dem Kaiser, was des Kaisers ist, und Gott, was Gottes ist«, predigte er. (Matthäus 22,21) All die Dinge der Gegenwart seien, schreibt Max Weber in seinen religionssoziologischen Studien, »ja vollkommen gleichgültig, denn das Ende steht unmittelbar bevor«[37]. Bei Paulus, dem Apostel der Heiden, der die jüdische Grundierung des Urchristentums so gründlich verabschieden sollte, wurde das dann in eine prinzipielle Loyalität zur weltlichen Macht gedreht. »Jedermann sei untertan der Obrigkeit, die Gewalt über ihn hat. Denn es ist keine Obrigkeit außer von Gott; wo aber Obrigkeit ist, die ist von Gott angeordnet. (…) Ehre, dem die Ehre gebührt.« (Römer 13,1-7) Damit war ein passives Element, eines der Anpassung, in das Christentum eingeführt. Zwar forderte auch Paulus, dass jeder den Platz akzeptiere, auf den er in dieser Welt gestellt wurde, weil das künftige Heil nah ist, doch erwarteten die Christen ab der Mitte des 1. Jahrhunderts das endzeitliche Gericht nicht mehr für spätestens übernächsten Donnerstag. So lief Paulus' Forderung darauf hinaus, die Christen sollten »sich in die Gesellschaft einfügen, brave Bürger sein und sich in Geduld üben, bis Jesus dereinst ›mit den Wolken des Himmels‹ zurückkehren würde«[38].

Ist das »Politische Theologie«, und kann man gar von der Fortdauer des »Politisch-Theologischen« sprechen? In mancher Hinsicht gewiss. Bedeutende Texte – und es gibt keine bedeutenderen Texte als die Schriften des Alten und des Neuen Testaments – ziehen eine breite Erinnerungsspur, graben sich tief ein in das kollektive Gedächtnis. Die Fortschrittsidee, alle Vorstellungen von einer »guten Gesellschaft«, die großen Utopien ohnehin, aber selbst die Idee einer Trennung des Öffentlichen vom Privaten, also der Religion, basieren auf historischen Vorbildern, die sich gewiss nicht nur in religiösen Skripten finden, aber auch und insbesondere in diesen. Politik und Religion lassen sich dann freilich, dies vorausgesetzt, nicht mehr messerscharf voneinander trennen. Aber dies bedeutet auch, dass säkulare Politik immer wieder den Übergriffen des Religiösen ausgesetzt ist, weil sie selbst nie völlig unreligiös ist. Das heißt nicht, dass es Säkularisierung nicht gibt und dass Moderne und Neuzeit sich gewissermaßen nur einbilden, dass es sich bei ihnen um Neuanfänge handelt, dass sie in Wirklichkeit nur ein zeitgemäßerer Aufguss primordialer Ideen seien. Aber es bedeutet, dass säkulare Politik anfällig ist für die Zugriffe des Religiösen.

Das Alte steckt im Neuen – und sei es bloß, weil Letzteres mit der Sprache operieren muss, die ihm zur Verfügung steht. Aber, so der Einwand des Philosophen Hans Blumenberg im »Säkularismusstreit«, dies beweise noch nicht, dass das Neue keine eigene Legitimität besitze. Um dem

Säkularisierungstheorem wirkliches Gewicht zu verleihen, so Blumenberg, müssten seine Vertreter eine »substantielle Identität« zwischen religiösen und theologischen Motiven und ihren modernen »Umwandlungen, Verformungen« nachweisen.[39] Gegen Carl Schmitt argumentierte Blumenberg, dieser »reduziert das Säkularisierungstheorem auf den Begriff der strukturellen Analogie; sie lässt etwas sichtbar werden und ist insofern keineswegs wertlos, impliziert aber keine Behauptung mehr über die Herkunft der einen Struktur aus der anderen«.[40] Die Erkenntnis, dass religiöse Vorstellungsreihen als Säkularisate fortdauerten, enthülle eine Dimension verborgenen Sinnes, das schon – man kann dann etwa besser sehen, wie noch in der rationalen Rede ein Glaubenskern wuchere. Aber die Verwandtschaft von Begriffen beweise nichts – selbst deren Identität wenig. Denn, so Blumenberg, »die Konstanz der Sprache indiziert die Konstanz der Bewusstseinsformen, aber nicht die Identität des Inhalts«[41]. Letztendlich laufe das Säkularisierungstheorem auf die Vorstellung hinaus, dass alles, was neu ist im Westen, in Wirklichkeit ganz alt ist – christlich bis in die Knochen, mit einer zweitausendjährigen Geschichte, von der es nichts weiß. Es ist »unmöglich, uns nicht als Christen zu bezeichnen«, lautet die berühmte Wendung des großen italienischen Historikers und Philosophen Benedetto Croce. Dem Religiösen entkommen wir nicht so einfach und auch den Leidenschaften der Gläubigkeit nicht. Auch die säkulare Politik wird das Religiöse nicht so leicht los, wie sie vielleicht glauben mag. Sie kann es und soll es auch – das war die Pointe Blumenbergs. Sie soll es besser nicht versuchen – so jene von Böckenförde.

Wie auch immer – dass die Politik am Erbe des Religiösen schwer zu tragen hat, ist kaum zu bestreiten. Schon das Konzept der Offenbarung, darauf hat Peter Sloterdijk jüngst verwiesen, gehört »unverkennbar zur Welt des *homo hierarchicus*. Es setzt das Feudalverhältnis zwischen Herr und Vasall in Analogie zur Erkenntnisbeziehung zwischen Objekt und Subjekt, bei klarem Akzent auf dem Primat des Herrn und des Objekts. Der Empfang einer Offenbarung kommt diesem Modell gemäß dem Extremfall vasallischer Passivität gleich. Er markiert den Fall, in dem Hören und Gehorchen koinzidieren. In anderen Kontexten spräche man von einem Vorschlag, zu dem man nicht nein sagen kann.«[42] Kurzum: Das »Wort Gottes« ist nichts, dessen Für und Wider man abzuwägen hat, Gott ist keiner, der mit sich diskutieren lässt.

Noch unsere Vorstellungen von »guter« politischer Führerschaft sind infiziert von religiösen Bildern. Und die sind selten leicht kompatibel mit demokratischen Werten. Der Herr ist ein Herr in der Höhe und immer eine Autorität, bisweilen eine, die mit sich nicht reden lässt. Im besten Falle eine, die das Wohlergehen der Menschen, dieser Dummerchen auf Erden, im Auge hat. »Der Herr ist mein Hirte. Mir wird nichts mangeln«, heißt es im berühmten Psalm 23 und Jesus proklamiert: »Ich bin der gute Hirte und kenne die Meinen, und die Meinen kennen mich.« (Johannes 10,14) Diese religiöse Kosmologie, diese Oben-unten-Topik, wandert in unser allgemeines Weltverständnis aus und kontaminiert das Politische. Man kann die Bedeutung solcher Metaphern für eine Zivilisation kaum überschätzen. Denn die Bilder, die sie evozieren, haben zunächst eine freundliche Wirkung. Der Hirte ist gut zu den Schafen. Wer wäre nicht gerne unter der Obhut eines »guten Hirten«? Man fragt sich da gar nicht mehr: Will ich wirklich ein Schaf sein? Will ich wirklich den Preis dafür zahlen, der damit verbunden ist, wenn ich mich als Teil einer Schafherde sehe, für deren Wohl ein guter Hirte schon sorgen wird? Den Preis der Subordination, auch der Entmündigung, der damit verbunden ist?

Michel Foucault hat darauf hingewiesen, welche Bedeutung dieses Konzept für die Entwicklung der Machttechniken in westlichen Gesellschaften hatte – er sprach von einer regelrechten »Pastoralmacht«. Diese »Pastoralmacht« unterscheidet sich signifikant von der repressiven Macht bloßer Herrschaft. Die Pastoralmacht hat nicht die Unterdrückung im Sinn, sondern das Wohl der Herde, Heil und Seelenheil. Sie bildet die Urszene aller Menschenführungstechniken, mit Hilfe derer die Macht in die Subjekte einwandert, die sich dann konform verhalten – nicht weil sie Angst vor Strafe haben oder vor anderen negativen Sanktionen, sondern aus Einsicht, dass das Handeln der Macht zu ihrem Besten ist. Pastoralmacht verstrickt die Menschen in die Gängelung. Keine Institution hat so viel Meisterschaft darin entwickelt, ihre Angehörigen in Schafe zu verwandeln, wie die katholische Kirche. Die Herde wäre nichts ohne den Hirten. Und der Hirte wäre nichts ohne die Herde von Schafen, die stetig an sich arbeiten. Man muss nicht mehr befehlen und überwachen, der Gläubige wirft auf sich selbst ein wachsames Auge und spricht seine Verfehlungen aus – bei der Beichte, dieser obskursten Art von Dialog, bei der es nichts zu diskutieren gibt. Pastoralmacht schafft Subjekte, die aus Leidenschaft Schafe sind.

Eine solche Macht ist in gewissem Sinn die perfideste Macht. Wenn man sie einmal anerkannt hat, dann steckt sie in einem drin. Und man kriegt sie nicht mehr raus.

Bibelkreis & Korankränzchen 2

Jesus, Feind der Familie

Es ist eine der schönsten Seltsamkeiten der an Seltsamkeiten gewiss nicht armen Kirchengeschichte: dass die Christen – besonders die Parteien, die unter christlicher Flagge segeln – die »Institution Familie« hochhalten. Wo die das herhaben? Von ihrem Religionsstifter sicher nicht. Von dem sind folgende Wendungen überliefert:

»Ich bin gekommen, den Menschen zu entzweien mit seinem Vater und die Tochter mit ihrer Mutter und die Schwiegertochter mit ihrer Schwiegermutter.

Und des Menschen Feinde werden seine eigenen Hausgenossen sein.

Wer Vater oder Mutter mehr liebt als mich, der ist meiner nicht wert; und wer Sohn oder Tochter mehr liebt als mich, der ist meiner nicht wert.« (Matthäus 10,35-37)

Überhaupt, was der durchschnittlich bigotte Kirchgänger unter »Familienwerten« versteht, hat Jesus, glaubt man den biblischen Geschichten, nicht sonderlich hochgehalten. Viele Worte hat er über Sex nicht verloren, was schon einigermaßen erstaunlich ist, da doch die alttestamentarischen Texte, auf die sich der Nazarener immer wieder bezog, geradezu besessen waren vor Sex. Ganze Volksstämme hat der nachtragende Gott Jahwe ja vertilgt, weil sie es, was in der Überlieferung bestimmt leicht ausgeschmückt wurde, andauernd getrieben haben, vor der Arbeit, nach der Arbeit, am Acker, kreuz und quer. Die Anklagen jenes Gottes, der von sich sagte, er sei ein »eifernder Gott« – lies: »eifersüchtiger Gott« – sind geradezu obsessiv sexuell.

Aber zurück zu Jesus, dem Feind der Familie. Als junger Mann hat er seine Familie verlassen und für seine Mutter nur brüske Worte gehabt, weil seine öffentliche Mission doch wohl bedeutender schien als private Loyalitäten. Genau dieselbe Entscheidung forderte er auch von seinen Anhängern. Bindungen den Eltern, Kindern, Ehepartnern gegenüber? Kleinliches Zeug, thank you very much! Besonders überraschen muss das nicht. Man kennt das ja aus Sekten und Radikalinski-Zirkeln, dass der Gruppenzwang mit der Auflösung aller bisherigen Bindungen einhergeht. Das muss auch gar nicht immer schlecht sein. Schlecht – besser: grotesk – ist nur, dass sich heute alle Spießer, die sich als Champions der »Institution Familie« aufspielen, auf einen der familienfeindlichsten Texte der Geistesgeschichte berufen.

Drittes Kapitel

Der Ratzinger-Effekt

Warum die Kirche heute nicht mehr Mainstream sein will, sondern nonkonformistisch wie einst die Hippies.

Diese Lehre hat mein Leben verdorben.
Hermann Hesse über das Christentum

Auf den ersten Blick sind Gut und Böse, Vernunft und Irrsinn klar verteilt. Auf der einen Seite: der weise alte Mann, heute Pontifex, früher Theologieprofessor, der noch einmal den Katheder einer deutschen Universität erklimmt, sich der frischen akademischen Brise des freien Denkens erfreut und maliziöse Überlegungen über Vernunft, Christentum und griechische Philosophie anstellt. Er wälzt Zitate, wägt mittelalterliche Quellen gegeneinander ab – was genau er sagen wollte, kann ein theologischer Laie am Ende höchstens erahnen, aber es wird schon etwas sehr Tiefschürfendes und Friedliebendes gewesen sein. Auf der anderen Seite: die Krawallmoslems, die, wie schon im Karikaturenstreit, von freien Geistern und kühnen Denkern nichts halten, die chronisch Wehleidigen, schnell bereit, für ein paar Zitatfetzen, die ihnen nicht passen, wüste Demonstrationen anzuzetteln oder aus Rache Nonnen zu erschießen, und die, wie in Pakistan, ganze Parlamente damit aufhalten, die »Provokationen« der »Kreuzzügler« zu verdammen. Die, kurzum, keine Gelegenheit auslassen, eine Weltkrise anzuzetteln.

Kaum war Petri Nachfolger im Herbst 2006 von seiner Bayernreise zurückgekehrt, stand er – buchstäblich – im »Kreuzfeuer«. Nach ein paar Schocktagen funktionierten Imame weltweit die traditionellen Freitagsgebete noch einmal zu einem »Tag des Zorns« gegen den Papst um, erbittert über dessen »Regensburger Rede«, und dass es nicht noch schlimmer kam, ist selbst Resultat recht kurioser Wendungen: So nahm ausgerechnet der iranische Präsident Mahmud Ahmadinedschad den Pontifex in Schutz (»Wir respektieren den Papst«), der katholische Stellvertreter Gottes auf Erden selbst wiederum stellte bedauernd fest, man habe ihn falsch verstanden, die inkriminierten Zitate »drückten nicht mein Denken aus«. Das habe er wohl nicht ausreichend klar gemacht. Na Gott sei Dank, dass sich die Lehre von der päpstlichen Unfehlbarkeit nur auf endgültige Glaubensentscheidungen bezieht, wenn diese »ex cathedra« verkündet wurden.

Fraglich ist freilich, ob die empörten muslimischen Glaubenswächter den Papst wirklich so falsch verstanden haben. Denn was der strenge Theologe, den die angloamerikanische Presse zu seinem Amtsantritt als »God's Rottweiler« charakterisierte, in seiner mittlerweile legendär-berüchtigten Regensburger Rede ausführte, war doch einigermaßen gewagt. Zunächst versteckte er sich noch hinter dem Zitat des späten byzantinischen Kaisers Manuel II. Palaiologos aus dem Jahr 1391, in dem dieser einen persischen Disputationspartner fragte: »Zeig mir doch, was Mohammed Neues gebracht hat, und da wirst du nur Schlechtes und Inhumanes finden wie dies, dass er vorgeschrieben hat, den Glauben, den er predigte, durch das Schwert zu verbreiten.« Das aber sei dem Wesen Gottes zuwider, führt der einstige Kardinal Ratzinger in Anlehnung an den byzantischen Kaiser weiter aus, weil dem Wesen Gottes entspräche, »vernunftgemäß zu handeln«. Als »vernünftigen Gott«, das ist der eigentliche Kern von Ratzingers Botschaft, wird aber nur der christliche Gott imaginiert, und das habe eine seiner Ursachen in der wechselseitigen Osmose von griechischer Philosophie und christlicher Theologie. Das Neue Testament war zunächst ja griechisch überliefert worden, und schon der erste Satz des Johannes-Evangeliums lautet: »Am Anfang war der Logos«, eine Formulierung, die in der kanonischen deutschen Übersetzung Martin Luthers etwas verengt wiedergegeben wird: »Am Anfang war das Wort.« In der reicheren griechischen Sprache ist der Sinn eher: »Am Anfang war die Fähigkeit, sich mit anderen artikuliert vernünftig zu verständigen.«

Am Ausgangspunkt der christlichen Theologie stehe also: reden, nicht zwingen. Das klingt ja fast nach Dialog und vernünftiger Rede, wenngleich auch nur für heutige Ohren. Schließlich ist es ja ein von Gott den Menschen offenbartes Wort, und wie viel Widerrede da erlaubt ist, darüber könnte man diskutieren. Aber lassen wir das fürs Erste beiseite. Papst Benedikt nützt dies jedenfalls zu dem Postulat, dass der christliche Gott kein willkürlicher, allmächtiger, sondern selbst der Vernunft verpflichtet sei, und in der Folge zu einem Doppelschlag: Einerseits gegen die theologisch umstrittene muslimische Gottesvorstellung eines allmächtigen Gottes, der selbst »an keine unserer Kategorien gebunden« sei (für Ratzinger die Ursache der muslimischen Gewaltbereitschaft), andererseits gegen den reduktionistischen Vernunftbegriff der Aufklärung – gegen eine Vernunft, »die dem Glauben gegenüber taub ist«. Ganz nebenbei bekam auch noch der Protestantismus sein Fett ab, weil »die Reformatoren« die harmonische »Verbindung von Vernunft und Glauben, von Griechentum und Christentum«[43] zerstört hätten. Und, ganz wichtig: Ratzinger unterläuft die Religionskritik der Aufklärung, indem er den Katholizismus als Vernunftreligion, also als eigentliche Aufklärung positioniert. »Im Christentum ist Aufklärung Religion geworden und nicht mehr ihr Gegenspieler«, hat er schon anlässlich seiner Disputatio mit dem italienischen Philosophen Paolo Flores d'Arcais gesagt.[44] Die Kraft des Christentums habe »in seiner Synthese von Vernunft, Glaube und Leben«[45] bestanden – und das sei die eigentliche Vernünftigkeit im Gegensatz zur kalten und damit nur halben Rationalität.

Es war vielleicht keine wüste Hasspredigt nach Ayatollah-Art, hätte aber kaum herausfordernder sein können. Wenn es die Absicht des Pontifex gewesen sein sollte, in einem rabulistisch-theologischen Manöver die Muslime davon zu überzeugen, dass es in Glaubensdingen keine Gewalt geben sollte, dann ist diese Operation gehörig nach hinten losgegangen. Er hat, hieß es in einem sarkastischen Kommentar der *Berliner Zeitung*, also »die Hand zur Versöhnung ausgestreckt, aber vorher schnell hineingespuckt. Dieses Kunststück soll dem Heiligen Vater erst mal jemand nachmachen!« Man konnte die kurvenreiche Beweisführung des Papstes gar nicht anders verstehen, schreibt der deutsche Essayist Rudolf Walter, denn als Botschaft: »›Wir‹ haben eine vernünftige Religion, ›die anderen‹ sind vernunftlos Gläubige.« Walters Verdikt: eine »rechthaberisch-überhebliche« Überlegenheitspredigt, verkleidet in griechisch-römisches Theologengesäusel.

Provokant ist das für Muslime schon allein deshalb, weil sie als strenge Monotheisten, die an den einen, unsichtbaren Gott glauben, den sie sich weder als weißhaarigen Rauschebart vorstellen noch als so eine Art außergewöhnlich hoch fliegendes Flugobjekt, den Katholizismus selbst für ein Zugeständnis an die menschlich-allzumenschliche Unvernunft halten. So fragte denn auch Ali Bardakoglu, der Präsident des türkischen Amtes für religiöse Angelegenheiten in der Türkei, ob »es denn rationell und vernünftig« sei, »wenn die katholische Kirche Geistliche heiligspricht und an die Dreifaltigkeit Gottes glaubt«? Dass der »Allmächtige« einen Sohn braucht, um von den Sünden zu erlösen, dass er eine Frau benötigte, die diesen per Jungfrauengeburt zur Welt bringt, ja dass Gott gleichsam in drei Betriebsmodi erscheint – Vater, Sohn, Heiliger Geist – und dass auf der Welt massenweise Menschen herumlaufen, die auf mirakulöse Weise zu »Heiligen« werden können, das erscheint der muslimischen Theologie ihrerseits als haarsträubend wahnwitziger Kompromiss mit der niederen menschlichen Neigung zu Vielgötterei und Götzendienst. Von Leuten, die so krude Dinge allen Ernstes glauben, lassen sie sich nicht gerne als »unvernünftig« schelten.

Wohl noch provokanter ist der Geist, in dem Benedikt XVI. gesprochen hat. Aus seinen Worten sprach die Panik vor den gewalttätigen, wilden islamischen Horden, seit den Türkenkriegen ein Standard des christlichen Angstfundus in Westeuropa. Sein Resümee war schließlich: Die haben einen theologisch fundierten Hang zur Gewalttätigkeit, während wir theologisch eigentlich schon auf der Friedensseite stehen – und faktisch ohnedies. Der eigenen Gewalttheologie des Christentums widmet der Papst gerade sechs Zeilen, die insinuieren: Seit dem Spätmittelalter ist das vorbei. Mohammed aber sei nur tolerant gewesen, solange er – in frühen Tagen in Mekka – in der Minderheit war, in der medinischen Epoche habe er aber eine Glaubensverbreitung mit Feuer und Schwert gepredigt. Es war Kurt Flasch, der Doyen der deutschen Religionsphilosophie, der darauf hinwies, dass gerade dieser, na, nennen wir es: pragmatische Zugang zur Toleranz auch für die Geschichte des (katholischen) Christentums prägend war. »Als es machtlos war, plädierte es für Glaubensfreiheit. Wo es Staatsreligion war, reagierte es fundamentalistisch roh gegen Häretikergruppen.« Die Kirche, so Flasch, habe »die Toleranz erst entdeckt, als ihr Militär und Polizei nicht mehr zur Verfügung standen. Als sie schwach war, sprach sie sanft, wie nach Meinung des Papstes der machtlose Mohammed.«[46] Und auch dann bleibt einem immer noch die Möglichkeit, die Toleranz auf leise intolerante Weise zu predigen. Manche Muslime zeigten sich in dem Tohuwabohu erstaunlich bibelfest und hielten dem Papst entgegen: »Warum siehst du den Splitter im Auge deines Bruders, aber den Balken in deinem Auge bemerkst du nicht?« (Matthäus 7,3)

Dabei kam die Aufregung reichlich unerwartet. Anlässlich seiner Wahl zum Papst Benedikt XVI. hatte das Gros der Beobachter noch angenommen, mit Joseph Ratzinger werde ein neuer, schärferer Wind in Rom blasen. »Es wird schwer sein, diesen Papst zu lieben«, sagte Leonardo Boff, einer der Vordenker der »Befreiungstheologie«, die vom glaubensfesten Ratzinger kaltgestellt worden war. Doch der Papst, der wegen seiner Strenge als Chef der Glaubenskongregation gefürchtet war, erwies sich als freundlicher, ja schelmischer älterer Herr, der alle überraschte. Ihm flogen die Herzen zu. Sein Vorgänger Johannes Paul II. war ein Pop-Papst, und kaum jemand erwartete, dass sein Nachfolger mehr sein könnte als ein Mann des Übergangs. Der Mann sei alt, blass, mit null Emo-Faktor, hieß es. Bei Gottes Bodenpersonal werde fürderhin also deutscher Beamtengeist einziehen, war die allgemeine Annahme. Aber siehe da, die Pilgerströme nach Rom sind nicht abgerissen, sondern noch einmal angeschwollen. Gigantische Mengen von Gläubigen kommen zu den Generalaudienzen in Rom, um den Pontifex Maximus einmal live zu erleben – mehr noch als zu Zeiten von Johannes Paul II. Gewiss, es mag auch daran liegen, dass seit dem Aufkommen der Billigfluglinien eine Pilgerfahrt nach Rom für jeden bequem und erschwinglich ist. Aber das erklärt bestimmt nicht alles. Joseph Ratzinger hat sich als Papst Benedikt XVI. noch einmal neu erfunden – als Kirchenführer, »der ganz anders ist«, wie der Theologe, Journalist und Papst-Biograf Stephan Kulle formulierte. Der schaut ja aus wie ein Spitzbub!, wunderten sich manche, wenn der Papst scheu und frech zugleich über seine Brillengläser lugte. »Das Faszinierende an Benedikt ist vielleicht seine Vielschichtigkeit. Einerseits ist er ganz ruhig, fast ein bisschen eckig, und wirkt manchmal fast unbeholfen. Andererseits gibt es da diese Momente, in denen er aus sich herausgeht und die Leute wirklich überwältigt.« Kulles erstaunliches

Resümee: »Benedikt XVI. ist die Antwort Gottes auf die 68er-Bewegung.«

Joseph Ratzinger, der Sohn eines bayrischen Gendarmen – eine Art klappriger Rudi Dutschke in Soutane? Der Vergleich ist nicht ohne Reiz, aber auch einigermaßen absurd – ist doch bekannt, dass sich der einstmals liberale Theologe Ratzinger erst 1968 zum Ultrakonservativen wandelte, weil er den Radau, den die Studentenrevolte mit ihren Teach-ins an den Unis machte, geradezu als »Kulturschock« (Otto Kallscheuer) erlebt hatte.[47] Noch dreißig Jahre später bezeichnete er die Aktivisten, die damals die Vorlesungen in Tübingen gestört hatten, als »tyrannisch, brutal und grausam«. Aber irgendetwas, das spürt Kulle richtig, ist an der Papst-Faszination in bestimmten, auch kirchenfernen Kreisen, das sich mit den rebellischen Energien der 68er vergleichen lässt. Seit er die Nachfolge Petri angetreten hat, sorgt Ratzinger, der jüngst seinen achtzigsten Geburtstag feierte, jedenfalls für einige Überraschungen. So erklärte Ratzinger in einem Interview, früher sei er ein eifriger Leser von Romanen gewesen, »Hesse, Kafka, Thomas Mann«. Päpstlicher Nachsatz: »Mein Lieblingsbuch von Hesse ist ›Der Steppenwolf‹.«[48] Man konnte da schon etwas ins Staunen kommen. Hesses Romantraktat über die Niedrigkeiten der bürgerlichen Welt, darüber, wie der wirkliche Mensch vom »Scheinmenschen«, vom Bürger, »erdrückt und gefangen gehalten« werde, dieses frühe egoexistenzialistische Manifest – eines von Ratzingers Lieblingsbüchern? Dieses »Gegen-die-Welt«-, »Gegen-den-Mainstream«-Pamphlet? Seit Generationen ist es für leicht verwirrte Teenager das Eintrittsticket in etwas ungezieltes Rebellentum und Fixbestand dessen, was der Frühadoleszent, der irgendwie »dagegen« ist, durchzunehmen hat: Hendrix, Hesse, Guevara. Interessant ist das alles ja nicht allein deswegen, weil es etwas über den Geschmack einer Person aussagt, welche Bücher sie gut findet, oder weil ein Buch wie der »Steppenwolf« etwas über moralische und weltanschauliche Präferenzen desjenigen aussagt, der es schätzt. Mehr noch: Es sind ja solche Bücher, mit Hilfe derer jemand sein »Ich« modelliert. Früher nannte man das »Herzensbildung«. Figuren wie Hesses Harry Haller oder J. D. Salingers Holden Caulfield sind Modelle einer gegenstrebigen Herzensbildung und deshalb eigentlich eher in gegenkulturellen Milieus beliebt: Sie handeln vom »Ich«, das sich gegen die Welt stellt, gegen den Konformitätsdruck, die erdrückende Niedrigkeit des spießbürgerlichen Kosmos. Vielleicht sagt das auch etwas darüber aus, wie der Papst die Machtinstitution Kirche, der er vorsteht, in der Welt positionieren möchte – wieder mehr als Reich »nicht von dieser Welt«, als geistige Gegenwelt zur Niedrigkeit der Realwelt. Und wer sollte schließlich besser Bescheid wissen über die Macht der Literatur als der Vorsteher einer der »Buchreligionen«?

In der neuen politischen Theologie der Ratzinger-Kirche stellt sich die Sache jedenfalls so dar: *1968, da waren wir Mainstream, die Leidenschaften lagen bei den linken Rebellen. Heute ist es Gott sei Dank umgekehrt.* Die 68er, sagt Wiens Kardinal Christoph Schönborn, »sind zum Mainstream geworden. Die Kirche ist heute in der guten Situation, nicht Mainstream zu sein. Sie kann den Einspruch formulieren und sagen: Schwimmt nicht mit dem Strom, schwimmt gegen den Strom. Baut eine alternative Kirche auf.«[49] Der Konservativismus als Alternativkirche! Man muss sich das auf der Zunge zergehen lassen. Jedenfalls: Dass der Konservativismus des Joseph Ratzinger von einer eigenen Art ist, war schon vor seiner Wahl zum Papst ein paar hellsichtigen Geistern aufgefallen. So schrieb die Hamburger *Zeit* bereits vor einigen Jahren, dass Ratzingers »Konservativität nicht das Paktieren mit den herrschenden Verhältnissen bedeutet, sondern viel eher Nonkonformismus in einer fortschrittsgläubigen Gegenwart: Unangepasst, ›kritisch‹ sah auf einmal nicht mehr die Modernität aus, die längst zum Mainstream geworden war, sondern der Kardinal, der sich gegen den Zeitgeist stemmte.«[50] Als Papst ist Benedikt XVI. dabei, einen »eigenen Sound« zu entwickeln, schreibt Peter Seewald, der Ratzinger aus der Nähe kennt. »Es ist die Besonderheit der Stunde, dass der Amtsantritt des Deutschen zusammenfällt mit einem gesellschaftlichen Umdenken, das den Hebel des öffentlichen Bewusstseins wieder auf bewahrende Werte stellt. Eine Reaktion auf die zunehmenden Verwahrlosungstendenzen der Kommerz- und Egogesellschaft.«[51]

Freilich, schon zur Zeit seines Vorgängers hatten viele begonnen, die katholische Kirche in einem milderen Licht zu sehen. In der Blockkonfrontation des Kalten Krieges hatte sich der Klerus auf die Seite dissidenter Freiheitsbewegungen wie »Solidarność« geschlagen, aber oft eben auch auf die finsterer Reaktionäre, wenn die nur ausgewiesene Antikommunisten waren – selbst wenn es sich dabei auch um blutgierige Todesschwadronen in Lateinamerika gehandelt hatte. Die Kirche war, was sie ohnehin über viele Jahrhunderte ihrer Existenz gewesen ist – ein Hort hartleibiger Ultrakonservativer. Doch als die Welt des ideologischen Kampfes, die Ordnung der rivalisierenden Weltanschauungen, unterging, da veränderte sich auch das Bild des Klerus. Der westliche Liberalismus hatte gesiegt. Plötzlich gab es in der politischen Arena, in der Öffentlichkeit der entwickelten Länder nur mehr leicht variierende Spielarten einer Meinung – den demokratischen Liberalismus. Dass es zum Kapitalismus keine Alternative gebe und der Eigennutz die beste Haltung zur Welt sei, wurde Common Sense. *Pensée Unique*, »Einheitsdenken«, nennen das die Franzosen. Ratzingers Vorgänger, der Pole Karol Wojtyła, der zuvor eher als Repräsentant der reaktionärsten Strömungen des Konservativismus wahrgenommen worden war, erschien da plötzlich als jemand, der immerhin noch eine abweichende Meinung zum herrschenden Einheitsbrei formulierte. Was früher noch aufgeregt hätte, war plötzlich zu liebenswürdiger Starrköpfigkeit geworden, erschien als schräge, aber interessante Eigensinnigkeit, als amüsante Marotte. Diese Milde ist natürlich das Resultat der Siegesgewissheit der liberalen, hedonistischen Moderne. Die Kirche ist zur Außenseiterin der Moderne geworden. Und Außenseitern, die den Kopf hochhalten, zollt man gerne Respekt – zumindest, solange sie als ungefährlich gelten. Der prophetische Mahner sorgt wenigstens für Abwechslung, wie jeder andere interessante Sonderling auch. So wurde schon Papst Wojtyla, begünstigt durch seine gewinnende Warmherzigkeit (»seine Heiterkeit« wurde er ironisch genannt) und später durch sein öffentliches Leiden, ein »Bollwerk des Eigensinns«, wie das der Journalist Jan Roß in seiner Hagiografie »Der Papst« beschrieb – Illustration des Widerstandspotenzials des Unzeitgemäßen. Deshalb konnte es so kommen, dass der polnische Papst am Ende »gerade bei jenen zum Star wurde, die nicht glauben« (Andrea Roedig)[52]. Seine Bockigkeit hatte fast etwas Rebellisches, nicht unähnlich dem Punk, dem die scheelen Spießerblicke auf die Sicherheitsnadel in der Wange auch schnuppe sind.

Joseph Ratzinger, obwohl von anderem Naturell als sein mediengewandter, buchstäblich »sendungsbewusster« Vorgänger, hat daran raffiniert angeknüpft. Jüngst hat er mit seinem Buch »Jesus von Nazareth« einige recht deutliche Hinweise gegeben, wohin er seine Kirche führen will. Den ersten gibt schon die Wahl des Themas: Der Papst wendet sich dem Religionsstifter selbst zu, der Urszene des christlichen Glaubens. Damit relativiert er die Stellung der Kirche als Institution auf eine – für einen Papst – erstaunlich explizite Weise: »Die eigene Größe des Menschen wie auch der Institutionen muss weggeschnitten werden«, schreibt er. »Was allzu groß geworden ist, muss wieder in die Einfachheit und Armut des Herrn selbst zurückgeführt werden.«[53] Über weite Strecken richtet sich das Papstbuch außerdem gegen die moderne Jesus- und Bibelwissenschaft, gegen die »historisch-kritische Textauslegung« und die Erforschung der realen Ereignisse Jesu, die den Religionsstifter geschichtlich »einordnete« – als einen jüdischen Propheten, über den man wenig weiß (falls es ihn denn überhaupt gegeben hat) und dessen Bild erst nachträglich durch den Glauben an seine Gottheit geformt wurde.[54] Das sei, fürchtet Ratzinger, dramatisch für den christlichen Glauben, der schließlich darauf beruhe, dass Jesus der »Messias«, der »Gesalbte«, der »Christus« sei, der jedenfalls »in keine der geläufigen Kategorien« passe – christlicher Glaube stehe und falle damit, dass Jesus »mehr und anderes war als ›einer der Propheten‹«, als *bloß* einer der Propheten.[55]

Vor allem aber versucht Ratzinger immer wieder, »aktuell« zu argumentieren, also das Zeitgemäß-Unzeitgemäße von Jesus zu unterstreichen. Er wendet sich gegen die »Kultur des Habens«[56], gegen die »Diktatur des Gewöhnlichen«[57]. Jesu Verheißung sei für »Menschen, die sich nicht mit dem Vorhandenen begnügen«, insistiert er immer wieder, die sich nicht dem Diktat der herrschenden Meinungen und Gewohnheiten beugen, sondern im Leiden dagegen Widerstand leisten«, die »Ausschau halten«, »auf der Suche nach dem Großen«[58] sind. Er wendet sich gegen eine gesellschaftliche Kultur und eine Gegenwart, die »von der Verhaftung an das Ich und das Man gekennzeichnet«[59] ist. Entfremdet sei der Mensch in einer Welt, »in der es nur auf Macht und Profit ankommt«. Kurzum: Ratzinger will seine Kirche als dissidente, gegenstrebige Kraft in der Gegenwart verankern, als weltlose Macht, für Menschen, die voll der Verachtung sind für die Niedrigkeiten der Realwelt mit ihrem bürgerlichen Mittelmaß und ihrer Jagd nach dem äußeren Erfolg, ihren Händler- und Krämernaturen. Joseph Ratzinger hat, wie man sieht, seinen Hermann Hesse aufmerksam gelesen. Eine Kirche nach dem Modell Benedikts wäre eine Kirche wie gemacht für Steppenwölfe, die dem Psalmwort anhängen: »Ich bin ein Fremder auf Erden« (Psalm 119, Vers 19).

Peter Seewald, der Papst-Biograf, der mit Benedikt XVI. eine Reihe von Interview-Büchern machte, ist gerade deshalb von seinem Bekannten so fasziniert. »Ruhe ist nicht die erste Bürgerpflicht«, hatte Ratzinger Seewald immerhin auf das Tonband diktiert und Sätze wie »die Kirche muss sich von ihren Gütern trennen, um ihr Gut zu bewahren«. Ergriffen stellt Seewald deshalb fest: »In seinem Existenzialismus erinnerte er mich an Sartre. Da waren die gleiche Radikalität der Gedanken, die Nonchalance im Auftritt, auch der Ekel vor den Banalitäten, dem Schmutz und Schund einer so spießig gewordenen Gesellschaft.«[60]

Diese scheinbare *Aus-der-Welt-Gefallenheit*, diese »Weltverneinung«, das »Nein zur Welt«, diese »existenzielle Weltfremdheit« (Jan Assmann) verschafft dem Papst, wie schon seinem Vorgänger, Kredit auch bei vielen gesellschaftskritischen Zeitgenossen. Die päpstliche Kritik an der Moderne und seine Einwände gegen eine rationalistisch verkürzte Vernunft stoßen selbst bei postmodernen Philosophen auf offene Ohren. Es ist kein Zufall, dass sich Denker der Postmoderne, beispielsweise Gianni Vattimo, Slavoj Žižek, Alain Badiou oder Giorgio Agamben, zunehmend religiösen Stoffen zuwenden. »Im katholischen Irrationalismus und der kirchlichen Archaik bilden sich eigentümliche Überschneidungen mit vernunftskeptischen Theoriebildungen des späten 20. Jahrhunderts«, schreibt Andrea Roedig ganz richtig.[61] Für diese Schule ist Religion, wie jede Ideologie, nicht bloß »falsches Bewusstsein«, sondern unumgänglicher Modus der Weltaneignung. Aus solcher Perspektive ist auch die säkulare Rationalität ein Glaube, Vernunft-Glaube, bloß ein ziemlich dummer: ein Glaube, der die eigene Gläubigkeit nicht realisiert, Ideologie, die sich noch erhaben über jede Ideologie feiert. Und diese Form der Aufklärung, so die Kritik, ist lau, fade, affirmativ geworden, wohingegen die echten Ressourcen des Radikalen in der Religion lägen. Diese stellte womöglich noch Energien bereit für eine Rebellion gegen die totale Macht von Marktideologie, Kommerz und Konsumismus. Papst Ratzinger weiß, dass er seiner Kirche neuen Einfluss verschaffen kann, wenn er auf dieser Klaviatur spielt: »Der an sich unpolitische Glaube der Christen«, so das explizite Resümee seines Jesus-Buches, werde »allezeit mit totalitären politischen Mächten zusammenstoßen«.[62] Der Einspruch gegen den Werte-Relativismus der Moderne ist, so versucht es die neue Kirchenideologie darzustellen, die wahre Radikalität und der Königsweg zur Freiheit – gegen die Totalität des *anything goes*, gewissermaßen.

Ganz falsch ist das alles nicht. Unsympathisch bestimmt auch nicht. Aber in dieser »Freiheit« steckt immer noch ein großes Stück Gängelung, und das wird gerne unter den Tisch gekehrt. Denn auf »ein Element des Fundamentalismus« (Paulo Flores d'Arcais) verzichtet die römische Kirche auch heute nicht. Sie ist nur eine Macht, »nicht von dieser Welt«, wenn es ihr in den Kram passt. Bei anderen Gelegenheiten versucht sie, auf dem Gesetzesweg allen, auch den Nichtchristen, moralische Vorstellungen aufzuzwingen, die nur den katholischen Gläubigen eigen sind.[63] Aber daran wird nur ungern erinnert: dass sich der Papst nur als nonkonformistische Figur inszenieren kann, weil der modernen Gesellschaft Gott sei Dank der bigotte Konformismus ausgetrieben wurde, weil die Kirche nicht mehr die Macht hat, ihre partikularen Werte anderen Menschen aufzuzwingen.

Seltsam ist schon, wie gut das Generalthema von Benedikts Pontifikat, der Kampf gegen den »Werterelativismus«, auch bei einem kritischen Publikum ankommt. Das ist oft nicht ohne Komik: Ratzingers Schelte der »Diktatur des Relativismus« wird auch von Kommentatoren gutgeheißen, die vom Pluralismus der Meinungen leben und die des Kirchenführers tapferen Antiliberalismus natürlich nur so lange originell finden, solange nicht zu befürchten ist, dass daraus etwas Konkretes folgt. Den Papst gut finden, weil er das Ende der Beliebigkeit ankündigt – das ist, könnte man ironisch sagen, selbst schon so etwas wie eine modische Haltung, der *dernier cri* am Meinungsmarkt. Demnächst gilt vielleicht das Gegenteil als interessant. »Die Auseinandersetzung mit den verschiedenen Formen des Relativismus« nennt denn auch Benedikts Privatsekretär, Georg, »der schöne Giorgio« Gänswein, der in Rom nur die »blonde Eminenz« genannt wird, das Lebensziel des Papstes. Schon während der Eucharistiefeier, die das Konklave eröffnet hatte, aus dem er dann als Papst hervorging, wandte Ratzinger sich gegen »eine ›Diktatur des Relativismus‹, der nichts als endgültig anerkenne und als letztes Maß nur das eigene Ich und seine Gelüste gelten lässt«. Der Papst ist, gewiss auf stille und bedächtige Art, geradezu besessen vom Kampf gegen den Relativismus. Relativismus ist für ihn eine Schmähvokabel, die das Schlimmste überhaupt bezeichnet, vergleichbar mit dem, was zu früheren Zeiten etwa Stalinisten »Abweichlertum« oder »Versöhnlertum« genannt haben. »Relativisten« oder »Versöhnler« sind Menschen, die auch andere Wahrheiten gelten lassen, ja mehr noch, Menschen, die sich immer fragen, ob ihre Wahrheit wirklich und sicher die einzig richtige Wahrheit ist.

Aber ist dieser »Werterelativismus« wirklich ein solches Übel, wie es vom Papst dargestellt wird? Der »Werterelativismus« macht den Menschen das Leben gewiss nicht leichter. Sie haben kein verbindliches Sittengesetz mehr zur Hand, das genaue Regelungen für alle denkbaren Anlässe bereitstellt. Sie müssen oft schwierige Entscheidungen nach dem eigenen moralischen Empfinden treffen – sicherlich eine große Herausforderung. Aber gerade deshalb, schreibt Paulo Flores d'Arcais, ist dieser viel gescholtene »Werterelativismus« auch die »Basis für einen ethischen Pluralismus, ohne den demokratische Gesellschaften nicht existieren können«[64]. Warum aber klatschen dann oft sogar Liberale Beifall, wenn der Papst über den Werterelativismus herzieht? Nun, ein Grund dürfte sein, dass auch aufgeklärte Geister, die wissen, dass das Richtige nicht so einfach definiert werden kann, oft eine Sehnsucht nach der klaren, manichäischen Aufteilung in Gut und Böse haben, nach einer Welt, in der die Fronten klar sind. Und sie haben oft auch das Gefühl, dass es in einer Welt, in der alle immer schon über die Aporien und die Ambivalenzen aller vorstellbaren Handlungen Bescheid wissen, ein wenig an Spannung fehlt. Da geht es dann nicht mehr richtig zur Sache zwischen den Kräften des Lichts und denen der Finsternis, sondern in der dominieren die Grau- und die Zwischentöne. Da gibt es wenig Platz für Heroismus, aber auch die Gegner sind dann keine eindeutigen Finsterlinge mehr. Dass man heute überhaupt so gerne von »Werterelativismus« spricht, hat wohl seinen Grund nicht in wachsender Unmoral, sondern darin, dass man »mit neuen moralischen Problemen konfrontiert wird und nicht gleich Lösungen weiß, sondern ausgiebig darüber diskutiert und diskutieren muss« (Detlef Horster)[65]. In dieser komplizierten Welt muss man immer damit zurechtkommen, dass das, was einem richtig erscheint, von anderen ziemlich missbilligt wird und dass Handlungen, die man verwerflich findet, oft von anderen Menschen aus nachvollziehbaren und sogar respektablen Gründen gesetzt werden. Es ist eine Welt, die viel Taktgefühl verlangt und in der man sich deshalb ziemlich leicht nach

Zeiten zurücksehnt, in denen »Entschiedenheit« noch etwas galt.

Während ich über diese eigentümliche Abneigung gegenüber dem »Werterelativismus« nachdenke, fällt mir eine Episode ein, die diese Sehnsucht des aufgeklärten Liberalen nach Eindeutigkeiten, nach dem »Nicht-Relativen« schön und ironisch illustriert. Vor rund zehn Jahren saß ich bei einer Abendgesellschaft, bei der auch die Frau des damaligen deutschen Finanzministers und jetzigen Chefs der Linkspartei Oskar Lafontaine zugegen war, neben einem sehr feinsinnigen österreichischen Sozialdemokraten. Christa Müller, Lafontaines Gattin, hielt gerade einen sehr entschiedenen Vortrag darüber, was denn getan werden müsse, damit unsere Gesellschaften wieder gerechter, besser, sozialer würden. Sie hatte da drei, vier Patentrezepte in der Tasche und war sich sicher, wenn die nur in die Tat umgesetzt würden, wäre man dem Paradies auf Erden schon sehr viel näher. Wahrscheinlich ließ sie kein Abendessen aus, ohne ihre Rezepte zu propagieren. Frau Müller war sehr überzeugend, weil sie selbst überzeugt war. Dabei war das, was sie von sich gab, ziemlich hanebüchener Unsinn. Während eines solchen spontanen Referats von Frau Müller beugte sich der feinsinnige Sozialdemokrat, der damals immerhin einem Schlüsselministerium der österreichischen Regierung vorsaß, zu mir und flüsterte mir ins Ohr: »Ach, würde ich mir wünschen, dass ich von einem meiner Vorschläge einmal so überzeugt wäre.« Das war natürlich sarkastisch gemeint, aber nicht nur: Es gab da etwas an dem Mann, das ihm sagte, dass sein Sinn für Ambivalenz auch ein Defekt sei, der ihn an entschiedenem und durchschlagendem Handeln hindere. Das kommt ja oft vor bei intelligenten Leuten – dass sie die weniger Intelligenten, die sich nicht so viele Gedanken machen, wegen ihrer zupackenden Art bewundern.

So ähnlich ist das mit dem »Werterelativismus«. Viele wünschen sich, angesichts der Vielzahl widerstrebender Wertvorstellungen, die in jedem von uns im Streit liegen, so etwas wie eine einfache Matrix, anhand derer feststellbar wäre, was gut und richtig ist. Deswegen findet man es auch bewundernswert, wenn einer aufsteht und sagt, dass dieser Liberalismus, dem alles als *gleich gültig* gilt, ein Teufelszeug sei, weil dann eben auch alles *gleichgültig* ist. Dabei ist bei näherer Betrachtung im Detail schwer nachzuvollziehen, warum eine bestimmte Haltung Ausdruck von Moral, die andere Indiz von gefährlichem moralischen Relativismus sein soll. Warum ist es Relativismus, wenn man dafür plädiert, mit Hilfe von embryonalen Stammzellen Schwerkranke zu retten, und warum ist es moralisch, die medizinische Wissenschaft in die Schranken zu weisen? Warum ist es moralisch, das ungeborene Leben – auch das im Reagenzglas – für heilig zu erklären, und warum ist es gefährlicher Relativismus, die persönliche Entscheidung einer Schwangeren in einer für sie bestimmt nicht einfachen Situation zu achten? Ja, warum ist es moralisch, das Lebensrecht ungeborenen Lebens zu verteidigen (selbst von Zellklumpen, weil in denen schon das Programm des menschlichen Lebens eingeschrieben ist), aber das des geborenen Lebens zu relativieren, wie im geltenden katholischen Katechismus, in dem die Todesstrafe unter bestimmten Bedingungen legitimiert wird? Warum ist es moralisch, die Einzigartigkeit der Ehe zu erklären (ungeachtet davon, wie zerrüttet eine Partnerschaft auch sein mag), und wieso ist es gefährlicher Relativismus, auch gleichgeschlechtlichen Liebenden die Würde einer gesetzlich abgesicherten Lebensgemeinschaft zuzugestehen? Um nicht falsch verstanden zu werden: All das sind schwierige moralische Abwägungsfragen, in denen oft eine mögliche moralische Haltung einer anderen möglichen moralischen Haltung gegenübersteht, deren widerstreitende Ansprüche nicht leicht auszubalancieren sind. Die Frage ist nur: Warum sollen die, die ganz schnell und ganz genau wissen, was richtig ist, weil es seit 2000 Jahren richtig ist, eigentlich das Attribut »moralisch« für sich gepachtet haben, während die andere Seite im Lager des Relativismus steht – und damit natürlich bereits mit einem Fuß in der Hölle? Wieso soll die eine Moral moralisch sein, die andere Moral ist aber relativ? Und warum soll ausgerechnet ein Papst, also ein Kleriker, ein Mann also, der schon von Berufs wegen mit vielen der schwierigen moralischen Abwägungsfragen keine Erfahrung hat, die ein normales Leben so für uns bereithält, besonders qualifiziert sein, diese Frage zu entscheiden? Eine christliche Ehe, bis zum Tode nicht geschieden, in der zwischen den Eheleuten und zwischen den Generationen Gefühlskälte herrscht – ist das wirklich die Keimzelle der Moral? Und eine moderne Patchworkfamilie, in der Mann und Frau Kinder aus früheren Partnerschaften großziehen und auch noch mit den einstigen Partnern zu tun haben und in der alle Beteiligten bei allem Stress dennoch versuchen, einander mit Respekt zu begegnen – ist das wirklich ein Kraftwerk des »Relativismus«? Na, mit Verlaub, da bin ich mir nicht so sicher.

Es klingt natürlich schön, wenn der Papst sagt, die Religion sollte angesichts der »Pathologien der Vernunft«[66] so etwas wie ein »Kontrollorgan« sein, das Ratschläge erteilt, damit das Schlimmste womöglich vermieden wird. Aber kann man annehmen, dass ein Glaube, der sich so sicher ist, was richtig und was falsch ist, sich mit der bescheidenen Rolle des Korrektivs zufriedengeben wird? Natürlich, er wird der Mahner sein, solange er keine andere Möglichkeit hat, als mahnend seine Worte zu erheben. Und so lange kann man es auch irgendwie interessant finden, dass es inmitten einer Welt voll schwieriger moralischer Abwägungen einen Mann gibt, der so tut, als habe er all diese Abwägungen nicht nötig, einen Mann, der irgendwie gut, irgendwie schräg ist und der seine Rolle gut spielt. Noch dass er linkisch wirkt, fügt sich bestens. Eine Sozialordnung nach der Fasson von Päpsten, der kann man schon einen gewissen ästhetischen Reiz abgewinnen. Aber nur so lange, fürchte ich, solange sie nicht die Macht haben, sie in die Realität umzusetzen.

Ohnehin ist die Sache mit dem Werterelativismus vertrackt. Die Rede vom Relativismus unterstellt nicht nur implizit, dass es einen »Verfall der Werte«, also ein Wachstum der Unmoral gibt, sondern explizit, dass in einer Welt ohne verbindliches Sittengesetz jeder sich seine eigene Präferenzskala moralischer Regeln aufstellt, dass »heute jeder ›seine eigene Moral‹ hat«, wie das der deutsche Soziologe Detlef Horster formuliert.[67] Aber das, so Horster, »ist nicht der Fall«. Jede Gesellschaft verfüge über »gesellschaftliche Moral«, grundlegende Normen – die wir vor allem dann spüren, wenn wir sie verletzen. Verstößt jemand gegen Fairnessregeln, ist ihm die Verachtung seiner Mitbürger gewiss. Dass wir in den vergangenen Jahrzehnten einen generellen Verfall der gesellschaftlichen Moral erleben, lässt sich wohl nur schwer behaupten. Eher das Gegenteil ist der Fall. Dass man Konflikte nicht mit Gewalt lösen soll, dass spontane Faustschläge ins Gesicht der Mitbürger kein Kavaliersdelikt sind, diese Auffassung ist heute viel weiter verbreitet als noch vor vierzig, fünfzig Jahren. Prügel für Kinder galten noch vor wenigen Jahrzehnten als übliche Erziehungsmethode, heute sind sie verpönt, und wer in der Öffentlichkeit seinem Kind eine Ohrfeige verpasst, kann sich zumindest scheeler Blicke der Passanten sicher sein. All das ist keine Privatmoral, die nur auf der Ebene des einzelnen Gewissens gelten würde, sondern eine »objektive Moral« – ja, moralische Regeln sind Regeln, weil sie objektiv sind und weil nicht jeder frei ist, sich seine Regeln selbst auszudenken. Nur ist eben die gesellschaftliche Moral nicht mehr mit den partikularen Moralvorstellungen dieser oder jener religiösen Gemeinschaft identisch. Ja, die Religionsgemeinschaften können ihren Wertekanon nicht einmal mehr unter ihren Gläubigen als verbindlich durchsetzen.

Es ist also nicht nur völlig abwegig, einen allgemeinen Verfall der Moral zu behaupten, es ist auch sehr fraglich, ob es überhaupt einen »Werterelativismus« in dem vom Papst behaupteten Sinn gibt, dass die Moral relativ geworden ist, weil die Menschen der Meinung seien, dass äußere Regeln schlecht seien und das Gewissen des Einzelnen »das letzte Wort behalten müsste«[68]. Da sich »Gewissensurteile widersprechen«, führe dies notwendigerweise zur Diktatur des Relativismus,[69] behauptet Joseph Ratzinger. Geht man ernsthafter an die Sache heran, erweist sie sich als viel komplizierter: Es gibt gesellschaftliche moralische Normen, bei denen das Gewissen des Einzelnen mit Sicherheit nicht das letzte Wort hat. Wenn ich einem Obdachlosen eine teure Haushaltsversicherung aufschwatze und ihm dafür die letzten Euro abnehme, dann schützt mich vor der Verachtung meiner Mitbürger auch nicht der Hinweis, ich könne das sehr gut mit meinem Gewissen vereinbaren, weil der Kerl ja selbst schuld ist, wenn er so blöd ist. Da wird meine »Gewissensentscheidung« keineswegs als Resultat meiner privaten Moral respektiert. Die Pluralität möglicher Gewissensentscheidungen wird in jenen Bereichen geachtet, bei denen es sich um die mit Recht respektierte Privatsphäre eines Menschen handelt (und ich deshalb keinem anderen Schaden zufüge), vor allem aber in jenen Fragen, in denen es um komplizierte moralische Abwägungen geht – insbesondere in jenen Fällen, in denen man etwa einer moralischen Norm nur folgen kann, indem man eine andere bricht. Allenfalls kann man also von einem relativen Relativismus sprechen – und der ist in der Tat für pluralistische, demokratische Gesellschaften nötig. Alle zivilisierten, demokratischen Gemeinwesen verfügen ohnehin über den von Ratzinger geforderten »nichtrelativistischen Kern«[70].

Das Problem für die religiöse Binnen-Moral ist freilich, dass sie selbst immer wieder gegen den »nichtrelativistischen Kern« der gesellschaftlichen Moral verstößt. So ist es heute ein guter Grundsatz der gesellschaftlichen Moral, dass jeder den Wertvorstellungen anhängen soll, die ihm passen, solange er damit der Freiheit seiner Mitbürger nicht in die Quere kommt, dass es aber zu verurteilen ist, wenn er seine Kinder damit indoktriniert, solange diese noch überhaupt keine Möglichkeit haben, sich unabhängige Gedanken über die Tragweite der Angelegenheit zu machen. Wenn ich an einer Demonstration teilnehme, etwa gegen Rassismus und Fremdenfeindlichkeit, und ein Poster hoch halte, auf dem geschrieben steht: »Haider ist ein Idiot«, dann werden Passanten vielleicht die Botschaft billigen oder missbilligen oder sie werden der nicht unbegründeten Meinung sein, die Parole sei nicht gerade von übertriebener Intellektualität – aber sie werden mein moralisches Recht, dieses Poster hoch zu halten, nicht bestreiten. Etwas anderes ist es, wenn ich mein Kind anhalte, dieses Poster vor sich her zu tragen. Man wird das dann irgendwie abgeschmackt finden. Wenn eine Handy-Firma in einer Fußgängerzone Werbeprospekte verteilt, finden wir das ganz in Ordnung, wenn sie das vor einer Grundschule tut, sind die meisten von uns nicht dieser Meinung. Aber genau das tun die Religionsgemeinschaften. Sie nehmen für sich das Recht in Anspruch, schon die Kleinsten zu indoktrinieren. Um das mit einer schönen Wendung des britischen Evolutionsbiologen und Religionskritikers Richard Dawkins zu sagen: Wir hielten es mit Recht für absurd, wenn die Kinder von Anhängern des Postmodernismus, des Konservatismus oder des Leninismus als »postmoderne Kinder«, »konservative Kinder« oder »leninistische Kinder« bezeichnet würden, aber noch immer ist es üblich, von »christlichen Kindern« oder »muslimischen Kindern« zu sprechen. Das ist, sofern es sich dabei um die gewöhnliche Alltagsfrömmigkeit handelt, gerade noch akzeptiert, nicht mehr aber bei Anhängern eines rigideren Glaubens. Wenn jemand ein besonders frommer Christ, Muslim oder Jude ist, einer Sekte oder einer frömmelnden Kleinkirche angehört, dann werden wir das Recht dieses Gläubigen, sein Leben deren Gesetzen zu unterwerfen, keineswegs in Abrede stellen – aber die Kleinen, an denen manche Freuden der Kindheit vorbeigehen, werden wir »das arme Kind« nennen.

Benedikts Windmühlenkampf gegen den »Werterelativismus« hilft uns also bei den schwierigen moralischen Entscheidungen nichts, weil er letztlich so tut, als gäbe es diese moralischen Abwägungsfragen nicht. So hat die Papstbegeisterung – ob unter Gläubigen oder Kirchenfremden – heute eher etwas von einer »ästhetischen Erfahrung«, wie das der Philosoph Herbert Schnädelbach nannte, oder, in der schönen Wendung des Essayisten Nils Minkmar, sie »hat etwas Touristisches«. Man findet den Papst und die Kirche irgendwie interessant, wie man auch das Leben der Tuareg in der Sahara interessant findet, aber die Faszination setzt die Distanz immer voraus. Auch die Anziehungskraft vieler religiöser Lehrformeln besteht gerade darin, dass sie für unser praktisches Leben völlig sinnlos sind. Diese Dialektik, wenn wir das so nennen wollen, hat die Kirche im Binnendiskurs mit ihren Alltagsgläubigen zu großer Meisterschaft gebracht: Die Menschen jubeln einem Mann zu, der Dinge sagt, bei denen die meisten von ihnen nie auf die Idee kommen würden, sie einzuhalten – und er sagt diese Dinge ungerührt, obwohl er das weiß. Katholische Predigten haben, so gesehen, etwas Eigentümliches. Keine kirchliche Messe, in der nicht darauf hingewiesen wird, dass etwa der Gebrauch von Verhütungsmitteln verboten ist – und das, obwohl sich kaum eine Kirchgängerin oder kaum ein

Kirchgänger um diese Sätze schert. Selbst unter frommen Katholiken sind Familien mit mehr als drei, vier Kindern eine Seltenheit, was ja völlig unerklärlich wäre, setzte man voraus, dass sich auch nur eine relevante Minderheit der Gläubigen an die Lehrsätze ihrer Kirche hielte. Es ist, als gäbe es ein stilles Einverständnis, eingeübt in Jahrzehnten, wenn nicht Jahrhunderten: Ihr redet, was ihr wollt, und wir machen, was wir wollen.

Aber es ist gerade diese Art von Kirche, der der Papst eine Absage erteilt. Der »demütige Arbeiter im Weinberg des Herrn« will aus seiner Allerweltskirche eine Glaubensgemeinschaft machen, die wieder »politischer und kämpferischer« wird, und ist bereit, »von den volkskirchlichen Ideen Abschied zu nehmen«, wie das Papst-Biograf Peter Seewald nennt.[71] »Wer die Bequemlichkeit sucht, ist bei Christus an der falschen Adresse«, sagt der Papst. Bei Benedikt auch. Neuerdings wünscht man sich im Vatikan, was Wiens Kardinal Christoph Schönborn eine »Entscheidungskirche« nennt: lieber eine Kernkirche von Überzeugten als eine ausgefranste Weltkirche, in die man halt so hineingeboren wird und der man höchstens aus Faulheit treu bleibt. Man kann das gerne auch eine sektiererische Kirche nennen, eine rigidere, eine eifernde Kirche. Eine, die die Stärke wieder in der Abgrenzung sucht. »Missionierung nach innen« nennt sich das.

Eigentlich ist es skurril, dass das manche liberale Geister interessant finden, weil sie derart gelangweilt sind, dass sie für jede Abwechslung und Aufregung dankbar sind. Womöglich ist das eine der obskursten Erscheinungen der von Ratzinger beklagten »Verwüstung der Seelen«.

Bibelkreis & Korankränzchen 3

Wenn Jesus am Freitag kommt

Nun wollen wir mal Paulus durchnehmen, besonders den Schlüsseltext des Christentums, den »Brief des Paulus an die Römer«, also an die römische Urgemeinde. »Römer«, wie wir bibelaffinen Menschen den Text zärtlich nennen, ist eine der wuchtigsten Schriften der religiösen Literatur, so wie Paulus, der sich zum jüngsten Apostel aufschwang, selbst eine der wirkmächtigsten Figuren der Weltgeschichte war. Paulus, der Jesus gar nicht gekannt hatte, war es, der überhaupt das Christentum begründete. »Römer« handelt von der Proklamation eines neuen Gottesvolkes. Paulus, der sich selbst den »Apostel der Heiden« nannte, verwandelte die Jüngerschaft Jesu. Die war zunächst nichts weiter als eine jüdische Sekte, die eben der Meinung war, der Messias sei schon gekommen und werde bald ein zweites Mal kommen. Das war bis Paulus eine innerjüdische Angelegenheit. Aber mit Paulus wurde der Universalismus eingeführt – jeder war für ihn Teil des neuen Gottesvolkes, wenn er nur an Jesus glaubte. Eine ungeheure Provokation war das damals, die dem »Christentum« erst seinen antijüdischen Drall gab. Das Wort »Christen« gab es ja vorerst nicht, auch Paulus hat es noch nicht benutzt. Die Evangelien, die Apostelgeschichte wurden viel später geschrieben, redigiert, verfälscht – wie immer man das nennen will.

All das ist Philologiegeschichte, über die ganze Bibliotheken geschrieben wurden. Worum es mir hier geht, ist ein kleines Exempel in kontextuellem Lesen. »Erkennt«, schreibt Paulus, »dass die Stunde da ist, aufzustehen vom Schlaf, denn unser Heil ist jetzt näher als zu der Zeit, da wir gläubig wurden. Die Nacht ist vorgerückt, der Tag aber nahe herbeigekommen.«

(Römer 13,11–12) Im ersten Brief an die Korinther hatte er den berühmten Satz geschrieben: »Das Wesen dieser Welt vergeht.« (1. Korinther 7,31) Paulus, von messianischem Eifer wie alle in der Urgemeinde, war der Überzeugung, der Jüngste Tag stünde nahe bevor, der Messias käme bald, wer weiß, vielleicht schon nächsten Donnerstag oder Freitag. Die Verachtung für alle irdischen Dinge, wie man sie in der christlichen Tradition findet, hat darin ihren Ursprung.

»Jedermann sei untertan der Obrigkeit, die Gewalt über ihn hat«, heißt es in Römer 13,1. Und weiter: »Denn es ist keine Obrigkeit außer von Gott; wo aber Obrigkeit ist, die ist von Gott angeordnet.« Darum: »Steuer, dem die Steuer gebührt; Zoll, dem der Zoll gebührt; (...) Ehre, dem die Ehre gebührt.« All das war ja nicht von Belang angesichts des unmittelbar bevorstehenden Heils. Später mussten sich die Christen mit dem Gedanken anfreunden, dass der Messias eine Spur länger auf sich warten lässt. Da wurden diese Paulus-Sätze mit anderen Augen gelesen. Sie wurden als Lobpreisung der Obrigkeit ausgelegt und legitimierten die Kollaboration mit Kaisern und Fürsten – sie wurden zu Lehrsprüchen für fügsame Untertanen. Aber zu Paulus' Zeiten, die ohnehin auf einen messianisch überspannten Grundton gestimmt waren, haben sie alle so verstanden: Die weltliche Obrigkeit, die ist ja wurscht, weil das Himmelreich bricht eh gleich aus.

Viertes Kapitel

Monotheismus und Gewalt

Wie Eiferertum und Unduldsamkeit in die Welt kamen und warum wir noch heute darunter leiden.

> Ich bin der Auffassung, dass der Monotheismus die größte Katastrophe ist, die je über die Menschen gekommen ist.
>
> *Gore Vidal*

Die heiligen Schriften der großen monotheistischen Weltreligionen sind keine sehr freundlichen Bücher. Über weite Strecken handelt die biblische Erzählung von Vertreibung und Mord – in den rosigsten Farben werden da Dinge geschildert, die wir heutzutage mit Begriffen wie »Genozid« oder »ethnische Säuberung« bezeichnen würden und als »religiöser Terror«. Der Gott der Bibel ist ein Gott, der sein Volk zur Ausrottung anderer Völker anstiftet, ein Gott, der in seinem Volk diejenigen, die vom Glauben abfallen, austilgt und mit Macht unter seine Knute zwingt. Das Gelobte Land Kanaan, das der Gott Jahwe dem Volk der Israeliten versprochen hat, war ja nicht leer. Städte wurden gestürmt und geplündert und die anderen Völker vertrieben. Berühmt ist die Geschichte, wie ein Kriegsheer, sieben Priester mit Posaunen voran, um die Stadt Jericho zieht. Sieben Tage zogen sie um Jericho, »da fiel die Mauer um« (Josua 6,20). Die Eroberer »vollstreckten den Bann an allem, was in der Stadt war, mit der Schärfe des Schwerts an Mann und Weib, jung und alt, Rindern, Schafen, Eseln« (Josua 6,21). Es wird sich wohl so ähnlich gestaltet haben wie der Massenmord von Srebrenica im Bosnien-Krieg Mitte der Neunzigerjahre. Häufig finden sich Berichte, in denen es etwa heißt, sie »verbrannten mit

Feuer alle ihre Städte« (4. Mose 31,10). Eindeutig sind Gottes Aufforderungen fürs Ethnic Cleansing: »So tötet nun alles, was männlich ist unter den Kindern, und alle Frauen, die nicht mehr Jungfrauen sind.« (4. Mose 31,17) Nur die Jungfrauen solle man nicht töten, die könnten ja noch nützlich sein – für Massenvergewaltigungen, darf man annehmen: »Aber alle Mädchen, die unberührt sind, die lasst für euch leben.« (4. Mose 31,18)

Freilich, die Glaubenskrieger befinden sich natürlich immer im Recht, weil sie sich ja verteidigen, nicht angreifen. Aller Ton liegt darauf, dass der Glaube an den einen Gott gegen Bedrängnis verteidigt wird, denn der Tod ist schicklicher als der Abfall vom Glauben. Gepriesen werden die Märtyrer, zu Heroen werden diejenigen erklärt, die die »Abtrünnigen« verfolgen und »die Gottlosen« erschlagen (1. Makkabäer 3,8). Im Koran, dem heiligen Buch der – neben Juden- und Christentum – dritten großen monotheistischen Religion liest es sich nicht anders. Mohammed führt über 70 Kriegszüge zur Verbreitung des Glaubens. »Und wenn ihr die Ungläubigen trefft, dann herunter mit dem Haupt, bis ihr ein Gemetzel unter ihnen angerichtet habt«, heißt es in einer Sure (Sure 47,4f). »Und wer da kämpft in Allahs Weg, falle er oder siege er, wahrlich, dem geben wir gewaltigen Lohn« in einer anderen (Sure 4, 76,78). Und weiter: »Wahrlich, in die Herzen der Ungläubigen werfe ich Schrecken. So haut auf ihre Hälse und haut ihnen jeden Finger ab … Und nicht erschlugt ihr sie, sondern Allah erschlug sie.« (Sure 8,12,17)

Es war der Religionswissenschaftler Jan Assmann, der in den vergangenen Jahren mit der These für erregte Debatten sorgte, dass der Monotheismus nicht nur eine neue zivilisatorische Stufe der Menschheitsentwicklung markierte, sondern auch eine gewalttätige Unbedingtheit ins Feld des Religiösen eingeführt hat. Vor allem wegen des offenkundig wieder anschwellenden Gewaltpotenzials der großen monotheistischen Religionen, etwa der ethnischen Säuberungen am Balkan, aber auch der fundamentalistischen Verschärfung im Islam, erhielt Assmanns These eine gewisse Virulenz. »Angesichts der aktuellen Weltlage«, schreibt er, »können wir es uns nicht leisten, unsere Augen vor der Frage zu verschließen, ob es vielleicht einen Zusammenhang zwischen dem exklusiven Wahrheitsbegriff des Monotheismus und der Sprache der Gewalt geben könnte.«[72] Mit dem Monotheismus sei nämlich etwas Neues in die Welt gekommen. Nicht der Umstand, dass die einen einer Vielzahl an Göttern für alle Lebenslagen huldigen, die anderen nur einem Gott, sei das Entscheidende, so Assmann. Entscheidend sei vielmehr, dass etwas eingeführt wurde, nämlich »die Unterscheidung zwischen Wahr und Falsch in der Religion, zwischen den wahren und den falschen Göttern, der wahren Lehre und den Irrlehren«, kurzum: zwischen »Glaube und Unglaube«[73]. Damit sei ein strenger, kompromissloser Ton angeschlagen, der sich aggressiv nach außen, aber auch aggressiv – und autoaggressiv – nach innen richte. Gewiss, so Assmann, habe der Monotheismus nicht die Gewalt in eine bis dahin friedfertige Welt gebracht, aber er habe Moral, Sozialordnung und Religion miteinander verschmolzen. Die Religion wurde damit zum Movens des Aggressiven, zum Ort einer politischen Unterscheidung: »Man kann nicht zwei Herren dienen.« Gottes Liebe und Gottes Strenge sind zwei Seiten derselben Medaille – noch die Barmherzigkeit ist eine Liebe, mit der Bedrohlichkeit einer Liebe, der man »nicht entgehen« kann. Das ist ja auch nicht anders möglich bei einer Offenbarung, bei der sich der Herr autoritativ an die Menschen wendet, was ja Widerrede nicht duldet – mit »Diktaten, die Geschenke sind, oder mittels Geschenken, die Diktate sind«, wie das Peter Sloterdijk so schön nannte.[74] »Denn der Herr, dein Gott, ist ein verzehrendes Feuer und ein eifernder Gott.« (5. Mose 4,24)

Gerade in der Unbarmherzigkeit Jahwes, so die obskure Logik, zeige sich seine Barmherzigkeit. Noch die Strafe des Allmächtigen an den abtrünnigen Gläubigen ist »ein Zeichen großer Gnade«, weil der Herr eben die Sündigen nicht gewähren lässt, »sondern sie bald der Strafe anheim gibt (...) Und wenn er uns durch ein Unglück erzieht, lässt er doch sein Volk nie im Stich« (2. Makkabäer 6,13-15). Weltliches Ungemach wird als Strafe für mangelnde Glaubensstrenge interpretiert. »Und der HERR wird Israel schlagen, dass es schwankt, wie das Rohr im Wasser bewegt wird, (...) und wird sie zerstreuen jenseits des Euphrat.« Im Fall des Ungehorsams, droht Jahwe, wolle er das Volk »unter die Völker zerstreuen und mit gezücktem Schwert hinter euch her sein« (3. Mose 26,33). Die jüdische Katastrophe, die Verschleppung der jüdischen Oberschicht nach Babylon, die »Zerstreuung« – ein historisches Trauma, das heute noch im Wort »Diaspora« eingeschrieben ist –, wird aus dieser Perspektive als Konsequenz mangelnder Gottestreue interpretiert. Schließlich entstand das Gros der Schriften des jüdischen Tanach nach dem welthistorischen Einschnitt der Zerstörung Jerusalems und des ersten Tempels. Diese Schlüsseltexte des kollektiven Gedächtnisses der Menschheitsgeschichte wurden also scharf in Hinblick auf diese Katastrophe »redigiert« und lesen sich wie eine Ankündigung des Ungemachs, das für den Abfall von Gott und der Hinwendung zu Götzendienst und Vielgötterglaube drohe.

In einer solchen Religiosität gibt es streng genommen keine tragischen Katastrophen, sondern nur mehr »Lektionen, die erteilt werden«[75]. Damit war aber ein Ton angeschlagen, auf den die großen monotheistischen Religionen bis heute gestimmt sind. Noch das Christentum, nach seiner eigenen Selbsteinschätzung eine Religion der Liebe und Barmherzigkeit, die die strafende Religiosität des jüdischen Gottes überwunden habe, ist fest durchzogen vom

Geist der Ausschließlichkeit. »Wer mich verachtet und nimmt meine Worte nicht an, der hat schon seinen Richter. Das Wort, das ich geredet habe, das wird ihn richten am Jüngsten Tage.« (Johannes 12,48) Und wer da nicht gerechtfertigt wird, der wird »verdammt« (Matthäus 12,30). »Wer nicht mit mir ist, der ist gegen mich« (Matthäus 12,37), lautet ein Jesus-Wort, das zur geflügelten Wendung und obendrein zum Leitprinzip theologisierender Politiker geworden ist, was die Welt gewiss nicht spannungsärmer macht. Die Strafeslust des Einen, des Ewigen, des Allmächtigen ist ungebrochen, mag ihn sich ein flaches Alltagschristentum auch als »lieben Gott« imaginieren. Berühmte Wendungen aus der christlichen Bibel, wie »Wen der Herr lieb hat, den züchtigt er« (Hebräer 12,6), gehen jedem Landpfarrer auch heute noch leicht über die Lippen, und die Kirchgänger plappern sie nach – zu ihrer Entschuldigung kann man höchstens vorbringen, dass sie sich nicht allzu viele Gedanken darüber machen, was sie da sagen.

Das Judentum, als Urszene aller Monotheismen, basiert auf dem Geist der Selbstabsonderung. Gottes Erwählung grenzt Israel »aus dem Kreise der Völker aus« (Assmann)[76]. Im Deuteronomium, dem 5. Buch Mose, heißt es: »Und sollst dich mit ihnen nicht verschwägern; eure Töchter sollt ihr nicht geben ihren Söhnen, und ihre Töchter sollt ihr nicht nehmen für eure Söhne.« Die Aggression richtet sich vornehmlich nach innen – gegen die Gefahr des Glaubensverlustes und als Verteidigung der Gottestreue. Noch heute wird etwa die Geschichte der Kriege des Jehuda Makkabi gegen alle Hellenisierungsversuche als große Heldenstory gefeiert, und im Religionsunterricht wird den Kindern von der Standhaftigkeit der glaubenstreuen Juden erzählt, die aufrecht in den Tod gingen, mit den Worten auf den Lippen: »Ich sterbe für Gott.« Dies sind die Urszenen, mit denen das religiöse Märtyrertum in die Welt kam. Aber nicht nur gegen die griechischen »Kulturimperialisten«, wie man das heute wohl nennen würde, kämpfte Jehuda Makkabi, sondern auch gegen die glaubensschwachen Wankelmütigen in den eigenen Reihen. »Er spürte die Abtrünnigen auf und verfolgte sie (...) Er zog durch die Städte Judas und erschlug die Gottlosen, um den Zorn von Israel abzuwenden.« (1. Makkabäer 3,5-8) Einmal heißt es, er »erschlug ihre gesamte männliche Bevölkerung mit scharfem Schwert, zerstörte die Stadt völlig und ließ sie plündern. Dann marschierte er über die Leichen der Erschlagenen hinweg durch die Stadt« (1. Makkabäer 12,16). Und an anderer Stelle: »Sie richteten in ihr (...) ein unbeschreibliches Blutbad an, sodass ein wie Stadien breiter See, der neben der Stadt lag, von dem Blut, das in ihn geflossen war, angefüllt zu sein schien.« (2. Makkabäer 12,16) Jehuda Makkabi hat sich, so Assmann, nicht nur mit Gewalt gegen Antiochos IV. gewehrt, sondern das Leben ganzer jüdischer Städte ausgelöscht, die sich dem Hellenismus assimiliert hatten, deren avancierte Schichten durch die überlegene griechische Kultur angezogen wurden und die sich als Weltbürger fühlten – Ausrottungsmaßnahmen, die nicht etwa mit Abscheu, sondern mit Stolz berichtet werden.

Die Intoleranz des Monotheismus tritt zunächst in »passiver Form in Erscheinung«, schreibt Assmann – »als Weigerung, eine als falsch erkannte Religionsform zu akzeptieren und lieber zu sterben«. Bei der Gewalt, die der Eingottglaube in die religiöse Welt eingeführt hat, geht es also »ebenso um das Erleiden wie um das Ausüben von Gewalt«. Dabei spielt übrigens keinerlei Rolle, ob die biblischen Erzählungen die »historische Wahrheit« berichten – entscheidend ist, was für eine Geschichte erzählt wird und was es für das kollektive Gedächtnis bedeutet, sich eine *solche* Geschichte *auf solche Weise* zu erzählen. Diese Geschichten erzählen vom Eifern für Gott, einem Eifern, das sich nicht nur im Töten, sondern auch im Sterben für

Gott manifestiert. Sterben und Töten für Gott ist, so Assmann, »ein Phänomen, das nur im Horizont des exklusiven Monotheismus und seiner Devise ›Keine anderen Götter‹ denkbar ist«[77].

Gewiss, man soll nicht alles Böse in der Welt dem Monotheismus zurechnen. Er war die Vorbedingung dafür, dass Menschen sich in ihrem Weltbezug als Einzelne einem Einzigen zuwenden konnten und dass die Götter nicht nur als seltsame Weltlenker imaginiert wurden, sondern dass vielmehr der eine Gott alles sieht und später Rechenschaft verlangt. Damit war der Monotheismus auch Motor der Individualisierung und einer eigentümlichen Vergeistigung. Die Menschen waren nicht mehr so erpicht darauf, zu wissen, wie sie anderen erschienen, sondern ob ihr Handeln vor Gott, der eine Art innerer Gott wurde, bestehen kann. Die Idee des »Gewissens« ist eng damit verbunden. »In Wirklichkeit hat die dem Monotheismus entsprechende Religionsform ihre besonderen, ja einmaligen Möglichkeiten für Menschenwürde und Toleranz, freilich auch (...) ihre abgründigen Terrormöglichkeiten«, schreibt deshalb der deutsche Religionshistoriker Arnold Angenendt in seiner großen Studie »Toleranz und Gewalt«[78]. Außerdem zeige sich »im historischen Rückblick, dass Vielgötterei immer auch Vielvölkerei bedeutet und letztlich zum ›natürlichen Krieg‹ führt. Erst der Monotheismus bringt die Idee der Einheit des Menschengeschlechts hervor.«[79] Die großen Monotheismen, vor allem die missionierenden, also Christentum und Islam, haben überhaupt die Vorstellung in die Welt gebracht, dass alle Menschen, unabhängig von ethnischen oder Gruppenidentitäten, zu einer großen Familie werden können. »Geht zu allen Völkern«, heißt es im Matthäus-Evangelium (Matthäus 28,19). Nicht von ungefähr nennt man die großen Monotheismen »Weltreligionen«. Theoretisch steckt in ihnen deshalb sogar so etwas wie ein großes Friedenspotenzial. Theoretisch, wohlgemerkt. Praktisch haben sie zur konkurrierenden eifernden Monotheismen geführt. Sie haben vielleicht die Grenzen zwischen den Ethnien geschliffen, aber um den Preis, eine neue, verschärfte Differenz einzuziehen zwischen Gläubigen und Nichtgläubigen, den Anhängern des wahren Glaubens und den Anders- oder Ungläubigen.

Deshalb wird laut Peter Sloterdijk eine »moralische neue Qualität des Tötens« durch den Monotheismus erfunden – »es dient nun nicht mehr dem Überleben eines Stammes, sondern dem Triumph eines Prinzips«[80]. Es führt die »Unduldsamkeit« und den »Hass gegen die Andersheit« ein.[81] Was in der monotheistischen Urerzählung noch weitgehend defensiv angelegt ist, wird in den beiden auf das Judentum folgenden monotheistischen Religionen aggressiv nach außen gewendet. Während das Judentum die Abgrenzung gegenüber »den Heiden« pflegte, sind für die missionierenden Monotheismen, das Christentum und den Islam, nämlich nicht nur die Friedlichkeit aller unter einem Glauben vereinten Menschen, sondern auch die Gewalt zur Verbreitung des Glaubens zumindest im Horizont des Möglichen. Mehr als das, es ist eine Potenzialität, die je nach welthistorischer Lage manifest werden kann und wird. Wobei Defensive und subjektives Bedrohungsgefühl und raumgreifende Aggression ohnehin nicht immer leicht zu unterscheiden sind. Denn es ist so etwas wie ein anthropologischer Standard: Aggressiv und imperialistisch wird, wer sich bedroht fühlt. Schließlich gilt nicht nur in der Religion – aber in der besonders: So mancher Reichsgründer hat sich nur gewehrt, bis er ein schönes Imperium »zusammenverteidigt« hatte. Und es gibt eine Reihe konkurrierender Gottheiten, von denen sich die monotheistischen Religionen bedroht fühlen können. Dabei kann es auch die säkulare Kultur, die Welt der Ungläubigen oder der Geist der Sünde sein, die die Gläubigen in eine Wagenburgmentalität versetzen, in eine Panik, die in Aggression umschlägt. »Die Devise ›Keine anderen Götter!‹ bleibt gültig«, schreibt Assmann, »auch wenn an die Stelle der anderen Götter der Teufel, der Materialismus, die Sexualität (...) treten.«[82]

Götzendienst, Unglaube, Sündhaftigkeit – damit meinen heutige fundamentalistische Gläubige, seien sie Christen, Juden oder Muslime, oft nicht einmal in erster Linie *die Religion der anderen*, sondern die Welt- und Lebenspraxis der Säkularen, der Apostaten, der Gottlosen. Als Götzendienst gilt aus solcher Perspektive meist die Unterwerfung unter die niedrige Welt der Waren und des äußeren Scheins, mit einem Wort: unter die Dingwelt des Materialismus. In diesem Sinn unterscheiden sich die sanfte »Weltlosigkeit« eines Benedikt XVI. gewiss vom antiwestlichen Furor islamistischer Heißsporne, die bereit sind, für ihren Gott zu sterben – besonders dann, wenn sie auch noch ein paar andere Leute mit in den Tod reißen können. Aber es gibt doch ganz ähnliche Beweggründe. Beide verachten die Zügellosigkeit und irdische Genusssucht, diese Anbetung profaner Götter. »La ilaha illa Allah, Muhammadar Rasul Allah« – »Es gibt keinen Gott außer Allah, und Mohammed ist sein Prophet«: Es sind diese Worte, die so manche auf den Lippen führen, die sich mit einem Sprengstoffgürtel um den Bauch vom Leben in dieser niedrigen Welt in eine andere Welt befördern.

Aber womöglich hat es sogar eine, wenngleich gewiss ironische Logik, dass gerade die Glitzerwelt des Konsumkapitalismus den Widerwillen aller Frommen erregt. Der Aufstieg des industriellen Kapitalismus war ja, wie wir wissen, im Gegensatz dazu von einer bestimmten Art der Religiosität begünstigt – vom »protestantischen Geist« und dem, was Max Weber mit der berühmten Wendung von der »innerweltlichen Askese«[83] beschrieb. Der Puritanismus heiligte die Kapitalbildung wegen des damit verbundenen »asketischen Sparzwangs«[84], und, weil er Fleiß für gottgefällig hielt, damit auch den wirtschaftlichen Erfolg. Der Gott des industriellen Kapitalismus war gewissermaßen ein Freund der doppelten Buchführung: Mit jedem Dollar am irdischen Konto machte man auch Gutpunkte im Himmel. Aber dieser Puritanismus verlor jeden Sinn mit dem Übergang vom industriellen zum postindustriellen Kapitalismus, zum Konsum- und Lifestylekapitalismus. Es war wohl plausibler, merkt der britische Kulturtheoretiker Terry Eagleton sarkastisch leise an, daran zu glauben, dass Gott sich uns als ehrliche, fleißige Arbeitsbienen wünscht, die ihre Begehren disziplinieren, als dass er möchte, dass wir »Hardcorepornos schauen, uns eine private Flugzeugflotte zulegen und monstermäßige Mengen an Fastfood essen«. Eagletons Resümee: »Der Konsumismus hat die Verbindung zwischen dem Materiellen und dem Metaphysischen gekappt.«[85]

Bibelkreis & Korankränzchen 4

9/11 – eine ziemlich biblische Sache

Eine der bemerkenswertesten Hinterlassenschaften des jüdisch-christlichen Schrifttums ist die Apokalyptik. Sie geht auf eine Reihe von Prophezeiungen zurück, deren wirkmächtigste das Buch Daniel in der jüdischen Bibel und die »Offenbarung des Johannes« im »Neuen Testament« sind. Zwei düstere Schriften, die von einer eigentümlichen Katastrophensehnsucht getragen sind. Aber die Prophetie ist nicht im strengen Sinne Unheilprophetie, weil mit dem auf die Spitze getriebenen Unheil, dem Endkampf zwischen Gut und Böse, auch das ewige Heil beginne. »Danach wird Gericht gehalten«, das Reich Gottes bricht an, das »ewig ist, und alle Mächte werden ihm dienen und gehorchen« (Daniel 7,26-27). Die »Offenbarung des Johannes«, die von einem ähnlichen Ton durchzogen ist, wurde zu einem der wirkmächtigsten Texte der christlichen Überlieferung. Da wird der Untergang der »Hure Babylon« (Offenbarung 17) vorausgesagt. Später wird Satan in Ketten gelegt, worauf Christus für tausend Jahre (Offenbarung 20,3) regiert. Doch nach diesen tausend Jahren wird der Satan losgelassen aus seinem Gefängnis (Offenbarung 20,7), er und seine Verbündeten von den göttlichen Heerscharen nach kurzem Kampf aber endgültig in den »Pfuhl von Feuer und Schwefel« geworfen und »gequält (...) von Ewigkeit zu Ewigkeit« (Johannes 20,10). Es wird Weltgericht gehalten, das »neue Jerusalem« errichtet. Abspielen soll sich all das bei »Harmargedon« oder »Armargeddon«. Auch der Koran, der ja vom Schriftschatz der Juden und Christen inspiriert ist, ist voll von apokalyptischen Anspielungen.

Der apokalyptische Geist erklärt, warum die drei Monotheismen von so einer eigentümlichen Katastrophensehnsucht und Todesgier durchzogen sind. Der große Weltuntergang, der das weltliche Zeitalter beendet und an dessen Ende das Gottesreich errichtet wird, erscheint, wenn man einmal auf so einen Ton gestimmt ist, gar nicht mehr bedrohlich, sondern als großes Glück. Und weil diese Endzeit von viel Gewalt gekennzeichnet ist, ist also Gewalt gar nicht so schlecht. Sie darf einerseits von den Gläubigen ausgeübt werden, um Satan und seine Verbündeten niederzuringen. Und sie wird andererseits oft auch als »Zeichen der Zeit« wahrgenommen. Alle möglichen schrecklichen Zustände werden nämlich als Hinweis interpretiert, dass »die Zeit nah« ist. Je schrecklicher, desto besser. Die Todessekte al-Qaida ist ohne diesen apokalyptischen Sog undenkbar. Es gibt aber gar nicht so wenige christliche Narren, »Millenaristen« genannt (wegen der Zahlenmystik von den »tausend Jahren«), die aus ihrem apokalyptischen Streben ein regelrechtes politisches Programm ableiten. So sind sie etwa überzeugt, dass der Messias erst zurückkehren wird, wenn alle Juden im »Gelobten Land« versammelt sind. Deshalb sind viele der feurigsten ultrarechten Christen in den USA, obwohl sie eigentlich Antisemiten sind, hartnäckige Unterstützer der israelischen Siedlungspolitik und Verbündete der proisraelischen Lobby in Washington. Gleichzeitig wünschen sie den Juden einen neuen Holocaust oder einen Nuklearkrieg an den Hals – dies wäre die ersehnte Apokalypse, das »neue Amargeddon«. Denn schließlich sind sie gewiss, dass der Antichrist zwei Drittel der zur Endzeit in Palästina lebenden Juden niedermetzeln werde. Dies habe der Prophet Sacharja vorhergesagt, und wie alle Prophezeiungen dieser Art sei seine Aussage wörtlich zu verstehen. Solche Leute zählen zum Unterstützernetzwerk von George W. Bush. Bedenkt man das, kann man fast froh sein, dass der US-Präsident nichts Schlimmeres angerichtet hat, als ein paar lokale Kriege anzuzetteln und den Irak zu verwüsten.

Die »fundamentalistischen« Christen – die ursprünglich das Wort prägten, weil sie zu den »Fundamenten«, der wörtlichen

Auslegung der Bibel, zurückkehren wollten – konnten sich in ihrer Überzeugung, dass erst ein großer Schrecken kommt, bevor das ewige Gute anbricht, auch auf eine Stelle bei Paulus berufen. »Lasst euch von niemandem verführen, in keinerlei Weise; denn zuvor muss der Abfall kommen und der Mensch der Bosheit offenbart werden, der Sohn des Verderbens. Er ist der Widersacher, der sich erhebt über alles, was Gott oder Gottesdienst heißt, so dass er sich in den Tempel Gottes setzt und vorgibt, er sei Gott. (...) Ihn wird der Herr Jesus umbringen mit dem Hauch seines Mundes und wird ihm ein Ende machen durch seine Erscheinung, wenn er kommt.« (1. Tessalonicher 2,3-8) Und im Zweiten Brief des Petrus heißt es, es »werden die Himmel zergehen mit großem Krachen; die Elemente aber werden vor Hitze schmelzen und die Erde und die Werke, die darauf sind, werden ihr Urteil finden« (2. Petrus 3,10).

Eine »nihilistische Vision«, eine »Todessehnsucht« sei dadurch entstanden, schreibt die Religionswissenschaftlerin Karen Armstrong:

»In zwanghafter Ausführlichkeit stellten sich die Christen die endgültige Auslöschung der modernen Gesellschaft vor und entwickelten eine morbide Sehnsucht danach.« (Im Kampf um Gott, Seite 204). Die »wiedergeborenen Christen«, wie sich die evangelikalen Frömmler nennen, die in den USA ihre Bastion haben, sind der sicheren Überzeugung, dass die allermeisten Menschen die Tortur der Endzeit durchzumachen hätten, außer eben die Gläubigen, Gottes Erwählte, die »entrückt« werden. Sie stellen sich das ganz plastisch vor: Ein Mann mäht den Rasen und sieht, wie seine Frau, eine »Erwählte«, durch das Fenster in den Himmel fährt. »Rapture« nennen das die amerikanischen Evangelikalen. Auf diese Idee sind sie durch eine Stelle bei Paulus gekommen, der schrieb, die Erwählten werden »auf den Wolken in die Luft entrückt, dem Herrn entgegen«. Der Rapture-Glaube ist natürlich nicht nur eine fröhliche Vorstellung, sondern auch eine Rachefantasie, wie Armstrong schreibt: »Die Erwählten stellten sich vor, wie sie vom Himmel aus auf das Heulen und Zähneknirschen jener hinabblickten, die ihre Glaubensgemeinschaft ausgegrenzt und ihren Glauben verspottet (...) hatten.« Manche wollen freilich das Spotten dennoch nicht lassen. Sie machen über die »Rapture«-Gewissheit der Glaubensstrengen Witze. So kursiert ein Cartoon, in dem US-Präsident George W. Bush von einem kleinen Jungen gefragt wird: »Darf ich nach Ihrer Rapture Ihren Hund haben?«

Fünftes Kapitel

Anarcho-Islamismus

Wie ein schlechter Haarschnitt eine Weltkrise auslöste.

> Heiligkeit ist das, was alle menschlichen Wesen unbedingt vermeiden müssen. Glücklicherweise wollen die meisten Menschen auch keine Heiligen sein, aber die, die Heiligkeit anstreben, haben auch nie besondere Lust verspürt, menschlich zu sein. (...) Heilige sollten immer als schuldig gelten, solange ihre Unschuld nicht bewiesen ist.
>
> *George Orwell*

Es war in den späten Vierzigerjahren, da blickte Sayyid Qutb in den Spiegel und erlebte einen Kulturschock. Welch schrecklichen Haarschnitt hatte ihm der Friseur in Greeley im US-Bundesstaat Colorado diesmal wieder verpasst! Qutb war damals ein Mann von Anfang vierzig, aber schon ein renommierter Intellektueller und Literaturkritiker Ägyptens. Er ist in einem Dorf aufgewachsen, als Sohn einer angesehenen, aber immer von wirtschaftlichen Katastrophen gefährdeten Familie.[86] Er hat die staatliche Grundschule absolviert, dann in Kairo studiert, als Schriftsteller und Kritiker früh brilliert und nebenbei einen untergeordneten Posten in einem Ministerium angetreten. Er ist vielleicht nicht gerade ein Anhänger des westlichen Säkularismus, aber, obgleich er schon mit zehn Jahren den Koran auswendig kann, sein Denken spiegelt doch eher »eine westlich angehauchte Sicht auf kulturelle und literarische Fragen wider«[87]. Erst in den Vierzigerjahren wendet er sich dem politischen Islam zu, beginnt mit den »Moslembrüdern« zu sympathisieren und wird, wohl auch um ihn außer Landes zu bringen, von den Bildungsbehörden 1948 in die USA geschickt, um dort das Erziehungssystem zu studieren. Vielleicht hatte man insgeheim gehofft, ein Aufenthalt in den Vereinigten Staaten würde Qutb zu einem Anhänger der westlichen Moderne machen. Sollte dies ein Motiv gewesen sein, so ging die Sache ziemlich nach hinten los. Was Qutb in den USA sah, machte ihn zu einem nur noch entschiedeneren Gegner der westlichen, säkularen Moderne und insbesondere des American Way of Life, der »Anbetung des Dollars«, wie Gilles Kepel, einer der besten Kenner der islamistischen Bewegungen, schreibt.[88] »Alles, was auch nur eine Spur Eleganz benötigt, ist nichts für die Amerikaner. Sogar Haarschnitte!«, schrieb Qutb später in einem kleinen Reiseessay. »Es gab nicht einen Fall, in dem ich nach einem Haarschnitt nach Hause gekommen wäre und nicht mit meinen eigenen Händen wieder in Ordnung hätte bringen müssen, was der Friseur kaputt gemacht hat mit seinem schrecklichen Geschmack.«[89] Qutb war abgeschreckt vom Amerika der Vierzigerjahre, von sexueller Freizügigkeit, Jazzmusik und Alkohol. Dabei war Geeley in Colorado eine staubtrockene Stadt, mit vielen Kirchen, dafür ohne eine einzige Bar. Die Menschen in Amerika, so berichtete der Beobachter Qutb dessen ungeachtet seinen arabischsprachigen Lesern, seien »Sklaven« der »sexuellen Begierden«. Schon bei der Überfahrt stießen ihn die Menschen ab, die »zu den Klängen eines Grammophons tanzten«, die Tanzfläche voll mit »stampfenden Füßen«, »verführerischen Gliedmaßen«, »Armen, die sich um Hüften schlingen«, »Lippen an Lippen«, »Brüste an Brüste«. »Primitiv« seien die Amerikaner (»Niemand ist weiter von den spirituellen Erlebnissen der Religion entfernt als die Amerikaner«), moralisch sogar noch minderwertiger als Geflügel. Denn schließlich habe er als Kind auf dem Land mit Erstaunen wahrgenommen, schreibt Qutb, dass Hühner Trauer zeigten, wenn eines von ihnen geschlachtet würde. Doch selbst zu solchen Empfindungen seien die Amerikaner unfähig.

Kurzum, Amerikaner, das sind für Qutb Lebewesen etwa auf dem moralischen Niveau von Küchenschaben.

Hätte Qutb einen besseren Friseur gefunden, wäre der Welt womöglich einiges erspart geblieben. Nach seiner Rückkehr aus den USA klagte der Gelehrte die USA derart »erbittert an, dass er gezwungen wurde, seinen Posten im Ministerium für öffentliche Angelegenheiten aufzugeben«[90]. Kurz darauf schließt sich Qutb der »Ikhwan al-Muslimun«, der »Moslembrüderschaft«, an und wird schnell so etwas wie ihr Chefideologe. Diese religiöse Bewegung ist bereits 1928 von dem charismatischen Volksschullehrer Hassan al-Banna gegründet worden und stellt gewissermaßen die Urformation aller islamistischen Gruppen dar. »Wir glauben, dass der Islam ein umfassendes Konzept ist, das jeden Aspekt des Lebens regulieren soll, verbindlich für jeden, und eine feste, unverbrüchliche Ordnung«[91], war al-Banna überzeugt. Al-Banna entwarf seine Brüderschaft als Truppe von »Soldaten des Islam«, die für »den Ruhm des Islam arbeiten und den Jihad führen«[92] sollten. 1949 wurde der Politprediger hingerichtet und gilt seither als »Shahid« – als »Märtyrer« – der Bewegung.

Nachdem Qutb aus Amerika heimgekehrt war, kam in der arabischen Welt die Geschichte in Bewegung – auch in Ägypten. Gamal Abdel Nasser, ein Oberst der ägyptischen Armee, und seine Genossen von den »Freien Offizieren« stürzten das Königshaus und die bisherige Ordnung, die sie als korrupt ansahen. Nasser hing einem antiwestlichen Nationalismus mit sozialistischer Färbung an, wie er recht häufig war in diesen großen Zeiten von Antikolonialismus und Antiimperialismus, und mixte linken antikapitalistischen Jargon mit krudem Antiamerikanismus und »antizionistischer« Judenfeindschaft. Für einige Zeit verbündet sich Nasser mit den Moslembrüdern und auch Qutb wird hofiert. Doch der Flirt dauert nicht lange. Der Autokrat nützt einen gescheiterten Attentatsversuch für den Schlag gegen die Moslembrüder, die seine Herrschaft bedrohen. Die Organisation wird verboten, ihre Anführer werden gefoltert und in Lagerhaft geworfen. Auch Sayyid Qutb verschwindet hinter Gittern. Er wird nur noch einmal kurze Zeit in Freiheit verbringen.

Doch nur in den ersten Jahren ist die Haft streng und bedrückend. Bald lockert sich das Gefängnisregime, und das Konzentrationslager, in dem die Führer der Moslembrüder kaserniert sind, wird zu so etwas wie einer Hochschule, einer Brutstätte des radikalen Islam. Qutb beginnt eine fieberhafte schriftstellerische Tätigkeit. Er schreibt seinen monumentalen Korankommentar *Fi Zalal al-Qur'an* (»Im Schatten des Koran«). Es ist, in den Worten des liberalen US-Publizisten Paul Berman, ein »wahres Meisterwerk«, »eine ungeheure Exegese«. Koransure um Koransure kommentiert Qutb das heilige Buch der Muslime, in einem gelehrten, ruhigen, fast elegischen, kontemplativen Tonfall, der einen eigentümlichen Sog entwickelt. Die Lektüre sollte wohl selbst schon so etwas wie eine religiöse Erfahrung darstellen. »Qutbs Kommentare«, schreibt Berman, »zielten (…) darauf ab, mehr als eine Verständnishilfe zu sein. Sie waren als Tätigkeit gedacht, darauf angelegt, erhebliche Anteile von Energie und Zeit des Lesers in Anspruch zu nehmen«[93], und das ganze Œuvre kann als Kommentar zu der Beteuerung gesehen werden: »Es gibt keinen Gott außer Allah.«[94] Die Suren »führen ihn dazu, Speisevorschriften zu erörtern, die richtige Gebetshaltung, die Natur des Gebets, Scheidungsvorschriften, die Frage, wann ein Mann einer Witwe die Ehe antragen darf (vier Monate und zehn Tage nach dem Tod ihres Mannes, es sei denn, sie ist schwanger, in welchem Fall bis zur Geburt des Kindes gewartet werden muss), die Vorschriften für einen Muslim, der eine Christin oder eine Jüdin heiraten will (sehr kompliziert), die Verpflichtung zur Wohltätigkeit, die Strafe für Verbrechen und für Wortbruch, den *hadsch* oder die Pilgerfahrt nach Mekka, das Verbot, alkoholische Getränke und Drogen zu sich zu nehmen, Kleidungsvorschriften, Vorschriften über Wucher und Geldverleih sowie tausend andere Themen«[95]. Nichts zwischen Himmel und Hölle lässt Qutb aus. Koransure 82, in der es heißt, »O Mensch, was hat dich von deinem hochsinnigen Herrn abwendig gemacht, der dich erschaffen, gebildet und geformt hat, in der Form, die Ihm beliebte, dich gefügt hat?«, kommentiert Qutb etwa mit vielen Hinweisen auf die moderne Naturwissenschaft. »Die Hand des Menschen ist eines der bemerkenswertesten Wunder der Natur«, schreibt er. »Es ist extrem schwierig, ja unmöglich, eine Vorrichtung zu erfinden, die die menschliche Hand an Einfachheit, Effizienz, Fähigkeiten einholen kann. Wenn man ein Buch liest, nimmt man es in die Hand, hält es in der passenden Haltung. Die Hand wird die Haltung automatisch korrigieren, wenn es nötig ist. Wenn man eine Seite umblättert, schiebt man einen Finger unter das Papier und steigert den Druck auf die Weise, die nötig ist, um die Seite umzuschlagen. (...) Die Hand des Menschen besteht aus 27 Knochen, die von 19 Muskelsträngen bewegt werden.« Mit ebensolcher Zuneigung widmet Qutb sich dem menschlichen Ohr, dem Auge, dem gesamten sensorischen Apparat des Menschen. »Wie viele Nerven haben wir? Wie klein sind sie? Wie funktionieren sie im Einzelnen und wie werden sie durch das Gehirn koordiniert? Das Nervensystem, das letztendlich den Körper kontrolliert, ist durch feine Neuronen gebildet, die den gesamten Körper durchziehen. Wenn immer ein Körperteil die kleinste Erregung spürt, und sei es nur eine unbedeutende Temperaturänderung, so wird das zum Gehirn gemeldet, das die nötige Reaktion in Gang setzt. (...) Ein wundervoller Prozess.«

All das ist natürlich ein »großzügiges Geschenk von

Allah«, der das alles gemacht hat – des Einen, des Allmächtigen. »La ilaha illa Allah« – »Es gibt keinen Gott außer Allah«.

Aber es war nicht dieses epochale Werk, das Qutbs anhaltenden Ruf als intellektuellen Gründer der radikalislamischen Ideologie begründete. Seinen wuchtigen geistigen Nachhall verdankt Qutb einem schmalen Pamphlet, nicht viel mehr als hundert Seiten stark: »*Ma'alim fi t-tariq*«, was so viel heißt wie »Meilensteine« oder »Zeichen auf dem Weg«. Dieses Buch sollte so etwas wie das Urdokument des radikalen Jihadismus werden, des Islam als aggressiver Terrorreligion, oder, besser, des radikalen politischen Islamismus, wie er zu Beginn des 21. Jahrhunderts die Welt in Atem hält. Es ist »das Sigel von Qutbs Lebenswerk«, der »Kulminationspunkt einer gewaltigen literarischen Produktion«[96] (Gilles Kepel). Oder einfacher gesagt: sein Manifest. Erst damit wurde Qutb zu einer »furchterregenden Gestalt«[97] (Paul Berman) von nachhaltiger Wirkung, zum legitimen »Vater des Fundamentalismus«[98]. Kurzum: »Meilensteine« ist für die islamistische Bewegung das, was Marx' »Kommunistisches Manifest« für den internationalen Sozialismus und Kommunismus war, ein Ur-, ein Schlüsseldokument. Wer verstehen will, wie sich ein religiöses Frömmlertum und radikale Politik in der islamischen Welt zu einer explosiven Mixtur zusammenbrauten, die heute eine weltweite Bedrohung darstellt, wer in die Gedankengebäude muslimischer Extremisten eindringen will, der muss »Meilensteine« lesen. Es ist eine aufregende, erregende, elektrisierende und gewiss auch abstoßende Lektüre.

»Die Menschheit« habe alle »lebenswichtigen Werte« aufgegeben, proklamiert Qutb gleich im ersten Satz, weil die westlichen Systeme die Oberhand gewonnen haben. Die Menschheit, so Qutb, sei heute wieder in einem Zustand primitiven Unwissens, der Moral- und Zügellosigkeit, des Wertenihilismus, der Vielgötterei. Ein Zustand, den Qutb Dschahili nennt, in Anlehnung an das arabische Wort für die Periode vor der Entstehung des Islam. »Wir sind heute von Dschahili umgeben«, schreibt Qutb. »Dschahili-Gesellschaften sind alle Gesellschaften außer der muslimischen Gesellschaft.« Aber Qutbs Verdikt trifft nicht nur die materialistischen Gesellschaften des Westens, die Christen, die Juden, die Agnostiker und die seinerzeitigen kommunistischen Staaten des Ostblocks, sondern auch die islamischen Staaten. Denn die seien ebenso infiziert vom westlichen Geist, von Korruption und falscher Führerschaft. »Jede Gesellschaft ist Dschahili, die sich nicht der Unterordnung unter Gott alleine verschreibt. (…) Nach dieser Definition sind alle Gesellschaften, die heute auf der Welt existieren, Dschahili.« Dschahili, so Qutb, ist »böse und korrupt, sei es in seiner früheren oder modernen Ausprägung. Die Wurzeln sind immer dieselben. Die Wurzeln sind die menschlichen Begierden, die Ignoranz der Menschen, dass sie sich selbst wichtig nehmen.«

Übrigens knüpft Qutb dabei direkt an die Schriften des 1903 in Dekkan (Südindien) geborenen muslimischen Denkers Abul Ala al-Maududi an, des Gründers der Jamaa Islamiya, einer auf dem Subkontinent aktiven Gruppe. Al-Maududi ist wohl heute neben Qutb – und den zeitgenössischen Anführern der al-Qaida – einer der einflussreichsten islamistischen Theoretiker. Al-Maududi hat dem Begriff Dschahili als Erster eine »überhistorische Bedeutung«[99] (Fouad Allam) gegeben, indem er den Begriff auf die heutigen, »verwestlichten Muslime«[100] münzte. Qutb wendet sich in der Folge direkt an diese vom Geist des Dschahili kontaminierten Menschen: »Eure Ignoranz macht Euch unrein, und Gott möchte Euch reinigen; das Leben, das Ihr lebt, ist niedrig, und Gott möchte Euch erheben. Der Islam wird Eure Lebensentwürfe ändern, Eure Lebensart und Eure Werte; er wird Euch zu einem anderen

Leben erheben.« Und er fährt fort: »Seht Euch diesen Kapitalismus an, mit seinen Monopolen«, diese »individuelle Freiheit«, all diese »materialistische Attitüde«, die den »Geist abtötet«. Regelrecht in Rage schreibt sich Qutb: »Seht auch diese Umgangsformen an, wie Tiere; das, was ihr die ›freie Liebe‹ nennt, diese Vulgarität, die ihr die Emanzipation der Frauen nennt.«

Der Schlüssel zu einem besseren Leben liegt im Islam, verkündet Qutb, und zwar in dem einen Glaubensprinzip, aus dem alle Schönheit des Islam folgt: »La ilaha illa Allah« – »Es gibt keinen Gott außer Allah«. Unterordnung unter diesen Gott ist das Geheimnis des freien Lebens. Der Freiheit! Freiheit! Freiheit! Ja, es mag für westliche Ohren erstaunlich klingen: »Freiheit« ist die Parole des Mannes, der die Unterordnung unter Gott und die strengen Regeln der Scharia, des seit Urzeiten kodierten islamischen Rechts, predigt. Denn die Menschen würden frei, wenn sie sich dem göttlichen Recht unterwürfen und die Unterordnung unter alle von Menschen gemachten Gesetze verweigerten. »Der islamische Way of Life ist einzigartig«, weil nur in der wahrhaft islamischen Gesellschaft »alle Menschen frei werden von der Knechtschaft gegenüber irgendwelchen anderen Menschen, indem sie sich alleine der Verehrung Gottes verschreiben«. Die Formel »Es gibt keinen Gott außer Allah« müsse in ihrem »tiefsten Sinn« verstanden werden – »dass jeder Aspekt des Lebens der Souveränität Gottes unterstellt werden« und jede weltliche Herrschaft abgelehnt werden müsse.[101] Kein weltlicher Führer, auch kein Priester und kein Rabbi, dürfe akzeptiert werden, und auch keine andere religiöse Autorität – denn allein dies würde schon bedeuten, dass sich zwischen die Menschen und ihren Gott neue Kleingötter schieben, die Herrscher, die Interpreten, die Bischöfe. Kein Gesetz, das ein Mensch gemacht hat, dürfe befolgt werden: »Ohne Zweifel ist die Scharia das Beste, denn sie kommt von

Gott; die Gesetze, die Seine Geschöpfe gemacht haben, können wohl kaum mit den Anordnungen verglichen werden, die der Schöpfer gemacht hat.« Deshalb auch gebe es keine »Kirche« im (wohlgemerkt: sunnitischen) Islam, »weil niemand im Namen Gottes sprechen dürfe, außer seinem Propheten – Friede sei mit ihm.« Weil aber die islamische Gesellschaft die einzige Gesellschaft sei, in der die Knechtschaft der Menschen unter anderen Menschen aufgehoben ist und nur die Knechtschaft der Menschen unter Gott gewollt ist, ist die islamische Gesellschaft »die einzig zivilisierte Gesellschaft«, alle Dschahili-Gesellschaften aber seien »rückständige Gesellschaften«. Mögen sie auch wirtschaftlich fortschrittlich und technologisch dynamisch sein wie die Gesellschaften des Westens, so seien sie doch »rückschrittlich«, weil nur der Islam die »totale Freiheit« verwirkliche. Das Thema hat er schon in seinem monumentalen Korankommentar angeschlagen: »Wenn der Mensch sich einmal Gott allein unterworfen hat und Hilfe sowie Führerschaft von Ihm allein sucht, hat er die totale Freiheit von der Tyrannei aller religiöser, intellektueller, moralischer und politischer Mächte erreicht«[102], schrieb Qutb im ersten Band von »Im Schatten des Korans«.

Die Lehre Qutbs kommt mit einem großen Freiheitspathos daher und viel subversiver Energie. Indem der Mensch sich Gott unterstelle, werfe er die Ketten weltlicher Knechtschaft ab, ist Qutbs Credo, das er mit Verve vertritt. Und indem er allen weltlichen Autoritäten das Recht abspricht, Herrschaft auszuüben, wurde Qutbs radikale Islam-Interpretation auch sofort und mit Recht als Angriff auf alle Throne und Präsidentenstühle in muslimischen Gesellschaften angesehen. Qutb theologisiert das Recht, ja die Pflicht zur radikalen Revolte. Man kann sich vorstellen, dass eine solch antiautoritäre Lehre einige Anziehungskraft hat. Kein Wunder, dass kluge Beobachter Qutbs Islamismus auch mit dem Wort »Anarcho-Islam« zu charakterisieren versucht haben. Tatsächlich finden sich viele Gedankenreihen in religiöse Sprache verformt, die zu anderen Zeiten und an anderen Orten als »anarchistisch« bezeichnet worden wären. »Diese Religion«, schreibt Qutb, »ist eine universelle Freiheitsdeklaration, weil sie die Menschen von Knechtschaft anderen gegenüber befreit, aber auch von Knechtschaft ihren Begierden gegenüber, was auch eine Spielart menschlicher Versklavung ist. Sie ist eine Herausforderung für alle Arten und Formen von Systemen, die auf dem Konzept der Souveränität des Menschen beruhen.«

Schon al-Maududi hatte ja verkündet: »Nichts und niemand kann den Anspruch auf Souveränität erheben, weder ein Individuum, eine Familie, Klasse oder eine Gruppe von Menschen noch die Menschheit schlechthin. Gott allein ist der oberste Herr, und Seine Gebote sind das Gesetz des Islams.«[103] Karen Armstrong nennt diese Radikalität eine »islamische Befreiungstheologie«, denn »weil Gott allein der oberste Herrscher sei, könne niemand gezwungen werden, den Befehlen anderer Menschen zu gehorchen«[104]. Qutb geht dann freilich noch einen Schritt weiter. Wer sich weltlicher Macht unterordnet, ist faktisch ein Apostat, vom Glauben abgefallen, proklamiert er: »Jeder, der einem anderen dient als Gott, steht außerhalb Gottes Religion.« Mit einem Federstrich exkommuniziert Qutb gewissermaßen die allermeisten Muslime aus der islamischen Gemeinschaft.

Leider, so Qutb, sei dieser islamische Anarchismus nirgendwo verwirklicht. Und auch nur kurze Zeit, etwa 610 bis 660, während der Jahre des Religionsgründers Mohammed bis zur Zeit des 4. Kalifen, sei eine moralisch derart hohe Gesellschaftsstufe erreicht worden. Mohammeds Wüstenkriegergemeinschaft aus dem 7. Jahrhundert gilt Qutb als die höchste Stufe der Zivilisationsgeschichte, was danach kam, nur mehr als eine Abfolge der Niedrigkeiten.

In leuchtenden Farben schildert er diese erste »einzigartige koranische Generation«, die Generation des Propheten Mohammed und seiner Mitstreiter. »Danach entstand nie wieder eine Generation dieses Kalibers.« Mohammed, der die Botschaft Gottes erhalten hatte – nach islamischer Überzeugung hat der Allmächtige mit Hilfe von Erzengel Gabriel seinem Propheten den Koran diktiert und »ins Herz geschrieben« –, habe sich und seine Mitstreiter zunächst von allen Einflüssen des Dschahili gereinigt, sich moralisch erhoben und dann die Gesellschaft geläutert. Der Islam ist kein bloßer Glaube, hämmert Qutb seinen Lesern in die Köpfe, auch keine Lehre, die »in Buchwissen verborgen sei«. Wahre Muslime, wie die einzigartige Generation Mohammeds, seien vielmehr »lebendige Exempel des Glaubens«, die die Bedingungen und den Weg des Lebens selbst veränderten. Kurzum: Islam ist nicht Glaube, sondern Quelle einer Lebensweise, Islam ist nicht Religion in dem westlichen säkularen Sinn, nämlich Privatsache abseits des Öffentlichen, sondern eine Sozialordnung – die einzig moralische Sozialordnung. Der Islam ist kein »›Glaube‹ des Herzens, ohne Bezug zu den praktischen Seiten des Lebens«, wie das manche Gelehrte in Anlehnung an liberale Religions-Vorstellungen gerne hätten, schreibt Qutb. »Mohammed – Friede sei mit ihm – war in der Lage, eine Bewegung ins Leben zu rufen, mit dem Ziel der moralischen Reform, der Etablierung moralischer Standards, zur Säuberung der Gesellschaft und zur Selbstreinigung.« Der Islam wurde den Menschen dieser Generation in die Herzen geschrieben: »Die Moral wurde gehoben, die Herzen und Seelen gereinigt, weshalb es, von wenigen Ausnahmen abgesehen, gar nicht nötig war, die Strafen durchzusetzen, die Gott vorschrieb; die Zuneigung zu Gott, die Hoffnung auf die göttliche Belohnung und die Angst vor Gottes Zorn ersetzten Polizei und Strafen. Die Sozialordnung der Menschen wurde erhöht, das gesamte

Leben, bis auf einen Zenit, der davor nie erreicht wurde und auch nicht erreicht werden kann außer durch den Islam.«

Aber Qutb ist kein Nostalgiker, der dieser großen Zeit der muslimischen Gründergeneration nachweint. Er will aufs Neue eine solche Generation begründen: »Damit der Islam wieder die Rolle des Anführers der Menschheit spielen kann, ist es notwendig, dass die muslimische Gemeinschaft in dieser ursprünglichen Form wieder errichtet wird.« Dazu brauche es einen Kern entschlossener Leute, »eine Avantgarde«, die sich dieser Aufgabe stellt und dann unbeirrt diesen Weg einschlägt. Entschieden müssten diese Entschlossenen alle Verbindungen mit der Welt des Dschahili »durchschneiden«, ein »neues Leben« beginnen, sich bedingungslos von ihrem »alten Leben« trennen. »Unsere Aufgabe ist es zunächst, uns zu ändern, damit wir danach die Gesellschaft ändern können.« Man kann das bedeutungsschwere Tremolo gleichsam hören: »Wir müssen in die Fußstapfen der ersten Generation treten«, hätten dafür aber »große Opfer zu bringen«. Diese Avantgarde sollen natürlich die islamistischen Kämpfer sein – zu Qutbs Zeiten der radikale Teil der Moslembrüderschaft, heute sieht sich al-Qaida in dieser Rolle. Unübersehbar sind die Anklänge – und die Einflüsse – anderer radikaler Theorien, mögen die auch von weither importiert sein. Der Kämpfer, der sich im Kampf selbst reinigen würde, zum »neuen Menschen« würde – dieses Motiv kennt man aus der kommunistischen Theorie, aber auch aus faschistischen Bewegungen. Die Avantgarde, die voranschreitet, einen entschlossenen Kern bildet – das ist eine beinahe identische Kopie der Revolutionstheorie von Wladimir Iljitsch Lenin, des Führers des russischen Bolschewismus, wie er sie in seinem einflussreichen Buch »Was tun?« propagiert hat. Religiöse und politische Konzepte durchdringen einander hier ein weiteres Mal, in gewissem Sinne auf inverse Art:

Hatten die weltlichen Revolutionskonzepte selbst Elemente des Religiösen übernommen, sie in eine Art »politische Religion« transformiert, so lässt sich der islamische Revolutionär Qutb wiederum von diesen weltlichen Konzepten inspirieren, macht jedoch eine »religiöse Politik« daraus. Aber schon daran sieht man, dass der Islamismus kein atavistisches Konzept ist, nichts, was tief in der Geschichte des Islam wurzelt, sondern ein sehr modernes Phänomen: Er ist inspiriert von den radikalen Theorien, wie sie in der Moderne entwickelt wurden – wenngleich natürlich auch in gewissem Sinne als Abwehr gegen diese Moderne, als Antwort auf die Moderne. Kurzum: Der Islamismus erzählt seine Geschichte so, als würde er im 7. Jahrhundert wurzeln – aber er ist ein Kind des 20. Jahrhunderts. Man könnte sagen, er ist eine Mogelpackung, wären nicht alle einflussreichen Ideologien so etwas wie eine Mogelpackung.

Doch Qutbs Avantgarde, die alle Fäden abschneiden soll, die sie mit der Dschahili-Welt verbinden, sollte keine Existenz radikaler Innerlichkeit leben, sich nicht absondern in dem Sinn, dass sie, wie Mönche oder weltflüchtige Esoteriker, ihre wahre Frömmigkeit abseits von den Niedrigkeiten der ungläubigen Realwelt leben würde. Diese Avantgarde sollte, wie eine streng disziplinierte Revolutionspartei, den Islam verbreiten und die Kräfte des Unglaubens besiegen – und zwar nicht nur in den moslemischen Kernländern. Der Islam, als Glaube und praktische Sozialordnung, solle für Qutb »über alle Teile der Erde zur gesamten Menschheit getragen werden, weil er die gesamte Menschheit im Auge hat und die Sphäre seiner Aktion die gesamte Erde ist«. Muslimisches Land in diesem Sinne ist nicht »ein Stück Land« – Dar-ul-Islam, die »Heimstatt des Islam«, ist potenziell der gesamte Globus. Implizit wendet sich Qutb damit auch gegen die lokalen Traditionen, die regionalen Eigenarten des »realen« Islam, aber auch gegen den arabischen Nationalismus, der zu seiner Zeit am Höhepunkt seiner Popularität war. »Diese Religion ist nicht nur eine Deklaration der Freiheit der Araber«, insistiert Qutb. Qutb ist kein Propagandist des Partikularen, sondern eines Global-Islam. Oder anders gesagt: Seine Partikularität zieht die Grenze zwischen Dschahili und Islam, und das ist keine geografische Grenze, sondern eine Demarkationslinie, die an jedem Punkt der Erde gezogen und umkämpft ist.

Zum Kampf gegen die Dschahili-Welt muss der Jihad geführt werden, was im Westen immer etwas ungenau, da mit den Begriffen der eigenen westlichen Religionsgeschichte, als »heiliger Krieg« bezeichnet wird. Jihad im Islam heißt Glaubensanstrengung und kann sowohl das innere Ringen des Gläubigen zur Selbstverbesserung, die Vorbildwirkung zur Missionierung anderer als auch den gewaltsamen Kampf gegen den Unglauben bedeuten. Moderate Muslime interpretieren den Aufruf zum Jihad als Aufforderung an den einzelnen Gläubigen zur Arbeit an sich selbst und gegebenenfalls als Berechtigung, sich defensiv zu verteidigen, wenn die Glaubengemeinschaft angegriffen wird. Der Koran und die Hadithen, also die Sammlung der dem Propheten zugeschriebenen Aussprüche und Entscheidungen, sind durchaus ambivalent, was auch damit zusammenhängt, dass Mohammed während seiner mekkanischen Periode in der Minderheit war und deshalb Toleranz predigte, in seiner medinischen Periode aber nicht nur Religionsführer, sondern auch Feldherr und Reichsgründer war und er in dieser Zeit den »Ungläubigen« fürchterliche Gemetzel lieferte. Qutb wendet sich explizit gegen jene Koraninterpreten, die offensive militärische Aktionen zur Ausbreitung des Islam verbieten wollen und so etwas wie die Koexistenz von Kulturen und Religionen favorisieren. Und er ist dann, muss man zugestehen, dem »Realtext« des Korans bestimmt näher als moderate Interpreten. Schließlich stammen die gemäßigten Suren aus der

Zeit, als Mohammed in Mekka noch keine Möglichkeit zur gewaltsamen Verbreitung des Glaubens hatte, während die späteren – also in gewisser Weise »endgültigeren« – Suren von kriegerischem Geist durchdrungen sind. Qutb hat für die Apologeten eines friedlichen Islam nur Spott übrig. Wenn man den Islam alleine auf den Jihad als »Verteidigungskrieg« verpflichten wolle, würde der Anspruch aufgegeben, »alles Unrecht auf der Welt zu beseitigen«. Dies dürfe nicht geschehen – und werde überdies mit Gebeten alleine nicht gelingen. »Diejenigen, die die göttliche Autorität usurpiert haben, werden ihre Macht nicht wegen Gebeten aufgeben«, macht er sich lustig. Mehr noch, alle Geschichte zeige, dass der Islam, wenn er aufstrebe, den Angriffen der Kräfte des Dschahili ausgesetzt sein würde. Gewiss, es solle, wie im Koran geschrieben steht, keinen »Zwang in der Religion« geben – der Islam zwinge ja niemanden zum Glauben, weil der Islam nicht bloß »Glaube« ist. Doch der wahrhafte Muslim habe die Pflicht, alle Institutionen zu zerstören, die auf der Herrschaft von Menschen über Menschen beruhen – ist dies einmal geschehen und »Gottes Gesetz« etabliert, dann dürfe natürlich jedermann glauben, was er wolle. Kurzum: In der nach islamischen Grundsätzen geregelten Welt dürften dann auch noch ein paar Spinner an Christus glauben oder dem jüdischen Bekenntnis anhängen, dafür würde sie niemand steinigen – vorausgesetzt, die mucken nicht auf. Wenn man schon das Jihad-Konzept »defensiv« interpretieren wolle, dann in diesem Sinn: als »Verteidigung des Menschen gegen alles, was die Freiheit begrenzt«. Das Jihad-Gebot beziehe sich auf alles, was die »religiöse Freiheit« bedrohe, hat Qutb schon in »Im Schatten des Koran« ausgeführt und extensiv interpretiert: Alle Systeme, die »die Massen von Gottes Weg wegführen«, sind aus dieser Perspektive ein »Angriff«, der abgewehrt werden müsse.[105]

Die Idee jedenfalls, das Jihad-Gebot beziehe sich nur auf

den eingegrenzten geografischen Raum, der ursprünglich von Muslimen bewohnt war – »manche meinen, dabei handele es sich gar nur um die arabische Halbinsel« –, könne nur dem »Geist von Verlierern«, von »Geschlagenen« entspringen, spottet Qutb. Dabei sei die Sache doch leuchtend klar: Das Jihad-Gebot bedeute nichts anderes, als dass »Gottes Autorität auf der gesamten Erde« errichtet werden müsse, dass »alle satanischen Kräfte und satanischen Lebenssysteme« niedergerungen werden müssten. Das Toleranzgebot dagegen kann sich nur auf Menschen beziehen. Der Jihad attackiere »keine Individuen«, er attackiert »Institutionen«, diese jedoch ohne Gnade und ohne Angst und falsche Rücksichtnahme. Kurzum: Der Islam als System müsse überall errichtet werden. Unter diesem System dürfe jeder glauben, was er wolle.

Kampf, das Leben ändern, sich opfern, die Ungläubigen und die Kräfte des Dschahili auslöschen – durch Qutbs Schriften zieht sich eine seltsame Lust der Gewalt, sie vibrieren, wie Paul Berman schrieb, förmlich vor »morbidem Tonfall«. Es ist dies eine Eigenart, die sie mit vielen Dokumenten politischer Religiosität gemeinsam haben. Es ist ein regelrechtes Auf und Ab von Superiorität und Selbstgewissheit auf der einen, Bedrohungsgefühl und stetiger Abwehrbereitschaft auf der anderen Seite. An der eigenen Sache wird nicht gezweifelt, weder an deren Richtigkeit noch an deren endgültigem Sieg, doch gleichzeitig lebt sie, bezieht sie ihren Thrill aus der Existenz des Bösen, das niedrig und übermächtig zugleich erscheint. Auf der einen Seite sind die Wenigen, die aber Gott auf ihrer Seite haben, auf der anderen die Vielen, die der Sache Satans anhängen. Aber die Wenigen fühlen sich stark, weil ihr Sieg ja unvermeidlich ist, mit göttlichem Beistand. Der Kampf muss geführt werden, wer aber tötet, tötet für das Gute, das Seelenheil, die endgültige gute Ordnung. Das Ziel der Gewalt ist der Friede, und wenn der ewige Friede winkt, dann ist jede Gewalt erlaubt, ganz im Sinne des Wortes René Girards, wonach das Religiöse, das die Gewalt verehrt, dies deshalb tue, weil es von ihr annimmt, dass es den Frieden bringe. Mit viel Gewaltlust zitiert Qutb die einschlägigen Stellen aus dem Koran. »Die, die glauben, kämpfen für Gottes Sache (...) Bekämpft die Freunde Satans, denn, in der Tat, die Strategie Satans ist schwach.« (3,74-76) Wie in allen apokalyptischen Fantasien braucht die Etablierung der guten Ordnung, des Reichs Gottes (oder des Paradieses auf Erden), eine Abfolge von Kämpfen und eine letzte Schlacht, aber der Sieg ist immer gewiss. Die Mythologie vom wahren, richtigen Leben schlägt um in einen Todeskult.

Man kann das alles für überspannt und bescheuert halten, und das ist es in einem gewissen Sinne auch, aber man verfehlt damit das, was offenbar viele, vor allem junge Muslime, heute in seinen Bann zieht – von Kairo bis Köln, von Ramallah bis Rudolfsheim, von Lahore bis London. Qutbs eindringliche Vehemenz ist bestimmt überspannt, aber solche Überspanntheiten grassieren in Epochen der Krise. Und krisenhaft ist die arabische Welt mit ihrer chronischen Unterentwicklung, ihren Schwierigkeiten, mit der globalen Moderne zurande zu kommen, mit den Millionen junger Menschen, die sich am Rand der Megastädte ballen, ohne Aussicht, von den Früchten des Reichtums etwas abzubekommen, aber auch mit den gut ausgebildeten jungen Männern, die hungrig sind nach Erfolg und dennoch immer nur Zweite bleiben; krisenhaft ist aber auch das Leben vieler Muslime im Westen, die in die Metropolen der entwickelten Welt emigriert sind, ihre Heimatländer hinter sich gelassen haben, die aber hier nie angekommen sind, und deren Kinder und Kindeskinder in zwei Welten leben – was oftmals heißt, in zwei Welten nicht dazuzugehören. Die den Sound einer religiösen Überlieferung im Ohr haben, welche von muslimischer Größe und islamischem Reichtum erzählt, und die sich in ihrem realen Leben nur als Bürger zweiter Klasse erleben. All diese gebrochenen, diasporischen Lebenswelten sind ein fruchtbarer Humus für Mythologien der Grandiosität, des radikalen Sprungs aus der einen in eine andere Welt, der Zerstörung all jener Institutionen, die ein Leben in Würde verhindern. Man kann, kurzum, wenn man die Schriften Sayyid Qutbs liest, auch eine Ahnung davon bekommen, was junge muslimische Männer, sei es in Jakarta, sei es in Neukölln, daran fasziniert: die Art, mit der ein echtes Leben gegen das verdorbene, niedrige Leben der kapitalistischen Moderne in Stellung gebracht wird, eine Art, die mit abendländischen Spielarten des Nihilismus verwandt ist; der heroische Aktivismus einer islamischen Avantgarde, die er beschwört; die Verachtung, die er dem frömmlerischen Konservativismus gemäßigter Islamisten und angepasster Muslime gegenüber hegt – da kann man sich leicht ausmalen, wie eine radikale, entwurzelte Jugend mit diesem Vokabular Konflikte mit ihrer Elterngeneration austrägt, mit den Vätern, die kulturell und emotional noch in ihren Dörfern im Nildelta oder in Anatolien leben. Das Gefühl einer spirituellen Leere, die Gewissheit, dass das echte Leben woanders ist, die Sehnsucht nach einem großen Moment der Reinigung – all das begründet die Anziehungskraft des Islamismus. Man muss all das verstehen, sich mit dieser Gedankenwelt vertraut machen, in sie förmlich eintauchen. Besonders dann, wenn man ihr erfolgreich das Wasser abgraben will.

»Ihr liebt das Leben und wir lieben den Tod«, lautet die Erbauungsparole schlechthin, wie sie von al-Qaida in der islamischen Welt verbreitet wird. Und in ihr steckt die Wahrheit des Jihadismus, aber letztendlich jeder religiös grundierten Politik. Wo es um eine Sache geht, die einer anderen Welt wegen ausgefochten wird, wird die Existenz in dieser Welt belanglos. Nicht, dass es nicht um Ziele in dieser Welt ginge: darum, als Muslim anerkannt zu werden, oder um die Invasion der USA im Irak oder die Unterdrückung der Palästinenser oder um eine gerechte Regierung. Aber diese »Ziele« haben doch den Klang des bemüht Praktischen, verglichen mit der Hauptsache, und deshalb ist der Terrorakt zwar auch eine »militärische« Operation, aber zugleich eine kultische Tat. Er ist Teil des »politischen Spiels«, aber auch ein exzentrischer Akt, der das Spiel sprengt. Man bekam eine leise Ahnung davon, als kurz nach dem 11. September 2001 ein Text bekannt wurde, mit dem Mohammed Atta, der Ringleader jener Attentäter, die die Flugzeuge in die beiden Türme des World Trade Centers und in das Pentagon flogen, seine Co-Kamikazes auf ihren großen Moment einstimmte – den »Augenblick der Wahrheit«, wie es in dem Text heißt. Darin wurde festgelegt, welche Gebete die Attentäter im Taxi zum Flughafen rezitieren, wie sie sich waschen sollten, und sie wurden ermahnt, »totale Ruhe zu empfinden«, weil nun die »Zeit bis zu Deiner Hochzeit nur mehr sehr kurz ist. Danach beginnt das glückselige Leben«. Und weiter: »Sei glücklich, optimistisch, ruhig, denn Du hast eine Tat vor Dir, die Gott liebt.« Religiös grundierte Politik schlägt um in eine Todesreligion, eine Todessekte. Schon Sayyid Qutb hatte versprochen, die Kämpfer seiner Avantgarde würden »über das Leben durch einen grandiosen Glauben triumphieren«. Gewiss, bei Weitem nicht alle Muslime – weder in der islamischen Welt noch im Westen – sind von diesem Todeskult infiziert. Nicht einmal annähernd eine Mehrheit. Aber doch erfreuen sich Osama bin Laden und seine Leute in einigen Ländern der muslimischen Welt einer erstaunlichen Popularität. Nur wenige teilen alle Aspekte seiner Doktrin, kaum jemand unterstützt den Terror in allen seinen Einzelheiten – aber viele sind doch bereit, eine ganze Reihe von bin Ladens Begründungen anzuerkennen und die inneren Motive der Jihadisten zu legitimieren.

Der algerischstämmige Soziologe Fouad Allam hat herausgearbeitet, wie viel diese Form des radikalen Islam der Begegnung des Orients mit der westlichen Moderne verdankt und wie wenig sie mit dem Traditions-Islam zu tun hat. Die Terrorreligion des Islamismus ist in einer Generation entstanden, die in die Städte gezogen ist, die mit einer neuen Welt konfrontiert wurde, ohne mit der Moderne zurande zu kommen – ein Zusammenstoß, der durch die Globalisierung, die Verbreitung des westlichen Lebensstils noch an Vehemenz gewonnen hat. Der Islam selbst wird nun aber modern, das heißt, in globaler Perspektive interpretiert. Aus einer Vielzahl lokaler Kulturen wird ein »globaler Protest-Islam«[106], wie Allam das nennt, mit *einer* Islaminterpretation, *einem* »Lebensstil (zum Beispiel dem Gebrauch des Schleiers mit denselben Merkmalen von Jakarta bis Marseille) und einer Art von ›Einheitsdenken‹«[107]. Ganze Gesellschaften werden in die Militanz dieses »neuen« Islam hineingezogen. »Produkt und Protagonist dieser Operation ist die Figur des militanten islamischen Intellektuellen, der überall die gleiche Sprache, die gleichen Mythen und die gleichen Symbole verwendet, von Jakarta über Casablanca bis Marseille.«[108] Es wird eine Art »reiner Islam« (Olivier Roy)[109] imaginiert. Dieser neue islamische Intellektuelle propagiert einen veritablen islamischen Menschen, einen »Homo islamicus«[110], den er als vollkommenen Menschen fantasiert. Als antiautoritäre Doktrin, die auch die traditionellen Leitfiguren in den islamischen Gemeinschaften, aber auch die Deutungshoheit der akademischen Religionsprofessoren ablehnt, ist dieser Protest-Islam Werk »militant gesinnter Autodidakten«, etwa von Technikstudenten, Ärzten oder Milliardärssöhnen wie Osama bin Laden, die sich, mit dem Hinweis, niemand habe im Namen Gottes zu sprechen, ihren eigenen Islam zusammenmixen. Die Religion ist nicht eine Art »Gepäck«, die aus den Dörfern in die Städte oder in die Migration nach Europa mitgenommen wird, sondern durch diese Entwurzelung erst verfertigt und umgeformt wird.[111] Man kann das auch als Prozess der Individualisierung und der »Dekulturalisierung« beschreiben, wie das Olivier Roy, einer der besten Kenner des Islam, macht. Nicht mehr die Religion als soziale Praxis, die an kulturelle Formen, Traditionen, hergebrachte Autoritäten und Gewohnheit gebunden ist, steht nun im Vordergrund, sondern die »Religiosität« des individuellen Gläubigen, der sich »seine« Glaubenswahrheit am Markt des Angebotes sucht – oder, wie in diesem Fall, ein eigenes »Angebot« bereitstellt. Insofern, so Roy, ist der Aufstieg des radikalen Islam von den gleichen Kräften beflügelt wie beispielsweise die religiöse New-Age-Welle.[112] »Die bärtigen Militanten in ihren wehenden Jellabahs waren in der Lage, zu den jungen Leuten in der Sprache einer plausiblen Utopie zu sprechen«, beschrieb Gilles Kepel schon vor zwanzig Jahren hellsichtig die Erfolgsstory dieses Protest-Islams.[113] Nicht wenige Spuren westlicher »Jugendkultur«, zeigt Olivier Roy, ließen sich im modernen Jihadismus ausmachen: der antiautoritäre Zug, der die Autorität akademischen Wissens ablehnt, dieser Schuss Ich-Sucht, ohne den Jugendrevolten nicht auskommen. Alles wird zu einer radikalen, persönlichen Entscheidung des Einzelnen erklärt. Noch das Jihad-Konzept wird in Richtung dieses Ego-Existenzialismus gedreht. Traditionell wurde der Jihad als obligatorische Pflicht jedes einzelnen Mitglieds einer bedrohten Gemeinschaft angesehen, doch heute geht der Ruf eher an das Individuum, an die vielen verstreuten muslimischen Ichs auf der ganzen Welt, sie sollen in den Krieg gegen die Dschahili-Welt ziehen.[114] Märtyrertum ist, so gesehen, nur eine sehr exzentrische Form der modernen Selbstverwirklichung. Eine ziemlich endgültige freilich.

Wer in diesem geistigen Kosmos einmal kreist, der ist in

einem Paralleluniversum, in dem sich alles von selbst versteht, in dem völlig einsichtig ist, dass ein Kampf zwischen Gut und Böse tobt, in dem sich die Gewalt bis ins Unermessliche zuspitzt, bis zur Entscheidungsschlacht, in der das größte Opfer, der Verlust des eigenen Lebens, ein geringfügiger Preis ist für das Paradies, das es zu gewinnen gibt. Alle großen monotheistischen Religionen haben diese apokalyptischen Mythen, die sich aufeinander beziehen, sich gegenseitig inspirieren. Sie sind Muster der Weltdeutung, die sich tief eingegraben haben ins kulturelle Gedächtnis der Menschheit, nicht nur der Muslime. »Und ich sah, wie Throne aufgestellt wurden, und einer, der uralt war, setzte sich (…) Und von ihm ging aus ein langer feuriger Strahl. (…) Das Gericht wurde gehalten (…) Seine Macht ist ewig und vergeht nicht, und sein Reich hat kein Ende«, heißt es im alttestamentarischen Buch des Propheten Daniel (Daniel 7,9-14). Gleichsam als Urtext aller apokalyptischen Literatur gilt die »Offenbarung des Johannes«. In diesem düstersten aller neutestamentarischen Bücher kämpft ein »Heer des Himmels auf weißen Pferden« (Offenbarung 19,14) an einem »Ort, der heißt auf Hebräisch Harmagedon« (15,16). Da werden die Streitparteien – hier die himmlischen Heerscharen, da die Mitstreiter Satans – »mit eisernem Stabe« (19,15) geschlagen, in einen »feurigen Pfuhl geworfen, der mit Schwefel brannte« (19,20), und »die andern wurden erschlagen mit dem Schwert« (19,21). Weltgericht wird gehalten und Gottes tausendjähriges Reich errichtet, »das neue Jerusalem« (21,1) begründet, »von Gott aus dem Himmel« (21,2); »Die Feigen aber und Ungläubigen und Frevler und Mörder (…) und alle Lügner, deren Teil wird in dem Pfuhl sein, der mit Feuer und Schwefel brennt.« (21,8)

All das ist unvermeidlich. Und all das ist das Blutvergießen wert, des künftigen Heils wegen: »Siehe, ich mache alles neu!« (21,5)

Victor und Victoria Trimondi haben beschrieben, wie alle modernen Fundamentalismen, alle politisierenden Frömmler auf ihre Weise von diesem Endzeitglauben zehren, sodass sie gar von einer apokalyptischen »Schreckens-Ökumene« sprechen. Was sie auf die Offenbarung des Johannes und damit auf die christliche Tradition gemünzt feststellen, lässt sich mit allem Recht für jeden politreligiösen Gewaltkult sagen: Um ein Paradies auf Erden »zu erlangen, wurden (...) Zerstörungswut, Gewalt, Hass, Unterdrückung, Intoleranz, Gefühlskälte und Fanatismus gepredigt. Unter dem vagen Versprechen künftiger Vollkommenheit und ewiger Glückseligkeit am Ende eines totalen Vernichtungskrieges fördert das apokalyptische Denken (...) Streit, Angst, Furcht, Apathie, Panik, Respektlosigkeit, Missachtung der Natur, Größenwahn.«[115] Die seltsame Attraktivität des Apokalyptischen liegt in seiner rücksichtslosen Simplifizierung. Gut wird gegen Böse gestellt. Die Gewalt kann sich auf das Wort Gottes berufen. Dies verleiht das erhebende Gefühl, absolut gerecht zu handeln. Gewalt wird damit ethisch legitimiert und sakralisiert. Der Gewalttäter wird zum »Gotteskrieger«. Und es wird ein hundertprozentiger Endsieg versprochen – mag ich heute auch schwach sein, Gott (oder die Geschichte) sind auf meiner Seite.[116] Man kann dann leicht in den Tod gehen. Sterben ist dann keine Niederlage, sondern eine seltsame Art von Sieg – der Märtyrer ist ja kein Verlierer, sondern einer, der über die niedrigen menschlichen Begierden triumphiert, namentlich über die niedrigste, den Überlebenswillen. Man mag über die Todesgier dieses religiösen Wahns spotten, aber man kann auch schwer behaupten, dass da nichts wäre, was einem Respekt abnötigt. Denn schließlich ist auch wahr, was Terry Eagleton postuliert, wenngleich elegant in Frageform: »Was für ein Leben ist das, wenn nichts bedeutend genug ist, dass man dafür sterben würde?«[117]

Die fundamentalistischen Verhärtungen sind im Islam, aber auch im Christen- und im Judentum, selbst Resultat der Herausforderung durch die Moderne – und zwar seit dem Ende des 19. Jahrhunderts schon. Gläubige fürchteten um »das Fortbestehen ihres Glaubens«, schreibt Karen Armstrong. »Manche kehrten der modernen Welt ganz den Rücken und errichteten eigene militante Institutionen als heilige Bastionen und Zufluchtsstätten; andere planten einen Gegenangriff, und wieder andere riefen einen eigenen Diskurs und eine Gegenkultur ins Leben.«[118] Christlicherseits fürchtete man, Säkularisierung und eine »liberalere« Religion, der von der modernen Wissenschaft der Rang abgelaufen wird, würden zum Untergang der Religion führen. Es wurde, kurzum, »in der schönen neuen Welt immer schwieriger, auf konventionelle Weise religiös zu sein.«[119] So entstand zunächst der moderne christliche Fundamentalismus in den USA, dessen Saat heute die religiöse Rechte erntet. Der erste Klassiker der Bewegung wurde das Plädoyer für die buchstäbliche Wahrheit der Bibel, den Archibald A. Hodge vor beinahe schon 150 Jahren im *Princeton Review* schrieb, in dem es hieß, die Bibel sei »absolut frei von Irrtümern und für Glauben und Gehorsam bindend«. Alles, was in der Bibel stünde, sei absolute »Wahrheit in Hinblick auf die Fakten«[120]. Man propagierte eine kämpferische Religion, und von Christi Friedensliebe blieb da nicht mehr viel übrig. Der Christus der Offenbarung werde bei seiner Wiederkunft »als einer in Erscheinung (treten), der nicht länger Freundschaft oder Liebe sucht. Seine Gewänder sind mit Blut getränkt, dem Blut der anderen. Er steigt herum, um Menschenblut zu vergießen«, so der amerikanische Prämillennarist Isaac M. Haldeman.[121]

Sayyid Qutb sah, sein epochemachendes Werk war da schon abgeschlossen, einmal noch das Licht der Freiheit. Im Frühjahr 1964 wird er aus dem Gefängnis entlassen, kurz danach erscheint »Meilensteine« und wird sofort verboten. Angeblich auf Nassers persönliche Anordnung dürfen einige Auflagen danach legal erscheinen, doch Mitte 1965 wird der Autor des islamistischen Manifests verhaftet, gefoltert – angeblich wegen Verschwörung. In einem scheinlegalen Verfahren werden er und zwei seiner Mitangeklagten zum Tode verurteilt. Am 29. August 1966 wird Sayyid Qutb gehenkt. Für seine Anhänger wird er zum Shahid, zum Märtyrer. »Wenn du wissen willst, warum Sayyid Qutb zum Tode verurteilt wurde«, schrieb eine seiner Mitstreiterinnen später, »dann lies Meilensteine«.

Wie ein Übersetzungsfehler eine Kultur neurotisierte

Die christliche Leibfeindschaft hat ja theologisch recht bizarre Höhen erklommen, worum sich Kirchenvater Augustinus besonders verdient machte. Indem er die christliche Gottesidee mit der griechischen Philosophie verrührte, konstruierte er eine Idee zweier Reiche: der materiellen Welt und der Welt des Geistes. Die geistige Welt wurde hochgehalten, die materielle Welt drastisch abgewertet. Alle Körperlichkeit, ganz zu schweigen von den fleischlichen, sinnlichen Begierden, wurde verdammt. Angelegt ist das natürlich alles schon beim Völkerapostel Paulus, dem nicht gerade ein entspanntes Verhältnis zur Körperlichkeit und zu den Frauen im Besonderen nachgesagt werden kann. Paulus hat ja sogar erklärt, es wäre besser, wenn die Ledigen »bleiben wie ich«, und nur wenn sie das nicht könnten, »sollen sie heiraten; denn es ist besser, zu heiraten, als sich in Begierde zu verzehren« (1. Korinther 7,8-9). Wo Geist ist, da ist der Herr, wo Leib ist, da ist Verwesung. Klar: Auferstehen tut nur der Geist, nicht der Leib. Der Leib, das ist ein notwendiges Übel. Ein stinkendes Ding, bei dem es an allen Enden raus rinnt. Papst Innozenz III. hat in seinem Traktat »Über die Verachtung der Welt und das Elend der menschlichen Existenz« diese Lehre praktisch in kanonische Sätze geformt: »Der Mensch ist gemacht aus Staub, Kot und Asche – und, noch gemeiner, aus unflätigen Samen. Anlass zu seiner Empfängnis war der Reiz des Fleisches und das Glühen der Begierde: in der Fülle der Ausschweifung und unter dem Makel der Sünde.« In früheren Zeiten saßen die Alleinstehenden in den Kirchen auf den vorderen Plätzen, die Verheirateten (!) mussten in den hinteren Reihen Platz nehmen – ihres offenkundigen Geschlechtslebens wegen.

Dahinein fügte sich natürlich bestens das christliche Dogma von der jungfräulichen Geburt Jesu. Danach hatte Jesus keinen leiblichen, menschlichen Vater, sondern er wurde vom Heiligen Geist gezeugt. Übrigens hatte die Jungfrau Maria davor, aber auch danach nie Geschlechtsverkehr. Als Superheilige hat sie Josef, den traurigen Zimmermann, nie rangelassen. Es ist vielleicht erwähnenswert, dass nur im Matthäus- und Lukas-Evangelium von dieser erstaunlichen Begebenheit die Rede ist. Nach zweitausend Jahren Christentum, die uns den Ekel vor der Unreinheit der Fleischeslust eingeimpft haben, scheint es uns natürlich selbstverständlich, dass Jesus, der Messias, unmöglich durch normalen Geschlechtsverkehr, womöglich bei einem Quickie am Acker, gezeugt geworden sein konnte. Nur dürfen wir nicht vergessen, dass die christliche Leibfeindschaft natürlich nicht der Ursprung dieser Legende war, sondern eher selbst seine Folge. Ulkig daran: Der Ursprung der Legende liegt in den Versuchen der Evangelisten, das Leben Jesu mit einer Reihe – um genau zu sein: einigen hundert – prophetischen Vorhersagen des jüdischen Tenachs in Übereinstimmung zu bringen. Und da fanden die – griechisch schreibenden – Evangelisten bei Jesaja eine Stelle, in der es heißt: »Darum wird euch der HERR selbst ein Zeichen geben: Siehe, eine Jungfrau ist schwanger und wird einen Sohn gebären.« (Jesaja 7,14)

Das Problem ist freilich, dass in den jüdischen Schriften von »alma« die Rede ist – was so viel heißt wie »junge Frau«. Die Evangelisten übersetzten irrtümlich mit »Jungfrau«. »So scheint fast sicher, dass das christliche Dogma von der Jungfrauengeburt sowie ein Großteil der daraus resultierenden Scheu der Kirche vor Geschlechtsverkehr nur die Folge eines Übersetzungsfehlers aus dem Hebräischen waren«, schreibt Sam Harris in seinem Buch »Das Ende des Glaubens«. Es ist wirklich ein Treppenwitz der Geschichte: Nicht wesentlich zur Neurotisierung einer gesamten Kultur trug bei, dass irgendwelche Kompilatoren heiliger Bücher nicht ordentlich Hebräisch konnten.

Sechstes Kapitel

Schöner sterben

Ist der Islam mit der Demokratie vereinbar?

> Für die allermeisten ›gläubigen‹ Muslime steht ›Islam‹ für ihre Furcht vor Gott – mehr Furcht als Liebe – und für einen Komplex aus Gewohnheiten, Meinungen und Vorurteilen.
>
> *Salman Rushdie*

Sterben ist auch eine Kunst und muss erlernt und erworben werden, wie jede andere Kunst. Es ist ein extrem schönes und erhabenes Trauma, die dramatischste und spektakulärste Szene des menschlichen Lebens« – der Autor dieser Sätze, Ali Schariati, war einer der bemerkenswertesten muslimischen Intellektuellen der jüngeren Geschichte. Schariati war in gewissem Sinn der philosophische Kopf hinter der Volksbewegung des Iran, die 1979 die islamische Revolution auslöste und Ayatollah Ruhollah Khomeini an die Macht brachte. Aber Schariati hatte nichts von einem revolutionären Heißsporn, er war auch kein rauschebärtiger Jihad-Propagandist. Er war eher der stille akademische Denker, der den Geist der islamischen Revolte in die Herzen von ein, zwei Studentengenerationen pflanzte, bis er vom persischen Schah-Regime erst ins Exil gezwungen wurde und dann unter ungeklärten Umständen verstarb – ziemlich sicher wurde er von den Häschern des iranischen Geheimdienstes in London ermordet. Das war 1977 – zwei Jahre vor dem Sieg der Revolution, für die er so viel Vorarbeit geleistet hatte. Der Name Schariatis war der einzige, der, als die Revolution zwei Jahre später stattfand, bei den großen Demonstrationen neben dem Khomeinis gerufen wurde. Schariati nimmt »die im schiitischen Glauben so privilegierte Stellung des unsichtbar Gegenwärtigen, des in seiner Abwesenheit immer noch Anwesenden« ein, schrieb damals der Philosoph Michel Foucault erstaunt in einer Reportage aus Teheran.[122]

Der Tod, der hatte es Schariati angetan, und in bemerkenswerter Weise hatte er sich über die »Kunst des Sterbens« Gedanken gemacht. So wie das Leben nicht nur Atmen ist, ist auch der Tod nicht bloß das Ende der Atmung, sondern »selbst ein Akt, ein Akt so groß wie das Leben«, schrieb er. Nie seien die »großen Tode« von ein und derselben Natur. Da gäbe es die »großen Märtyrertode« – das Fallen in der Schlacht, aber auch der Opfergang für eine gerechte, aber aussichtslose Sache, dieses »mit offenem Auge in den Todgehen« als eine Form, das Leben zu verlieren, als eigentümliche Form des Siegens und, ja, des Heroismus und der Virilität. Aber, so Schariati, es gäbe auch die friedvollen Tode, die aber keineswegs notwendig banal seien, sondern ihrerseits »groß, schön, eine Lehre« sein könnten.[123] Ein solcher Tod, ein solcher Ausweis der höchsten Kunst des Sterbens, sei der Tod des Propheten Mohammed gewesen, der, altersschwach, noch eine Runde durch Mekka drehte, seine Getreuen empfing und sich dann ins Paradies davonmachte.

Schöner sterben – die Krone der Lebenskunst? Nun, wollen wir uns für einen Augenblick das Kopfschütteln sparen, ja, wollen wir auch über das Geraune eines Mannes nicht spotten, der den Koran mit einer ordentlichen Prise Existenzialismus zu einer hübschen Melange verrührte und all das auch noch selbst mit einem durchaus herzeigbaren Frühableben krönte. Die eigentümlichen Worte, die der schiitische Intellektuelle Schariati für die Ästhetik des Todes von Mohammed fand, sind in doppelter Hinsicht bemerkenswert und aufschlussreich. Da ist zunächst diese eigenartige Todessehnsucht, dieser morbide Grundton, der in der schiitischen Spielart des Islam tradiert ist. Die Schiiten, die die Minderheit der Muslime stellen (die Mehrheit bilden die Sunniten, die in den arabischen Ländern, aber beispielsweise auch in der Türkei dominieren), konzentrieren sich heute vor allem im Iran und im Irak, stellen aber auch bedeutende Minderheiten in anderen Ländern, etwa in Saudi-Arabien. Die Schiiten glauben, dass die Nachfolge des Propheten nach seinem Tod 632 unrechtmäßig geregelt wurde. Mohammeds Mitstreiter Abu Bakr wurde damals zum Kalifen – zum Stellvertreter des Botschafters Gottes – bestimmt, des Propheten nächster Verwandter und Lieblingsgefolgsmann Ali wurde übergangen. Dies führte zu einer Krise der Autorität, die sich einige Jahre später gewaltsam entlud und zu einem folgenreichen Schisma im Islam führte. Alis Sohn Hussein führte damals einen Aufstand an, und nach allgemeiner Auffassung war dieser aussichtslos. Doch Hussein kämpfte nicht, um zu gewinnen – denn darauf konnte er nicht hoffen –, sondern um für seine Wahrheit einzustehen. »Der Tod ist ein Schmuck des Menschen«, soll Hussein gesagt haben und zog in die Schlacht von Kerbala, in der er unterging. Dies gilt als Geburtsakt des schiitischen Islam – an dessen Ursprung steht somit ein Selbstopfer, ein Märtyrerakt. Märtyrertum, schreibt Schariati an anderer Stelle, »ist nicht ein Mittel, sondern ein Ziel an sich. (…) Märtyrertum ist eine Einladung an alle Zeiten und Generationen – wenn du nicht töten kannst, sterbe.«[124] Das ist deshalb aufschlussreich, weil insbesondere der schiitische Islam »eine Kultur des Todes«[125] entwickelt hat, aus der ursprünglich die Praxis der politischen Selbstmorde entstanden ist, und diese ganz wesentlich an den Märtyrerkult um das vergossene Blut seiner Heroen, die *Passion Husseins*, anknüpft.

Bemerkenswert und aufschlussreich ist Schariatis Gesang auf die Schönheit des Todes des Propheten aber auch noch in einer zweiten Hinsicht – Mohammed gilt den

Muslimen als Mann von beispielhaftem Charakter, als perfektes und vollendetes menschliches Wesen (*al-insan al-kamil*)[126]. Es wird sich kaum jemand finden, der sich selbst einen Muslim nennt, der nicht sagen würde, er liebe den Propheten. Die »Liebe«, die die Muslime zu ihrem Religionsgründer empfinden, geht jedenfalls über die Gefühle der Zuneigung weit hinaus, die die Anhänger der beiden anderen großen monotheistischen Religionen gegenüber den Zentralfiguren ihres Glaubens empfinden. Die Juden mögen sich Moses auch als übermenschliche Figur vorstellen, als Mann und Menschen, willensstark, respekt-, auch furchteinflößend, wagemutig, wo andere verzagt hätten, aber auch aufbrausend und manchmal zweifelnd. Sie mögen, kurzum, alles Mögliche gegenüber Moses empfinden, aber »Liebe« wäre wohl nicht das erste Attribut, das ihnen dazu einfiele. Die Christen wiederum, die Jesus nicht nur als Propheten, sondern als Sohn Gottes, also als Messias und gottähnliche Figur, verehren, bewundern seine Menschlichkeit und seine Barmherzigkeit, seine Weisheit und seine Botschaft der Liebe, aber die stärkste emotionale Bindung entsteht ob der Vergegenwärtigung der Leiden Christi. Wenn sie von »Liebe« in Zusammenhang mit Jesus sprechen, dann eher von dessen Liebe zu »uns«. Sie haben, salopp gesprochen, vor allem eine Art schlechtes Gewissen, dass Jesus von Nazareth für »unsere« Erlösung derartige Qualen auf sich genommen hat. Aber sie haben ihn deshalb auch als gequälte, geschundene Kreatur vor Augen – und keineswegs als »vollkommensten Menschen«, zu dem man »Liebe« empfindet. Und sie haben ihn aus all diesen Gründen als eher eigentümliche, entrückte Figur vor Augen, deren Botschaft man zwar folgen, aber deren Leben man unmöglich nachspielen kann. »Imitatio Christi«, Jesus nachfolgen, das hört sich in Sonntagspredigten zwar schön an, ist aber im Grunde für Normalsterbliche völlig unerreichbar und letztendlich auch nicht erstrebenswert.

Denn die Sünden der Welt hinwegnehmen, indem man sich ans Kreuz nageln lässt, dieses Opfer war nur einem aufgetragen. Den allermeisten Christen erscheinen jene ihrer Glaubensbrüder, die sich zu Ostern rituell ans Kreuz heften lassen, mit Fug und Recht als ziemlich – ja: vernagelte – Spinner.

Mohammed dagegen ist für die Muslime viel mehr, wie man heute sagen würde, down to the earth. Das geht so weit, dass man von der Schönheit seines Äußeren spricht, aber auch von den wohlduftenden Händen des Propheten – ja, so wird berichtet, Mohammed, »Urbild der menschlichen Schönheit«, der »Schönste an Charakter« (Annemarie Simmel), habe ein Drittel seines Einkommens für Toilettenartikel und Parfüm ausgegeben. Vor allem aber hat sein Prophetentum auch so etwas wie eine weltliche Dimension. Er wird als Botschafter Gottes verehrt, als Verkünder der göttlichen Offenbarung, aber auch als Reichsgründer und Mann, der die arabischen Stämme vereinte. Und er hat, wie exzeptionell die Muslime den Charakter des Propheten auch einschätzen mögen, so doch auch ein normales Leben geführt. Er war erst Handelsreisender, mit mindestens neun Frauen verheiratet, er lebte in einem bescheidenen, aber geräumigen Anwesen, er war Politiker und auch so etwas Ähnliches wie ein Diplomat, der zwischen verfeindeten Stämmen vermittelte. Er begann seine Missionstätigkeit in Mekka. Dort verkündete er den heidnischen, polytheistischen arabischen Stämmen seine göttlichen Offenbarungen, die an die beiden großen Monotheismen – Judentum und Christentum – anknüpften. Tatsächlich sah Mohammed den Islam – was so viel heißt wie »Unterordnung«, nämlich Unterordnung unter den Einen, den einzigen Gott – nicht als Rivalen der beiden Buchreligionen, sondern als deren Vollendung. Mohammeds Gott sollte derselbe Gott sein wie der Gott der Juden und der der Christen. Die Stammväter und Propheten der beiden ursprünglichen Monotheismen werden auch im Islam respektiert – Abraham, Moses, Jesus. In gewisser Weise ist Mohammeds Verkündung der Versuch, die beiden Urmonotheismen von Beimengungen zu reinigen, von Dreifaltigkeit und Heiligenverehrung, von Rabbiner- und Priesterherrschaft, und er hoffte, die beiden Vorläufer würden sich selbst erübrigen, im Islam aufgehen. Islam ist strengster Monotheismus: »Es gibt keinen Gott außer Allah …«

In Mekka war Mohammed in der Minderheit und Anfeindungen ausgesetzt, doch nach dem Auszug des Propheten und seiner Anhänger nach Medina wird er schnell eine Art weltlicher Herrscher. Dort vermittelte er erst zwischen drei jüdischen Stämmen, die sich halb seiner Autorität unterwarfen, halb widersetzten, bis sie von der angewachsenen Streitmacht des Propheten hingemetzelt wurden. Medina wird dem Islam unterworfen und zu einer geschlossenen Gemeinschaft – zur *Umma*, was heute noch als Begriff für die Gemeinschaft der Muslime gilt. Mit militärischer Macht verbreitet der Prophet von Medina aus seinen Glauben, aber er vereint auch die zerstrittenen arabischen Stämme, die Umma wird »ein ideologisches Gemeinwesen, ein Staat«[127]. Als er 632 n. Chr. stirbt, war der islamische Staat das dynamischste Gemeinwesen der arabischen Halbinsel, sodass seine Nachfolger das Eroberungswerk fortsetzen konnten. Bereits acht Jahre später schritt die muslimische Beduinenarmee im Westen bis über Alexandria hinaus, in Osten erstreckte sich ihr Herrschaftsgebiet über Bagdad bis Herat und im Norden ans Kaspische Meer.[128]

»Mohammed war (…) nicht wie die Begründer anderer Religionen nur Prophet und Lehrer. Er war auch Herrscher und Soldat«, resümiert der große Orientalist Bernhard Lewis.[129] Und die beiden Phasen in Mohammeds Mission schrieben sich in den Koran und die »politische Theologie«

des Islam tief ein. In Mekka plädierte er als Begründer einer neuen, minoritären religiösen Gemeinschaft für Toleranz – als Herrscher eines rasant wachsenden Machtgebildes für Einheit und Kampf gegen die äußeren Feinde wie auch gegen die Schwankenden, die Heuchler und die subversiven Kantonisten im Inneren. »Der Werdegang des Propheten Mohammed«, schreibt Lewis, »vollzog sich in zwei Phasen. In der ersten Phase, in den Jahren, die er in seiner Geburtsstadt Mekka (570–622 n. Chr.) verbrachte, stand er in Opposition zu den heidnischen Herrschern. In der zweiten Phase, nach seinem Umzug von Mekka nach Medina (622–632), war er der Herrscher der Gemeinschaft. Diese beiden Phasen, die des Widerstands und die der Herrschaft, spiegeln sich im Koran wider, in dem die Gläubigen in unterschiedlichen Kapiteln einmal dazu angehalten werden, Gottes Stellvertreter auf Erden zu gehorchen, und dann wieder dazu, dem Pharao – Sinnbild des ungerechten und tyrannischen Herrschers – den Gehorsam zu verweigern. Diese gegensätzlichen Abschnitte im Leben und Wirken des Propheten brachten zwei Traditionen im Islam hervor: Die eine ist autoritär und passiv, die andere radikal und aktiv.«[130]

Wie es einer Beduinenarmee gelingen konnte, angeführt von einer Handvoll Männern, die in tiefer Rückständigkeit aufgewachsen waren und ihrer Gesellschaft eine radikale moralische Erneuerung verschreiben sollten, innerhalb einer Generation ein ganzes Weltreich zu erobern, das sich über die Hälfte der damaligen »zivilisierten Welt« erstreckte – dieses Mirakel erfüllt die Muslime bis in unsere Tage mit Stolz; und angesichts der heutigen Zerstrittenheit und Rückständigkeit der islamischen Welt auch mit schmerzhafter Sentimentalität gegenüber früherer Größe. »Keiner der römischen, aramäischen oder griechischen Generäle hat jemals so viele Schlachten wie der Prophet geschlagen«, rühmt etwa Ali Schariati den Propheten Mohammed. »Der

Prophet war über acht Jahre in Feldzügen engagiert. Während dieser Zeit hat er 64 oder 65 Schlachten geschlagen, was, im Durchschnitt, bedeutet, dass er alle vierzig bis fünfzig Tage eine militärische Expedition durchführte. Kein einziger Militär war je in der Lage, so viele Kämpfe zu führen, und das während zehn Jahren, in denen er soziale und politische Aufgaben wahrnahm. Mehr noch, seine Gefährten haben ihn nie als Militär behandelt. Die Menschen kamen zu ihm noch ihrer geringsten Probleme wegen.«[131]

Mohammed ging als Eroberer mit seinen Gegnern nicht zimperlich um. Das fand seinen Eingang auch in den Koran. Wer sich unterwarf und den Islam annahm, wurde Teil der Umma, wer sich unterwarf, aber seine eigene Religion beibehielt, war zwar Bürger zweiter Klasse, aber toleriert. Wer aber Zweifel aufkommen ließ, ob er die Autorität der neuen Herrschaft wirklich anerkenne, der hatte mit dem Schlimmsten zu rechnen. Dem wurden etwa ein paar Monate Frist gegeben, mehr nicht. »Sind aber die heiligen Monate verflossen, so erschlaget die Götzendiener, wo ihr sie findet, und packet sie und belagert sie und lauert ihnen in jedem Hinterhalt auf. So sie jedoch bereuen und das Gebet verrichten und die Armensteuer zahlen, so lasst sie ihres Weges ziehen. Siehe, Allah ist verzeihend und barmherzig.« (Sure 9,5)

Schon der Auszug (*Hidschra*), die Flucht aus Mekka, war ein politisches Statement. Mohammed wollte sich nicht mit einer Religion zufrieden geben, die nur das Innenleben der Gemeinde regelte und auf das Gewissen der Gläubigen abzielte. Schließlich ist der Islam »eine politische Religion« (Ralf Ludwig).[132] Als ersten größeren Ort nach dem Auszug erreicht Mohammed mit seiner Reitereskorte die Stadt Quba. »In der Rechten hält er das Schwert. Der Machtanspruch ist unübersehbar«, schreibt Ralf Ludwig.[133] Der Exodus machte eine neue moderne Staatlichkeit möglich – und notwendig. Die Auswanderer waren ihrer Stämme beraubt. Ihre Loyalität galt nun einer größeren Einheit – der Glaubensgemeinschaft, der Umma. Der Partikularismus war zerrissen, einer neuen Einheit wegen. Mohammed organisiert einen Staat und eine neue Macht, gleichsam »aus dem Nichts«, wie Ralf Ludwig formuliert. Wer sich widersetzt, wird unterworfen. »Und wenn ihr die Ungläubigen trefft, dann herunter mit dem Haupt, bis ihr ein Gemetzel unter ihnen angerichtet habt« (Sure 47,4), lässt Allah über seinen Botschafter ausrichten. Mit den Gegnern wird aufgeräumt, vor allem mit den jüdischen Stämmen, die die volle Autorität Mohammeds bestreiten. Der letzte der in Medina verbliebenen Stämme wird vollständig ausgelöscht. Die Männer werden öffentlich enthauptet, Frauen und Kinder verkauft.

Als Staatsgründer und Reichsführer spielte Mohammed aber auch in der Gesetzgebung eine aktive Rolle, was im islamischen Recht, der Scharia, ihren Ausdruck fand. Diese ist ein allumfassendes Regelwerk, das vom Verbot, bestimmte Nahrungsmittel einzunehmen, über einen normalen Strafrechtskatalog bis hin zu Vorschriften in Hinblick auf Familien-, Erb- und Vertragsrecht grundsätzlich alles bestimmen soll. Es ist so umfassend, dass es zwischen Recht – in unserem westlichen Wortsinne –, Ethik und guter Sitte kaum unterscheidet. Es ist so weit flexibel, als die Rechtsgutachten der Ulama, also der Gemeinschaft der Rechtsgelehrten, entscheidend sind, aber inflexibel, weil es nach muslimischer Auffassung von Gott gegeben, also unabänderlich ist – seine Regeln beziehen ihre Gültigkeit aus ihrem bloßen Vorhandensein und sind grundsätzlich der menschlichen Rationalität nicht unterworfen. Nicht nur die religiösen Prinzipien seien göttlich offenbart, sondern jede Lebensregel, und damit von unhintergehbarer Autorität. Während normale Gesetze wieder verändert werden können, ist die Scharia einfach zu akzeptieren. Höchstens kann ein gewiefter Rechtsgelehrter, besonders in Fällen, in denen eindeutige Regeln nicht existieren, mit kasuistischer Raffinesse ein paar Schlupflöcher aufdecken.

Für freiheitsliebende Menschen also ein ziemlicher Albtraum – vor allem für freiheitsliebende Muslime. Aus all dem folge, dass der Islam »eine Bedrohung darstellt« – und zwar »eine Bedrohung für Tausende von Muslimen«[134], schreibt Ibn Warraq, einer der schärfsten inneren Kritiker des Islam. Ibn Warraq ist ein Pseudonym eines Autors, der in pakistanischen Religionsschulen erzogen wurde und heute aus Sicherheitsgründen an einem unbekannten Ort in den USA lebt – schließlich wäre ihm, nachdem er sein zorniges Buch »Warum ich kein Muslim bin« veröffentlicht hatte, die Rache radikaler Frömmler sicher. Vor allem die »brutale Unduldsamkeit«[135], die in jedem Monotheismus angelegt sei, würde im Islam noch auf die Spitze getrieben, so Ibn Warraq. »La ilaha illa Allah« ist schließlich eine Formel entschiedener Kompromisslosigkeit. »Wenn es ein Wort gibt, das für sich genommen für den ursprünglichen Impuls des Islam stehen kann«, schreibt auch Malise Ruthven, »dann ist es *tahid* – ›einsmachen, einen, das Einssein‹.«[136] Wenn sich alles einem einzigen Prinzip unterzuordnen habe, dann ist das ein mächtiges Motiv gegen alle Abweichungen, gegen Häresien, innere und äußere Gegner, eine veritable theologische Grundierung des Totalitären. Kein Wunder, dass sich Despoten aller Art immer um die »Einheit« in ihrem Staatswesen sorgen und auf nichts mehr bedacht sind, als »Abweichler« und »Spalter« aufzuspüren und unschädlich zu machen.

Ist eine solche Tendenz schon im radikalen Eingottglauben und im Prinzip *tahid* angelegt? Nun, im Koran und in den Hadithen und generell im kanonischen Schrifttum des Islam lassen sich gewiss viele Anhaltspunkte finden, die diese These stützen. Eine Religion, deren Gründer noch zu Lebzeiten bedeutende Macht errang und diese auch mit aller Konsequenz einsetzte, wird eine breite Spur von

Erinnerungen tradieren, die dem Autoritären günstig sind – wohingegen eine Religion, die ursprünglich eine minoritäre oder gar über weite Zeiten ihrer Existenz eine diasporische Existenz führte, eher antiautoritäre Motive tradieren wird. Ein Prophet, der aus der Position der Bedrängnis spricht, wird eher wie Jesus von Nazareth sagen, »so gebt dem Kaiser, was des Kaisers ist, und Gott, was Gottes ist« (eine Wendung, aus der die Säkularisierung als »Trennung von Kirche und Staat« ein Prinzip machte), als ein Prophet, der mit seiner Religion gleich auch einen Staat dazu begründete.

Seitdem der islamistische Furor die Welt in Atem hält, fragen sich manche Denker daher, ob der Islam überhaupt mit der Demokratie kompatibel ist. Es war der schon erwähnte Bernard Lewis, der in einem berühmt gewordenen Essay im US-Magazin *The Atlantic* die Frage stellte: »Ist die liberale Demokratie mit dem Islam überhaupt vereinbar?«, oder sind das Beste, was wir erwarten können, autokratische Regimes, die allenfalls ein bisschen Kritik tolerieren? Schließlich sieht die »Demokratiebilanz« der islamischen Welt nicht besonders gut aus.[137] Von den 64 souveränen Staaten, die die Internationale Islamkonferenz bilden, lässt sich gerade einmal einer als eine Demokratie in einem westlichen Sinn beschreiben – die Türkei nämlich, und deren demokratische Säulen ruhen auch eher auf instabilem Fundament. Seitdem Lewis vor 15 Jahren diese Rechnung machte, hat sich eher wenig zum Besseren gewendet. Und dynamisch sind solche Gesellschaften auch nicht gerade, wie der UN-Human-Developement-Report regelmäßig zu Tage fördert. So werden in der gesamten arabischen Welt jährlich gerade 330 Bücher übersetzt, ein Fünftel der Menge, die ins Griechische übertragen werden, und das Bruttosozialprodukt aller arabischen Länder zusammen betrug 1999 weniger als das Schwedens, also eines einzigen europäischen Landes.[138] Liegt das nun an der

Prägung durch eine Religion, deren Prinzipien die Trennung von Kirche und Staat und die Selbstregierung der Menschen einfach nicht in den Horizont ihrer Vorstellungswelt kommen lassen? Schließlich sei »Demokratie« historisch eine sehr spezifisch europäische Angelegenheit, die von jüdisch-christlicher Ethik und griechischer Philosophie sowie römischem Rechtssystem begünstigt war, so der Tenor dieser Kritik – alles Dinge, die in den Islam nie Eingang gefunden haben. Selbst rudimentärste Formen deliberativen Interessenausgleiches habe es in der islamischen Welt nie gegeben, so Lewis. Was bei den Griechen die Agora, bei den Römern der Senat, den Juden der Sanhedrin, unzählige Parlamente, Synoden, Räte, Kammern – nichts auch nur annähernd Ähnliches finde sich in der islamischen Tradition. Das Glaubensprinzip des Islam, das schließlich auf der rigiden Dialektik von Gott und den Gläubigen beruhe, zwischen die sich keine vermittelnden Instanzen schieben sollten, ist für die Entstehung zivilgesellschaftlicher Institutionen nicht eben günstig. Allein, dass es Institutionen geben könnte, die einen eigenen Rechtsstatus genießen, ohne Personen zu sein, sei im islamischen Recht nahezu undenkbar. Dieses handle vom Verhältnis muslimischer Einzelsubjekte untereinander sowie von dem zwischen dem legitimen muslimischen Herrscher und dem einzelnen Muslim.

Lewis, dem man nicht vorwerfen kann, dass er seine Argumente mit der Axt zuschlägt und wie so viele Propagandisten im »Kampf gegen den Terror« nur eine recht oberflächliche Kenntnis dessen hat, worüber er schreibt, hatte den Ton schon zuvor angeschlagen – etwa in einem großen Essay für das *New York Review of Books* aus dem Jahre 1988. »Anders als Moses hat Mohammed sein Gelobtes Land erreicht und erobert. Anders als Jesus hat er noch während seiner Lebenszeit über seine weltlichen Feinde triumphiert und in Medina einen islamischen Staat errichtet, den er regierte. (…) Mohammed hat die normalen Funktionen eines Staatsoberhauptes ausgeübt und Recht gesprochen, Steuern erhoben, Gesetze erlassen, Kriege erklärt, Frieden geschlossen. Kurzum, von Beginn an (…) war der Islam als Religion mit Machtausübung verbunden. (…) Ihr Stifter war Richter, Staatsmann, General und Prophet. Kirche und Staat waren nicht trennbar, da sie nicht als unterschiedliche Institutionen existierten, ja nicht einmal als unterscheidbare Konzepte.«[139] Zwar möge der Begriff »Theokratie« für den Islam irreführend sein, weil dieser die Herrschaft einer Priesterkaste meint, und da es im Islam keine Kirche gäbe, könne es auch keine Theokratie geben. Aber im Grundsatz ist der Islam »theokratisch in einem anderen und tieferen Sinn. Denn Theokratie bedeutet buchstäblich die Herrschaft Gottes.«

Bernard Lewis, 91 Jahre alt, gilt als der Doyen der Islamwissenschaft und hat sein ganzes Leben der Erforschung der muslimischen Welt gewidmet. Er ist keiner, der den Islam hasst, eher ist er von tiefer Zuneigung gegenüber seinem Forschungsobjekt durchdrungen – und wie man weiß, kann so viel Zuneigung schnell in enttäuschte Liebe umschlagen. Kein Wunder, dass Lewis im vergangenen Jahrzehnt zum Lieblingshistoriker der amerikanischen Neokonservativen wurde, die in vollem Ernst daran glaubten, man könne mit Waffengewalt die Demokratie in den Nahen Osten exportieren – ja, man müsse das sogar tun, weil die Saat der Demokratie in der muslimischen Welt kaum selbst zu keimen vermöge. Zuletzt ging er ein und aus im Weißen Haus, und Hardliner wie George W. Bushs Vizepräsident Dick Cheney machten privatim bei ihm Schnellkurse über arabische Geschichte und politische Kultur. Sieht man sich die Bilanz des Irakkriegs und der US-Nahost-Politik an, kann man freilich Zweifel hegen, ob die Ratschläge Lewis' wirklich die besten waren. Nicht immer jedenfalls sind Gelehrte die besten Ratgeber – vor allem dann, wenn der Ratsuchende ohnehin seine Agenda bereits im Kopf hat und sich nur akademische Absicherung holen will.

Aber wie auch immer, Lewis weiß immerhin, wovon er redet. Ohne jeden Zweifel hat sich die Geschichte der brutalen Eroberungen, der Unduldsamkeit und der autoritären Herrschaft, wie sie vom Religionsstifter selbst in die koranische Tradition eingeschrieben wurde, tief in die politische Kultur des Islam eingegraben. Eine solche Kultur ist der Liberalität, der Achtung der Menschenrechte, der Demokratie und der Toleranz nicht eben günstig. Aber die Argumentation derer, die auf eine Art tiefer Inkompatibilität von Islam und Demokratie hinweisen, hat auch einen leichten Hautgout. Lewis' Analyse des islamischen Radikalismus erinnert ein wenig »an die Theorien über das Dritte Reich, die eine gerade Linie von Luther bis Hitler zogen«, spottete etwa der Essayist Ian Buruma.[140] Vor allem aber wird die Behauptung, dass der Islam mit der Demokratie unvereinbar sei, von einer anderen Behauptung begleitet, die oft nicht einmal ausgesprochen, sondern still vorausgesetzt wird, die eine Art verborgene Folie abgibt, vor der diese Behauptung überhaupt erst einen rhetorischen Sinn ergibt. »Der Islam und Demokratie sind unvereinbar« ist nur der vordergründige Sinn einer Botschaft, deren Hintersinn lautet: Nur im Westen hat sich auf Basis von Christentum, Hellenismus und römischer Staatlichkeit die Demokratie entwickelt – die moderne Demokratie ist gewissermaßen das logische Resultat des Christentums. Die These von der Unvereinbarkeit von Islam und Demokratie ist also nicht nur ein »wertfreies« sozialwissenschaftliches Urteil, sondern postuliert die Superiorität des Okzidents gegenüber dem Orient, die zivilisatorische Höherwertigkeit des Christentums gegenüber dem Islam. Es ist eine besonders raffinierte Wendung, mit der man sich ob der eigenen Toleranz und Friedfertigkeit auf die Schulter klopft, um dabei vor allem die anderen herunterzumachen. Und wenn die beleidigt reagieren, haben sie auch schon wieder die These bestätigt – dann sieht man nämlich, wie intolerant sie sind. Manche Leute verstehen sich ganz gut darauf, auf aggressive und verletzende Art tolerant zu sein.

Die These ist also keine These, sondern eine Parole, und keineswegs unaggressiv – deshalb ist es auch so schwer, über ihren Wahrheitsgehalt unvoreingenommen zu diskutieren. Wenn die Rede auf den Islam fällt, zeigen sich auch elegante Philosophieprofessoren von ihrer forschen Seite. So fragte der glamouröse Wiener Denker Rudolf Burger im deutschen Journal *Merkur*, ob »diese starke kulturelle Tradition überhaupt modernisierungsfähig ist«, um dann im weniger eleganten Nachrichtenmagazin *Format* simpler zu formulieren: »Der Islam ist eine feindliche Religion.« Jedenfalls wurde im vergangenen Jahrzehnt die These von der prinzipiellen Gewaltneigung des Islam derart sloganhaft wiederholt, dass es so erscheint, als wären Demokratie, Menschen- und Freiheitsrechte sowie die liberale Ordnung gleichsam naturwüchsig aus dem Christentum entsprungen. Dies ist natürlich absurd, bedenkt man die Gewaltgeschichte des Christentums. Wie im theologischen Erbe des Islam gibt es auch in der christlichen Theologie Elemente, die von Rebellen gegen die Obrigkeit aufgegriffen werden konnten, es gibt Postulate, die Pluralismus begünstigten genauso freilich jene, die religiösen Eifer, Theokratie und Gewalt förderten.

Die Bibel ist da, wie der Koran, durchaus in jede Richtung auslegbar – die heiligen Schriften sind auch sehr praktische Schriften, in denen jeder finden kann, was er will. Nur: Religiöse Autoritäten schlagen sich in aller Regel, das beweist die Geschichte, auf die Seite des weltlichen Establishments, ja, sie werden dann selbst Teil dieses Establishments. Bloß lässt es dem Religiösen mit dem ihm eigenen Eiferertum und seiner Gewissheit, den rechten Weg zu kennen, an Kompromissfähigkeit fehlen oder auch nur am Gespür für den feinen Interessenausgleich zwischen verschiedenen gesellschaftlichen Kräften, über die eine kluge politische Führung verfügen sollte. Mag sie selbst auch geschichtlich eine Underdog-Religion darstellen, so ist eine monotheistische Religion, gewinnt sie nur lange genug an Macht, eine Religion der Mächtigen, Verbündete der Autokratie, repressiv und intolerant. Sie ist dafür aus einem sehr simplen Grund anfällig: Sie imaginiert einen allmächtigen Gott, dem sich die Menschen zu unterwerfen haben, einen Gott in der Höhe, der herabsieht auf den Menschen, diesen aufrechten Wurm. Dem aufrechten Gang und dem Selbstrespekt der Menschen sich selbst gegenüber ist dies nicht gerade günstig.

Historisch gesehen, da braucht sich Rom nichts einbilden, ist die Gewaltbilanz des Christentums jedenfalls deutlich düsterer als die des Islam. In der konkreten historischen Entwicklung war der Islam sogar eher geschmeidig als rigide im Umgang mit Abweichlern. Weil es im Mehrheitsislam, dem sunnitischen Islam, keine Kirche und Priesterkaste gibt, konnten sich viele lokale Ausprägungen herausbilden, die meist friktionsfrei nebeneinanderher lebten. Die »fundamentalistische« Lesart, also die ultrastrenge Apodiktik und Buchstabentreue, wie sie die Radikalen favorisieren, ist eine moderne Erscheinung, historisch hat sich eher eine vieldeutige Exegetik entwickelt. »Ein klassischer Korankommentar enthält stets mehr als nur eine Deutung. Erst nachdem der Exeget die möglichen Interpretationen aufgezählt hat, stellt er seine eigene vor«, schreibt der Islamwissenschaftler Navid Kermani, »um mit der Floskel wa-llahu a'lam abzuschließen, ›Und Gott weiß es besser‹.«[141] Nicht gerade eine Formel, die eifernder Glaubenswächterei günstig ist. Religiöse »Binnengewalt«, wie es sie im europäischen Westen mit seinen blutigen Religionskriegen gab – wahren Völkergemetzeln, mit Massakern, Scheiterhaufen und Bartholomäusnächten –, ist deshalb im Islam vergleichsweise selten, wie auch Bernard Lewis einräumt. Indem er sich über drei Kontinente ausbreitete, gewann der Islam eine erstaunliche Diversität, »sektiererischer Eifer« sei zwar nicht unbekannt in der islamischen Geschichte, aber »atypisch, und er erreichte nie die Intensität der religiösen Kriege und Gemetzel des Christentums«.[142] Im Umgang mit als »primitiv« beurteilten Religionen, etwa dem Animismus in Afrika, Glaubensgemeinschaften, die als »polytheistisch« und »götzendienerisch« verdammt wurden, waren beide missionierenden Monotheismen nicht gerade zartfühlend. Gewiss auch hatten es Christen und Juden in muslimischen Gesellschaften nicht immer leicht. Andersgläubige wurden als *Dhimmis* behandelt, de facto als Bürger zweiter Klasse, und in mancher, etwa steuerlicher Hinsicht benachteiligt. Doch vergleicht man die Bedingungen, unter denen Christen und Juden im 15., 16., oder 17. Jahrhundert in islamischen Gesellschaften lebten, mit denen, welchen Juden und Muslime in den Reichen des Westens ausgesetzt waren – ganz zu schweigen etwa von den amerikanischen Ureinwohnern zur Zeit der christlichen Conquistadores –, dann fällt die Bilanz eindeutig zugunsten der Muslime aus. Als sich die osmanische Herrschaft bis auf die iberische Halbinsel erstreckte, war das maurische Spanien etwa eine regelrechte Blütezeit der Toleranz, vergleicht man die damaligen Zustände mit der darauffolgenden religiösen Unnachgiebigkeit nach der christlichen »Reconquista«. Die historische Bilanz der islamischen Toleranz in den Zeiten der Vormoderne, resümiert Malise Ruthven den Konsens praktisch aller ernstzunehmenden Historiker auf diesem Gebiet, »fällt im Vergleich zu jener der mittelalterlichen Kirche sehr günstig aus«.[143]

Es gab Zeiten, da wollten die christlichen Kirchen – und zwar beide großen Konfessionen – bei Völkermorden nicht abseits stehen, sondern Weihrauch schwenkend vorangehen. Es ist jedenfalls ein propagandistischer Trick, wenn man den Aufschwung der westlichen Wissenschaften, Rationalismus, Pluralismus und Demokratie dem Christentum zugute hält – so, als könnte man noch Galileo Galileis wissenschaftliche Erkenntnisse dem Ruhme der heiligen Inquisition anrechnen. Nichtsdestoweniger überschlagen sich christliche Theologen und Kirchenführer in den letzten Jahren, nicht ohne Seitenhieb auf die Gewalttätigkeit des Islam, mit Hinweisen auf die theologisch grundierte Friedfertigkeit ihres Glaubens. Manchmal wird es richtig grotesk: Da wird dann darauf hingewiesen, dass der christliche Gott nicht außerhalb der vernünftigen Welt gedacht wird und deshalb gleichsam der erste Aufklärer gewesen sei. Scharfsinnig wird dargetan, dass man zum Christen nicht geboren wird, sondern über die Taufe einen individuellen Aufnahmeritus erfährt, woraus angeblich der westliche Individualismus entstanden wäre, und dass die Dreifaltigkeit gewissermaßen die Urform des Pluralismus sei und, weil Gott in drei Prinzipien gleichwertig auftritt, auch noch den Gleichheitsgedanken vorweggenommen habe. Schier unerklärlich scheint aus solcher Perspektive dann freilich, wie eine solche Kirche die Inquisition erfinden, ein Staatskirchentum entwickeln konnte, wie es geschehen konnte, dass sie sich auf die Seite von Kaisern oder faschistischen Despoten schlagen konnte – und das in ihrer zweitausendjährigen Geschichte eher häufiger als selten.

Nein, das Problem der Muslime ist nicht, dass sie keine Christen sind. Das Problem, das die islamischen Gesellschaften mit ihrer Religion haben, ist einfach, dass sie noch stark ist – dass sie bisweilen das einzige Ordnungsprinzip ist, das über Legitimität verfügt, während die Regierungen korrupt sind und oft nur mit Zwang regieren; dass sie immer noch oft die primäre Quelle der Gruppenidentität ist, der Zugehörigkeit zu einer Gemeinschaft und wesentlicher

Fundus des »symbolischen Systems«[144] (Lewis), auf das politische Bewegungen zurückgreifen können. Dass Demokratie und Menschenrechte eigentlich christliche »Werte« seien, nennt der Leipziger Philosophieprofessor Christoph Türcke deshalb eine »Geschichtsklitterung«, sei doch »jedes einzelne Menschenrecht (...) dem Christentum abgerungen worden«.[145] Menschenrechte, Demokratie und weltanschaulicher Pluralismus haben sich, kurzum, in Europa und im Westen nicht deshalb durchgesetzt, weil es hier eine »demokratischere« Religion gibt, sondern weil der Machtanspruch der Religionen erfolgreich zurückgedrängt wurde – nicht zuletzt wegen der schrecklich traumatisierenden Erfahrung der Religionskriege. Man muss also nicht fragen: Ist der Islam mit der Demokratie vereinbar? Sondern: Sind Religionen mit dem Wahrheitsanspruch der großen Monotheismen mit der Demokratie vereinbar?

Die Antwort ist simpel: Ja, das sind sie. Nämlich dann, wenn sie besiegt sind.

Bibelkreis & Korankränzchen 6

Gott gehorchen – oder den Menschen?

Das Verhältnis von Religion und Politik ist, theologisch zumal, ein recht vertracktes. In den jüdischen Urtexten des Monotheismus bezieht sich die messianische Erwartung noch auf ein irdisches gutes Reich, auf die Ankunft eines »neuen David«, eines Messias-Königs. Es gab damit noch nicht die Dichotomie von »dieser« und »jener Welt«, wobei natürlich auch der jüdische Messianismus seine Spielarten kannte und kennt. So kommt immer wieder die Frage auf, ob man die Ankunft des Messias passiv erwarten solle oder ob man sie aktiv beschleunigen kann. Auch heute gibt es im radikalen Judentum unterschiedlichste Ausprägungen. Etwa die israelischen Siedlerextremisten, die ihre Städte in den besetzten Palästinensergebieten bauen und die Araber für Untermenschen halten, die man vertreiben muss wie die Kanaaniter in den Moses-Büchern. Und dann wieder gibt es jüdische Antizionisten, die die Existenz des Staates Israels bekämpfen, weil es nicht Sache der Menschen sein kann, das messianische Reich vorwegzunehmen.

Im Christentum kommen zu all diesen Vertracktheiten noch ein paar hinzu. Zunächst wird mit Paulus der Begriff des Gottesvolkes revolutioniert, was eine entscheidende Wende in der gesamten Geistesgeschichte darstellt. Die christliche Gottesidee ist nicht mehr an eine ethnisch-tribalistische Entität, also an ein konkretes Volk gebunden, sondern das neue Gottesvolk umfasst potenziell die gesamte Menschheit. Eine Idee wird damit, wie man heute sagt, »universalisiert«. Nicht Jesus, sondern Paulus ist deshalb das christliche Pendant zu Moses, schreibt der Religionswissenschaftler Jacob Taubes, denn die beiden haben »dasselbe Geschäft: die Gründung eines Volkes«. Und das ist immer eine sehr politische Angelegenheit. Man kann auch sagen: Inmitten des Römischen Reiches, das sich über weite Strecken der damals »bekannten Welt« ausdehnte, gründete der römische Bürger Paulus erstmals eine Religion, die sich über die Völker erstrecken wollte. Eine Koinzidenz, die wohl kein Zufall war.

Dies war eine Herausforderung an die weltliche Macht – aber wiederum auch nicht. Paulus ist raffiniert: Er formuliert die Glaubenssätze so, dass das neue Gottesvolk Distanz zur weltlichen Macht behält, aber doch nicht völlig zu Anarchie tendiert. Auch kein militantes Gegenreich sollte die christliche Gemeinschaft sein. Und noch etwas war wichtig: Nach dem jüdischen Aufstand 70 n. Chr. und der Zerstörung Jerusalems waren die »aufrührerischen« Juden im Römischen Reich sehr unbeliebt. Indem Paulus die Distanz der christlichen Gemeinden zum Judentum betonte, machte er sie für die Römer annehmbarer. Die »historische Wahrheit«, dass Jesus natürlich nicht »Christ«, sondern ein jüdischer Wanderrabbi war, hätte damals die neue Religion nicht gerade in ein günstiges Licht gestellt. Die antijüdischen Passagen des »Neuen Testaments« haben nicht zuletzt darin ihren Ursprung – und natürlich in der Kränkung, dass die Juden, welche Juden bleiben wollten, Jesus nicht als Messias anerkannten, was Paulus, früher selbst ein eifernder Jude, zur Weißglut brachte.

Das Verhältnis zum Judentum und zur weltlichen Macht lässt sich aus diesen Komplexen entschlüsseln. Die instinktgemäße Lektüre der christlichen heiligen Schriften führt uns übrigens, das muss man immer betonen, sehr in die Irre: Man neigt dazu, die Paulus-Briefe als Kommentare zu den Evangelien zu lesen, die wir als »ursprünglicher« imaginieren. Tatsächlich ist freilich das Gegenteil der Fall. Die Paulus-Briefe sind die ältesten der heute kanonisierten Schriften, die Evangelien wurden redigiert, die Jesus-Geschichte ausgeschmückt und über weite Strecken erfunden, die Apostelgeschichte erdacht, nachdem sich die paulinische Lehre bereits durchgesetzt hatte. Der antijüdische

Drall der Evangelien lässt sich nicht verstehen ohne die Kämpfe, die Paulus in der zweiten Hälfte des ersten Jahrhunderts geführt hat – gegen die »judenchristliche« Gemeinde in Jerusalem, für die Aufhebung der mosaischen Gesetze, seiner Speisevorschriften und vor allem gegen die Beschneidung.

Die zweite Problematik für die Stellung der Christen zur Welt ergibt sich aus der Idee von der doppelten Bürgerschaft der Christen. »Unser Bürgerrecht aber ist im Himmel.« (Brief des Paulus an die Philipper 3,20) Die Christen haben immer einen Vorbehalt gegen »diese Welt« gehabt. Eine Schlüsselwendung dafür ist das Petrus-Wort aus der Apostelgeschichte: »Man muss Gott mehr gehorchen als den Menschen.« (Apostelgeschichte 5,29) Diese Formel »zwingt den Christen im Konfliktfall zum öffentlichen Bekenntnis für den Herrn der Welten – und zwar unter Gefahr für Leib und Leben«, schreibt Armin Adam in seiner »Politischen Theologie«. Theoretisch ist das eine Formel, mit der keine Staatskirche und kein Kirchen-Staat zu machen ist. Theoretisch. Praktisch haben das Päpste und Kardinäle bald nicht so eng gesehen.

Siebentes Kapitel

Wir gegen Sie

Wenn man den Kampf der Kulturen nur lange genug beschwört, dann kriegt man ihn am Ende auch.

> In Großbritannien werden die Sparschweine aus den Banken geräumt, weil sie die religiösen Gefühle der Muslime verletzen könnten, die im Schwein ein unreines Tier sehen.
>
> *Heinz-Christian Strache, Vorsitzender der FPÖ*

> Wir haben keine Sparschweine aus unseren Filialen verbannt. Wir haben sie schon seit Jahren nicht mehr verwendet.
>
> *Halifax Bank, London*

Es riecht nach Krieg. Zumindest bekommt man bisweilen eine Ahnung davon, wie das in früheren Zeiten einmal gewesen sein muss. Wie eines das andere ergab, bis sich plötzlich gegenüberstanden: Wir gegen Sie. Wie ganze Völker an einen Punkt gelangten, dass sie meinten, ihr »Sein« stünde auf dem Spiel, weil die »seinsmäßig Anderen« sie bedrohten. Später beschrieb man solches mit Formeln wie »Kriegspsychose«, auch die Wendung von der »kollektiven Pathologie« ist beliebt. Jedenfalls, es nistet sich wieder ein: »Wir« und »Sie«. Genauer: »Wir gegen Sie«. »Wir« und die Moslems. Oder andersrum: »Wir« und der Westen. Mit dem Aufkommen des radikalen Islamismus sind die Religionen wieder auf das Feld der Politik zurückgekehrt. Aber damit wird das Feld der Politik selbst verändert. Anders als weltliche politische Konzepte, anders als die klassischen Ideologien sortieren die Religionen die Menschen nicht nach Überzeugungen, also nach etwas, was sie selbst gewählt haben. Seit Beginn der Neuzeit war es so: Auch in den härtesten ideologischen Auseinandersetzungen, bei denen ein »Wir« gegen ein »Sie« gestanden haben mag, haben die involvierten Akteure sich schließlich immerhin entscheiden können, welchem »Wir« sie angehören wollen. Ob er »Kommunist«, »Sozialist«, ob er »Liberaler« oder gar »Faschist« sein wollte, das hat der Einzelne in aller Regel selbst bestimmt (natürlich, da wir Menschen auch beeinflussbar sind, »with a little help of his friends«). Aber es war eine selbstgewählte Identität und auch eine veränderbare. Und wer sich dafür entschied, sich auf eine Seite zu stellen, der war für diese Entscheidung auch verantwortlich. Bei den Religionen ist das anders. Man wird, auch wenn man konvertieren kann, doch in sie hineingeboren. Man wird ihnen zugerechnet, auch wenn man nicht einmal gläubig ist. Wer aus der »muslimischen Welt« stammt, der gilt als Muslim, wer christlicher Abstammung ist, als Christ, egal woran er glaubt – zumindest immer für die Gegenseite. Religiöse Identitäten »hat« man jedenfalls auf eine stärkere Weise als politische Überzeugungen, die man auch ablegen kann.

Gewiss, auch der moderne Nationalismus predigte einen identitären Essentialismus – wer als Deutscher, Franzose oder Ire geboren wurde, dem wurden spezielle Charakterzüge zugeschrieben und den Nationen als Ganzes ein »Volkscharakter«, der sich gegen den »Volkscharakter« anderer Nationen aufhetzen ließ. Doch mit der Globalisierung wird der Bezugsrahmen des Nationalen porös. Jetzt zieht mit der politisierten Religion ein neuer Identitätswahn in die Politik ein. Nach der Art: »Die Moslems sind eben so.« Oder: »Die sind gegen uns, weil wir Moslems sind.« Oder: »Der Westen will den Islam unterdrücken.« Die Sache wird noch komplizierter, weil Migration und Globalisierung einen »Zusammenprall von emotionalisierten Öffentlichkeiten auf einer globalen Bühne« (Gustav

Seibt in der *Süddeutschen Zeitung*) nach sich ziehen. Da gibt es »den Westen« und »die islamische Welt« – aber da gibt es auch die muslimischen Immigranten-Communities in den westlichen Gesellschaften und gleichzeitig die kulturelle Präsenz des Westens in der muslimischen Welt. Muslimische Extremisten tragen den Terror in die Metropolen des Westens, der antwortet mit einem globalen »Krieg gegen den Terror«. Bilder, schrieb die Hamburger *Zeit* in einer schönen Wendung, haben da »die Reichweite von Interkontinentalraketen«. Wenn in Grosny islamische Radikale ein Blutbad unter Schülern anrichten, wird von türkischstämmigen Deutschen erwartet, dass sie sich »wegen Tschetschenien distanzieren«, und nur wenige haben Witz und Ironie genug, wie Hilal Sezgin anzumerken: »Ich dachte, ich mache mich ja lächerlich, wenn ich mich irgendwo hinstelle und sage: ›Hört alle her, ich bin dagegen, dass man Kinder erschießt!‹«[146] Wenn in Rom ein durchgeknallter Minister den Islam angreift, dann gibt es in Tripolis Tote. Wenn ein dänisches Provinzblatt Anti-Mohammed-Karikaturen druckt, finden in Teheran wüste Demonstrationen statt. Wenn die Hamas in Palästina Wahlen gewinnt, richten sich auf den Bart- und Jellabahträger im Baumarkt in Wien-Favoriten skeptische Blicke. Antiwestliche Filme, in der Türkei produziert, werden in Berlin-Neukölln zu Kassenschlagern. Der Takt der Verstörungen beschleunigt sich rasant. Das konfrontative Arrangement hat einen Sog, der auch die Moderaten auf beiden Seiten verschluckt. Im Karikaturenstreit liefen viele muslimische Fromme auf das Feld, das die Extremisten bestellt hatten, und in westlichen linksliberalen Kreisen gehört es längst zum guten Ton, zu bekunden, »wir« müssten unsere Werte, unsere zivilisatorischen Errungenschaften gegen »sie« verteidigen.

Wenn zwölf Karikaturisten Cartoons zeichnen, kritzelt gewissermaßen der gesamte Westen mit. Wenn deklassierte türkische Jungs am Schulhof für Rambazamba sorgen, dann ist nicht ihre soziale Lage daran schuld oder die kriminellen Versäumnisse in der Integrationspolitik, sondern »der Islam« – »sie« passen einfach nicht zu »uns«. Lahore, Solingen, Gaza – egal, da wird kein großer Unterschied mehr gemacht. Und umgekehrt: Wenn ein gewalttätiger Junkie in Bremen seinen Sohn erschlägt, dann ist das in Teheran Stadtgespräch – und man ist sich einig, dass man Gott sei Dank mit dieser dekadenten westlichen Kultur nichts zu tun hat. Dabei ist die Behauptung doch leicht übertrieben, dass jeder Bürger westlicher Gesellschaften Heroin spritzt und gewohnheitsmäßig seine Kinder totprügelt. Für viel zu viele Muslime geht alles, was schiefläuft in der Welt – und besonders in der islamischen Welt –, auf das Konto einer westlichen Verschwörung, die den Islam unterdrückt, seine religiösen Gefühle vorsätzlich verletzt, die Traditionen der Muslime mit kommerziellem Teufelszeug vernichtet und die Rohstoffe aus ihren Ländern plündert. Die Argumente, die vorgebracht werden, gehen die fröhlichsten Mischungen ein. Auf der einen Seite vermengen sich die Demütigungsgefühle der muslimischen Welt im Allgemeinen, der als Bürger zweiter Klasse gehaltenen Migranten-Communities im Besonderen mit dem antiwestlichen Furor der Fundamentalisten. Auf der anderen Seite haben wir den liberalen Freiheitsdiskurs von Menschenrechten und Meinungsfreiheit – der heutzutage vom arroganten Herrenreitergestus westlicher Überlegenheitsrhetorik gelegentlich nur mehr schwer zu unterscheiden ist. Man trägt die eigene Liberalität als Pose vor sich her, um die Zurückgebliebenheit der anderen zu behaupten.

Auch in feinsinnigen Schichten ist es wieder ganz üblich geworden, das Abendland in Gefahr zu wähnen. Im Frühjahr 2007 brachte etwa der Hamburger *Spiegel* ein Heft mit einer haarsträubenden Titelstory auf den Markt: »Mekka Deutschland« prangt da in dicken Lettern über einem Bild, das das Brandenburger Tor zeigt – bedrohlich von einem

Halbmond überschattet. Im Blatt wird voller Angstlust gefragt: »Haben wir schon die Scharia hier?« Der ganze Report – ein einziger journalistischer Panikanfall.

Wenn über Muslime geschrieben oder gesprochen wird, dann hört sich das heutzutage in etwa so an: Sie verachten unseren Laizismus, haben keinen Sinn für Ironie und verpuppen sich in Parallelgesellschaften, in denen die Menschenrechte nichts gelten, wickeln ihren Frauen hässliche Tücher um den Kopf, verprügeln und vergewaltigen sie gewohnheitsmäßig, und es ist allgemeine Übung, dass Brüder ihre Schwestern erstechen, wenn die gegen die Scharia verstoßen. Was exakt so abgeht in der Parallelgesellschaft, weiß man zwar nicht so genau, aber gerade das macht die Sache unheimlich und bedrohlich. Und all das geschieht, weil »wir« so tolerant sind, ist mehr und mehr zu hören. Multikulturalismus, das ist doch eigentlich nur eine »verkehrte Toleranz«, die »Feigheit der Zivilgesellschaft« (Dirk Schümer in der *Frankfurter Allgemeinen Zeitung*). Die Toleranz ist nichts anderes als eine fahrlässige »Kultur des Duldens« (so der niederländische Publizist Paul Scheffer im *Standard*). Selbst der bedächtigste Kommentator kommt ohne eine dramatische Distanzierung von der Toleranz nicht mehr aus. Motto: Ab jetzt wird ganz fest hingeschaut!

All das ist nicht ganz verkehrt: Es gibt arrangierte Ehen, die Generationenkonflikte in Immigrantenfamilien sind – vornehmlich zwischen Vätern und Töchtern – schroff, es wuchert unter zukunftslosen Kids der zweiten und dritten Einwanderergeneration eine Mixtur aus Street-Fighter- und Islamismus-Jargon, und viel zu viele sind für die Parolen der Bin-Laden-Leute empfänglich. Die Toleranz war schon immer mit dem kniffligen Problem konfrontiert, den Intoleranten intolerant begegnen zu müssen, ohne selbst zu einer Form der Intoleranz zu werden. Und doch: der Ton! Unwillkürlich stellt man sich beim Lesen vor, mit welcher Verachtung die publizistischen Frontkämpfer das

Wort »Toleranz« aussprechen: Niemand mehr mag es in den Mund nehmen, ohne auszuspucken. Toleranz, das ist: Feigheit vor dem Feind; nur etwas für Weicheier, die sich, wenn sie dem Unrecht begegnen, als Erstes die Augen zuhalten.

Es schaukelt sich hoch, entsprechend dem Reizreaktionsschema, wobei schon lange nicht mehr klar ist, was der Reiz, was die Reaktion ist. Ohnehin ist das das Dilemma: Die einen rufen, der Terror ist das Problem – die anderen insistieren darauf, ohne Unterdrückung und westliche Arroganz hätte es den nie gegeben. Alle sind da von vornherein auf der sicheren Seite, bis oben voll mit der auftrumpfenden Gewissheit, dass die anderen schuld sind. Da wird in hohem Ton die Verteidigung der liberalen Werte gegen die »islamofaschistische« Bedrohung beschworen – aber auf eine so aufbrausend aggressive Weise, die diese liberalen Werte selbst dementiert.Und dass auf der Seite dieses pervertierten westlichen »Liberalismus« auch faschistische Juden stehen, die Israels Siedlungspolitik vorantreiben, oder christliche Fundamentalisten, die den US-»Krieg gegen den Terror« unterstützen, macht die Sache der militanten Liberalen – der »Liberalmilitanten« – auch nicht gerade glaubwürdiger. Kaum jemand fragt sich, wie die Stigmatisierung einer ganzen Bevölkerungsgruppe auf der anderen Seite ankommt. Nichts ist zu absurd in einer solchen überhitzten Atmosphäre. Da ist der unvermeidliche niederländische Romancier Leon de Winter, der gegen die »multikulturelle Senkgrube« anschreibt und gegen anatolische oder arabische Brautleute herzieht, die in Westeuropa ankommen, »türkisch oder arabisch abgefasste Formulare ausfüllen, um Sozialhilfe zu beantragen, und danach in ihrem eigenen subventionierten Ghetto verschwinden«. Schon ist in Kreisen amerikanischer Strategieplaner vom »vierten Weltkrieg« die Rede (der Kalte Krieg wird als dritter verbucht). »Die Masse der Frommen«, dröhnt der deutsche Gewaltforscher Wolfgang Sofsky in der *Welt*, »will ihrer ungläubigen Todfeinde habhaft werden, will sie schächten und verbrennen. Sie hat den Westen insgesamt im Visier.« Von der anderen Seite aus gesehen stellt sich das dann so dar: »Araber und Muslime werden im Westen gewohnheitsmäßig als grausame, böse, korrupte Kameltreiber porträtiert, die nichts mit der westlichen Zivilisation gemein haben«, schreibt Ayman El-Amir im ägyptischen Wochenblatt *al-Ahram-Weekly* und proklamiert, dass die »antiarabischen, antimuslimischen Vorurteile Teil der westlichen Kultur geworden« seien.

In den Köpfen der Muslime nistet sich das Ressentiment gegen den Westen ein – und sei es nur, weil sie als Muslime unter Generalverdacht gestellt werden. Und in den Köpfen der Westler wächst die Überzeugung, dass »unsere« christlich-jüdische, abendländische Kultur doch »anders« ist als »ihre Kultur«. Da blickt man plötzlich mit anderen Augen auf den Türkenbuben am Fußballplatz. Die Welt wird sortiert. Die kulturelle Überlegenheitsrhetorik ist, wie je, Ausdruck von Ohnmacht und Bedrohungsfantasien. Angstlust herrscht auf beiden Seiten. Voll schaudernder Wollust fragt sich der Dramatiker Botho Strauß im *Spiegel* etwa, was denn sein werde, wenn der »zur Mehrheit tendierende Anteil der muslimischen Bevölkerung« demnächst »unsere Toleranz« nicht mehr brauche – sondern wir die seine? Wenn sich Identitäten bedroht fühlen, dann hat der Irrsinn seine schönste Zeit. Ist er das nun also, der Kampf der Kulturen, den der US-Politologe Samuel Huntington schon vor eineinhalb Jahrzehnten prophezeit hat? Bereits im Sommer 1993 hat Huntington vorausgesagt, künftig »werden die großen Zerwürfnisse und Konfliktgründe kulturell« sein. Globale Politik würde vom »Zusammenprall der Zivilisationen« – dem »Clash of Civilisations« – bestimmt, eine Wendung, die den Autor berühmt machte und seinem Essay im US-Politikplaner-Magazin

Foreign Affairs auch den Titel gab.[147] Es war ein seltsam schillernder Text: hellsichtige Prognose, kühle Bestandsaufnahme auf der einen Seite; eine Beschwörung auf der anderen Seite. Gewiss war Huntington, der konservative Denker, im Innersten selbst davon überzeugt – wie die Akteure des von ihm beschriebenen Kulturkampfes –, dass die großen Weltkulturen, getrennt entlang religiöser Grenzen, tatsächlich nicht zusammenpassen. Er analysierte den identitären Diskurs – und war selbst schon Teil von ihm. Dies machte seinen Text zu einer Provokation. Mit einem Wort: Die These vom Kampf der Kulturen macht etwas sichtbar – aber sie ist selbst schon Teil dieses Kampfes. Sie ist, wie der deutsche Essayist Nils Minkmar so schön schrieb, »eine intellektuelle Kippfigur: Wenn man die Kulturkampfdoktrin einmal im Sinn hat, deutet man alle Ereignisse nach diesem Muster.«[148] Da ist dann schon der Beschreiber ein Mittuer. Die Beschreibung muss das freilich nicht falsch machen.

»Die Angehörigen der verschiedenen Zivilisationen haben unterschiedliche Ansichten über das Verhältnis von Gott und den Menschen, den Individuen und den Gemeinschaften, den Bürgern und dem Staat, Eltern und Kindern, Männern und Frauen und ebenso sehr verschiedene Auffassungen über das richtige Verhältnis von Rechten und Pflichten, Freiheit und Autorität, Gleichheit und Hierarchien«, schrieb Huntington. Diese seien über Jahrhunderte gewachsen. Gleichzeitig werde »die Welt kleiner«. Menschen unterschiedlicher Kulturen haben mehr miteinander zu tun, ihre Interaktion wird intensiver. Dies nivelliert die kulturellen Differenzen aber nicht, sondern »verstärkt das Bewusstsein der kulturellen Differenzen«. Hinzu komme noch, dass die wirtschaftliche Modernisierung einen Bedeutungsschwund der Nationalstaaten nach sich ziehe, sodass die »geschwächten Nationen als Quelle der Identität« ausfallen, schrieb Huntington. Die Religion würde wieder als Grundlage der Identität entdeckt. Eine »Rache Gottes« gewissermaßen.

Weil der Westen am Höhepunkt seiner Macht steht, zieht er das Ressentiment der nicht westlichen Zivilisationen nach sich. Weil die klassischen Ideologien und politischen Rhetoriken an Ansehen verloren haben, mit Hilfe derer die Underdogs in den Jahrzehnten davor gegen die Herren der Welt revoltierten, griffen sie zunehmend zum religiösen Vokabular, wandten sie sich vermeintlichen kulturellen Wurzeln zu. »Sozialismus«, »Nationalismus«, »Postkolonialismus«, all das waren in den vergangenen hundert Jahren Strategien der Unterprivilegierten, gegen die westliche Dominanz aufzubegehren – doch alle diese Strategien haben an Legitimation verloren. Der »Sozialismus« ist zusammengebrochen, der »Nationalismus« in der Dritten Welt hat an Anziehungskraft eingebüßt, weil die säkularen Führer sich als korrupt und unfähig erwiesen, und der »Postkolonialismus« endete in Katerstimmung, weil er zwar unabhängige Staaten etablierte, aber an der Unterentwicklung nicht viel änderte. Die Religion ist da die einzig verbliebene Ressource zur Gemeinschaftsbildung. Aber mit ihr zieht eine neue Unbedingtheit ein, ein Bewusstsein unüberbrückbarer Differenzen. Die alten Ideologien imaginierten noch universelle Werte, auf die sich zumindest theoretisch alle Menschen einigen hätten können – die globale Gleichberechtigung souveräner Nationen etwa oder die Etablierung eines sozialistischen Weltsystems. Diese Konfliktkonstellationen sahen im Gegner nicht notwendigerweise einen »ewigen Feind«, keinen Antipoden für immer. Wenn ethnisch-religiöse Vorstellungen dominant werden, ist das freilich anders. Dann wird die Welt nach einem neuen Raster interpretiert: »Wir« gegen »Sie«.

Es kommt gar nicht so sehr darauf an, ob dieses Interpretationsmuster »richtig« oder »falsch« ist. Auch die nicht westlichen Kulturen sind längst keine authentischen Gemeinschaften mehr, und sogar der militante Islam hat, wie wir gesehen haben, mehr als nur Anleihen bei modernen westlichen Ideologien genommen. Die realen Kulturen des Islam werden nicht nur durch die westliche Globalisierung, sondern durch ebenso mächtige Homogenisierungstendenzen des Islamismus bedroht. Und man kann gewiss einwenden, dass kaum jemand so zentral durch seine Religion geprägt ist. Aber auf alle diese Einwände kommt es nicht an. Denn der identitäre Diskurs selbst stellt her, was er beschreibt. Und Identitäten sind nie etwas Festes, sondern Produkt eines Verhältnisses. Der Westen feiert seine eigene Fortschrittlichkeit, indem er auf die Barbarei der anderen verweist. Und umgekehrt gilt ohnedies: Wenn die Islamisten den Westen nicht hätten, müssten sie ihn glatt erfinden. Wenn man nur lange genug die globalen Konflikte als religiös-kulturelle Kämpfe beschreibt, dann wird es sie auch geben. Kurzum: Wenn man den Clash of Civilisations beschwört, dann kriegt man ihn am Ende auch.

Die Menschen werden unter Absehung aller ihrer konkreten individuellen Eigenschaften in einander gegenüberstehende, im besten Falle nebeneinanderher lebende Lager getrieben – das ist der Witz des identitären Diskurses, ein Witz freilich, an dem nichts lustig ist. Dass die westliche Kultur sich gar nicht als »Kultur« sieht, sondern als Fackelträger universaler Werte, macht die Sache nicht einfacher. Dies führt, im Gegenteil, nur dazu, dass die Fürsprecher eines militanten Liberalismus, die dafür trommeln, den zurückgebliebenen Muslimen die westlichen Werte einzutrichtern, sich mit dem Gestus fordernden Eiferertums an ihre Antipoden wenden und sich dann wundern, dass diese in Abwehrstellung gehen, sich einpanzern und abkapseln.

Es ist eine seltsame Art identitärer Konflikte: Die eine Seite behauptet ihre religiöse Identität und verteidigt ihre »Wurzeln«, während die andere Seite gar nicht begreift, dass sie selbst eine Kultur ist. Sie versteht sich nicht als »Kultur«. Als Kultur, die gewonnen hat, sieht sie sich als Universales, während die »Kulturen« doch das Partikulare repräsentieren. Von denen wird in kaum übersehbarer Herablassung verlangt, dass »sie« wie »wir« werden. Außer in jenen Fällen, wo man die Andersheit akzeptiert, weil man sie als Lokalkolorit braucht, für touristische Erlebnisse etwa. Dabei liegt das Problem gerade in dem Gewicht, das ethnisch-religiösen Identitäten heute zugeschrieben wird – und zwar von beiden Seiten. Noch in den freundlicheren Ausprägungen äußert sich das auf entlarvende Weise. So hält der Multikulturalist das Recht der Einwanderer-Communities hoch, nach ihrer Tradition zu leben – er würde das auch bei bunt bemalten Ureinwohnern abgelegener Südseeinseln so halten –, und er schreibt noch den seltsamsten Praktiken irgendeine Würde zu, sofern sie sich nur als religiöse Traditionen legitimieren lassen. Er glaubt, dass die Vielfältigkeit und Buntheit der Welt geschützt wird, wenn Eltern ihre Kinder gemäß ihrer Tradition erziehen können, auch wenn das oft im Endeffekt auf eine recht schmerzliche Einschränkung der Selbstbestimmung der Kinder hinausläuft. Der westliche Multikulturalist hätte es auch schwer, anders zu argumentieren, solange im angeblich säkularen Westen die eingesessenen Religionen, allen voran die christlichen Kirchen, selbst noch ihren Einfluss auf die Kindererziehung, auf Familien- und Schulpolitik behaupten und diesen sogar weiter ausbauen – sei es bei der Erstellung von Schulplänen, sei es bei der Regelung im Bereich der Medizinethik und der Forschungspolitik (Stammzellendebatte). Wie schließlich wollte man wahabitischen Frömmlern untersagen, was man Mormonen oder Zeugen Jehovas wie selbstverständlich einräumt? Wie kann man anatolische Paschas kritisieren, die ihre Töchter ohne männliche Verwandte nicht aus dem Haus lassen wollen, solange man es als Selbstverständlichkeit und Privatsache ansieht, dass drei-, vier-, fünfjährige Christenkinder in die religiösen Riten unterwiesen werden, denen ihre Eltern anhängen, auch wenn die eine frömmlerische Glaubensstrenge pflegen? Diese kniffligen Fragen sind prinzipieller Natur und erledigen sich keineswegs durch den Umstand, dass solche Frömmler unter europäischen Christen heute eine verschwindende Minderheit stellen – die von ihren weniger glaubensfesten Mitbürgern in der Regel als Sonderlinge belächelt werden.

Wie lächerlich die auch immer sein mögen – ihre Kinder haben oft nichts zu lachen.

Noch die Versuche, die »kulturellen« Konflikte zu entschärfen, sind von dem Ungeist infiziert, der den Religionen eine wachsende Bedeutung für die öffentlichen Dinge zuweist: Wenn es denn kracht zwischen Angehörigen verschiedener Communities, wird in schöner Regelmäßigkeit nach einem »Dialog der Kulturen« gerufen, ein veritabler Reigen von Dialogveranstaltungen ist dann die Folge, bei der die religiösen Vertreter ihren fixen Platz haben. Dann sitzen christliche, muslimische, jüdische religiöse Würdenträger zusammen und unterhalten sich darüber, wie das religiöse Leben friktions- und vorurteilsfreier zu gestalten wäre. Kaum jemand fragt, wieso ausgerechnet die religiösen Repräsentanten dafür besonders geeignet sein sollten – oder ob das nicht ein bisschen so ist, als würde man den Bock zum Gärtner machen. Ja, mehr noch: Auch säkulare »Muslime«, »Christen« oder »Juden« werden ihrer kommunitären Zugehörigkeit wegen eingeladen, was noch bei den Nichtreligiösen den religiösen Aspekt der Identität überbetont, anstatt den multiplen Quellen moderner Identität mehr Gewicht zu verleihen. So ist es heute ganz üblich geworden, dass sich sogar progressive Muslime in liberalen Muslimenorganisationen zusammenschließen, deren Botschaft in aller Regel lautet: »Wir Muslime sind gar nicht so!« Dabei besteht das eigentliche Hauptproblem darin, dass sie auf ihre Identität als Muslime reduziert werden und sich darauf auch reduzieren lassen. All das hat bedeutende Auswirkungen für das ideologische Kraftfeld, auf dem sich die Menschen selbst verorten, aber auch ganz praktische Resultate. So sind die religiösen Communities oft diejenigen, die mit staatlichen Subventionen bedacht werden und diese weiterverteilen. Ethnisch-religiös ungebundene Jugendgruppen haben oft keine Chance, an staatliche Gelder heranzukommen oder bloß Räume für Partys oder Proberäume für Bands zu bekommen. Wenn sie Ressourcen für ihre Aktivitäten erhalten wollen, müssen sie sich als »religiös« – etwa »muslimisch« – definieren. Sie werden als »Communities« angesprochen und als »kulturelle Gruppen« imaginiert. »Dort, wo es dem Staat nicht gelingt, politische Lösungen für gesellschaftliche Missstände und Konflikte anzubieten, greift man auf den Islam als Ordnungsmacht zurück. Anstelle von Boxlehrern und Streetworkern wurde damit plötzlich den örtlichen Imamen die prestigeträchtige Rolle des Schlichters angetragen«, schreibt der Migrationsexperte Götz Nordbruch über die Schwerpunktsetzung der französischen Politik. Auch in Deutschland zeichne sich ab, dass »stärker auf Moscheen und islamische Kulturvereine zugegangen wird, um diese mit Ordnungs- und Versorgungsfunktionen zu beauftragen«. Nordbruchs Warnung: »Der Islam ist nicht die Lösung.«[149] Der weltanschaulich neutrale, säkulare Staat fördert so eine Dynamik, die er eigentlich entschieden bekämpfen müsste. Es gibt hier, wie der Ethnologe Gerd Baumann fatalistisch schrieb, eine regelrechte Konvergenz »von Muslim-Bashern« und »Muslim-Funktionären«. Denn beide sind sich darin einig, dass es eine homogene »muslimische Community« gibt.[150]

Im öffentlichen Diskurs, schreibt die Philosophin Seyla Benhabib, hat die »Darstellung kultureller und religiöser Differenz ganz erhebliches Gewicht«[151] gewonnen, wobei zwischen »Religion und Kultur« kaum mehr unterschieden werden kann – Religion, Brauchtum, Kultur, Ethnizität kollabierten förmlich ineinander. Das Ergebnis, so Benhabib, sei eine »reduktionistische Soziologie der Kultur«, in der Kulturen »als eigene Entitäten« verdinglicht werden, indem deren »Abgegrenztheit und Geschlossenheit« überbetont und die »innere Homogenität von Kulturen« überschätzt werde, was wiederum den repressiven Forderungen nach Gruppenkonformität in die Hände spiele.[152]

Die Diskurse, kurzum, sind gefangen in einer regelrechten Identitätsfalle. Es war der Wirtschaftsnobelpreisträger und Harvard-Professor Amartya Sen, der jüngst in einer Streitschrift diese eindimensionalen Zuschreibungen attakkiert hat. Sen, heute einer der bedeutendsten Gelehrten der Welt, hat als elfjähriger Junge in Indien ethnische Unruhen zwischen Hindus und Moslems miterlebt. Sen sah damals seinen ersten Mord. Seither weiß er, wie schnell es gehen kann, dass Menschen, die heute noch nicht zu sagen vermögen, was sie von ihrem Nachbarn unterscheide, morgen in ihm schon den radikal anderen sehen. Sen hält dem entgegen: Menschen waren noch nie einfache Produkte ihres kulturell-religiösen Herkommens – und sind es heute weniger denn je. Mit einer solchen monokausalen Deutung missverstehe man die Menschen und die Welt. Jeder von uns ist Angehöriger einer Vielzahl von Gruppen. Niemand ist in einem derart trivialen Sinn »Moslem«, »Hindu«, »Westler«, »Christ« oder »Asiate«, wie es das Postulat vom »Kampf der Kulturen« unterstellt, beharrt Sen. Jeder Mensch, mag er noch so simpel gestrickt sein, hat »plurale Identitäten«[153]. Unser Leben ist nicht nur Schicksal, auch unsere Identität unterliegt »freier Wahl«[154]. In Wirklichkeit, so Sen, »treffen wir alle – und sei es auch nur stillschweigend – ständig Entscheidungen über die Prioritäten, die wir unseren verschiedenen Zugehörigkeiten und Mitgliedschaften beimessen«[155]. »Fremde Kulturen«, von außen scheinbar aus einem Guss, sind in sich selbst heterogen. Aus der Entfernung betrachtet, gibt es »Österreichertum«. Von innen her gesehen habe ich mit Ewald Stadler kaum etwas gemein. Aus der Entfernung betrachtet gibt es eine »deutsche Kultur«. Aus der Nähe betrachtet haben ein Kreuzberger Autonomer, ein Frankfurter Banker und ein sächsischer Skinhead nicht sehr viele Gemeinsamkeiten.

Die erste Schwierigkeit der These vom Kampf der Kulturen, insistiert Sen, besteht also schon in der Fragwürdigkeit, »ob es überhaupt möglich und signifikant ist, Menschen nach den Kulturen zu klassifizieren, denen sie angeblich ›angehören‹. Diese Frage ergibt sich lange vor den Problemen, die wir mit der Ansicht haben, die solchermaßen in Schubladen diverser Kulturen sortierten Menschen müssten sich irgendwie in einem Gegensatz zueinander befinden.«[156] Sens Plädoyer ist eine einzige Absage an das Konzept der Identitäten und an den Reduktionismus, der mit ihm verbunden ist. Immer wieder verweist er auf die Fragwürdigkeit, dass selbst wohlmeinende Zeitgenossen Einwanderer stets als Mitglieder ihrer Community oder religiösen Ethnizität ansprechen und nicht als Bürger ihres eigenen Gemeinwesens. Im Umkehrschluss betonen auch viele Muslime, sie seien doch friedfertige Menschen, und beweisen das mit Koran-Suren, die Toleranz und Gewaltfreiheit predigen. Schon diese Form der Zurückweisung bestätigt in einem gewissen Sinn den identitären Wahn, indem sie die religiös-kulturelle Identität gegenüber allen anderen Ressourcen personaler Identität überbewertet.

Was heute als »Krieg gegen den Terror« verkauft wird, ist meist eine Unterstützung des Terrors – die identitären Fronten werden verhärtet statt durchlöchert. Muslimische Migranten werden auf ihre muslimische Identität reduziert und gleich zu potenziellen Terroristen gestempelt und müssen sich zwei Minuten später fragen lassen, warum sie sich nicht integrieren. Ja, warum wohl? Die Rede von den kulturellen Identitäten ist selbst schon Wasser auf den Mühlen der Radikalen. Wobei sie, man soll das nicht vergessen, von den Religionen selbst im Konkurrenzkampf um neue »Marktchancen« genützt wird. Da ist von der christlichen Identität Europas die Rede, die sich mit der muslimischen Identität nicht vertrage. Je schärfer die Abgrenzung, je härter die klare Innen-/Außen-Unterscheidung, desto größer die Bindewirkung, desto geringer die Gefahr, dass Glaubensschwache in einem wachsenden Niemandsland zwischen den Communities verloren gehen. »Überall in modernen pluralistischen Gesellschaften wird die Botschaft verkündet: Du musst dein Profil schärfen, deine Identität sichtbar machen, du musst Alleinstellungsmerkmale betonen«, sagt der Münchner Moraltheologe Friedrich Wilhelm Graf. »Das kennen wir aus der Welt der Ökonomie, und im Konkurrenzkampf der Religionen passiert derzeit im Grunde nichts anderes. Die meisten setzten auf harte Abgrenzung – auch viele christliche Akteure. Das ist religiöser Globalisierungsdruck.«[157]

Warum haben die Muslime den Koran so lieb?

Liberale Juden und Christen haben mit ihren heiligen Büchern zumindest einen Vorteil. Diese gelten nicht als »Wort Gottes« in dem Sinn, dass behauptet würde, sie seien von Gott geschrieben. Juden und Christen gehen davon aus, dass ihre heiligen Schriften von Gott inspiriert seien. Zwar meldet sich Gott auch in direkter Rede zu Wort, aber das ist immer von irgendwelchen Menschen zusammengetragen und aufgeschrieben – und damit von anfechtbarer Autorität. Die Muslime haben da ein Problem: Für sie ist der Koran tatsächlich in einem eminenten Sinn »Wort Gottes«. Gott habe Mohammed den Koran »ins Herz geschrieben«, der Erzengel Gabriel habe dem Propheten das Wort dann offenbart – sozusagen mit ihm einstudiert, was in seinem Herzen schon geschrieben stand. Und das natürlich auf Arabisch.

Für die Muslime ist eine »kritische Lektüre« des Korans also ziemlich undenkbar – wer das versucht, ist schon kein richtiger Muslim mehr. Der Koran ist nicht einfach ein »Heiliges Buch«, sondern ein richtiggehender Gottesbeweis. Mohammed hat keine Kranken geheilt und auch kein Brot vermehrt, das »Wunder« des Islam ist der Koran selbst. Schließlich soll Mohammed ja sehr ungebildet gewesen sein, des Lesens und Schreibens kaum mächtig. Wie also hätte so jemand ein solches Buch schreiben sollen? Eben. Da musste Gott direkt im Spiel sein. Die Annahme, Mohammed sei Analphabet gewesen, ist dabei reichlich unglaubwürdig – schließlich war er der Geschäftsführer der Karawanserei seiner Ehefrau Chadidscha, also wird er schon ein wenig lesen und rechnen gekonnt haben. Aber egal, solche Logik hat Frömmler noch nie außer Tritt gebracht.

Im Zusammenhang damit steht die besondere Schönheit, die die Muslime der Sprache des Koran zuschreiben. »Die unnachahmliche – und unübersetzbare – Schönheit des heiligen Korans«, schreibt Otto Kallscheuer, mache diesen zum »einzigen Beglaubigungswunder« des Propheten. Navid Kermani spricht von einem »ästhetischen Gottesbeweis«. Zum Koran Bekehrte sollen nicht selten solche und ähnliche Sätze ausgerufen haben: »Ich bezeuge, dass nichts Geschaffenes in der Lage ist, eine solche Rede hervorzubringen.« Deswegen lernen viele Muslime den Koran auswendig, rezitieren seine arabischen Verse – oft ohne dass sie überhaupt Arabisch können! Schon dann fühlen sie sich irgendeiner Heiligkeit nahe. Übersetzungen stehen sie skeptisch gegenüber. Und Quellenkritik sowieso. Wenn Forscher sich mit der historisch-kritischen Methode auch an den Koran heranmachen, werden selbst moderate Muslime kirre. Dann klingen sie so: »Wie wir Muslime wissen, stellt der Koran Allahs (swt*) offenbartes Wort dar. Die Verse des Koran wurden wortwörtlich dem Propheten Mohammed (s.a.s.*) durch den Erzengel Gabriel übermittelt. Diese wurden sowohl mündlich als auch schriftlich überliefert und sind bis heute in ihrer Urform erhalten. Dies ist das Buch des Islams, der wahren Religion, welches Allah (swt*) bis ans Ende der Tage für alle Welt als Leitung erhält.«

* swt: Ehre und Preis sei mit ihm.

* s.a.s.: Allah schenke ihm Frieden und Heil.

Achtes Kapitel

Bad Religion

Marx hatte unrecht: Die Religionen sind nicht das »Opium des Volkes«. Sie sind das Aufputschmittel.

Eine regelmäßige Powerstation
Kardinal Christoph Schönborn über die Beichte

Der Kinderbuchautor und Dichter Erich Kästner war ein Mann von der Art, die man heutzutage »politisch sehr korrekt« nennen würde, ein »Gutmensch« avant la lettre gewissermaßen. 1930, bestimmt gegen Weihnachten herum, verfasste er ein Gedicht mit dem Titel »Dem Revolutionär Jesus zum Geburtstag«:

Zweitausend Jahre sind es fast,
seit du die Welt verlassen hast,
du Opferlamm des Lebens!
Du gabst den Armen ihren Gott.
Du littest durch der Reichen Spott.
Du tatest es vergebens!

Du sahst Gewalt und Polizei.
Du wolltest alle Menschen frei
und Frieden auf der Erde.
Du wusstest, wie das Elend tut
und wolltest alle Menschen gut,
damit es schöner werde!

Du warst ein Revolutionär
und machtest dir das Leben schwer
mit Schiebern und Gelehrten.
Du hast die Freiheit stets beschützt

und doch den Menschen nichts genützt.
Du kamst an die Verkehrten!

(…)

Die Menschen wurden nicht gescheit.
Am wenigsten die Christenheit,
trotz allem Händefalten.
Du hattest sie vergeblich lieb.
Du starbst umsonst. Und alles blieb
beim alten.

Was Kästner sagen will, ist ganz offensichtlich: Jesus Christus war ein Revolutionär, der für Brüderlichkeit und Gleichheit unter den Menschen eingetreten ist und dessen Vermächtnis nie eingelöst wurde. Nicht zuletzt auch deswegen, weil die christlichen Kirchen diesen rebellischen Geist verraten, sich auf die Seite der Mächtigen geschlagen haben. Aber Haltungen wie die von Kästner haben auch einen Subtext: Eigentlich stecke in den Religionen das Potenzial, die Welt besser zu machen, sie seien eine Quelle zur moralischen Vervollkommnung unserer Gesellschaften. Die Überlieferungen der Propheten und die religiösen Schriften hätten einen Anspruch auf Gerechtigkeit in die Welt gebracht, eine Melodie gewissermaßen, die den Mächtigen, jenen, die für anhaltende Ungerechtigkeit verantwortlich sind, vorgespielt werden könne. Kurzum: Die Religionen mit ihrem hohen moralischen Anspruch sind Ressourcen, auf die moralische Menschen zurückgreifen können, wenn sie die Welt besser machen wollen.

Aber stimmt das auch? Na ja, ganz falsch ist das bestimmt nicht, wie man bis in unsere Tage sieht: Wenn immer es darum geht, Unrecht anzuprangern, Fremdenfeindlichkeit zu verurteilen, aber auch ganz konkret denen zu helfen, die »mühselig und beladen« (Matthäus 11,28) sind, dann ist auf Organisationen wie etwa die katholische Caritas Verlass. Die professionellen und ehrenamtlichen Helfer sind unermüdlich im Einsatz, Obdachlosen ihr Schicksal erträglicher zu machen, bei Katastrophen vor Ort Unterstützung zu bieten, sie sind in der Flüchtlingshilfe aktiv, betreiben Hospize und helfen den Ärmsten. Und sie kurieren nicht nur an den Symptomen herum, sondern sie erheben oft auch ihre Stimme, damit eine kaltherzige Politik geändert wird und gar nicht erst so viele ins Elend abrutschen. Man will sich eine Gesellschaft gar nicht vorstellen müssen, in denen es an solchen Akten der Solidarität mangelt.

Manche der eindrucksvollsten Gestalten der Geschichte, auch der jüngeren, waren vom Glauben motiviert – man denke nur an den schwarzen Pastor Martin Luther King, den charismatischen Anführer der Bürgerrechtsbewegung in den USA, der mit seiner gewaltlosen Bewegung gegen die ethnische Segregation die sichtbarsten Auswüchse des Rassismus und die Folgen der Sklaverei bekämpfte. Auch im Widerstand gegen die Barbarei des Nationalsozialismus haben sich gläubige Menschen heldenhaft verhalten, wie etwa der protestantische Theologe Dietrich Bonhoeffer, der noch im April 1945 hingerichtet wurde, oder die Geschwister Scholl, deren Widerstandsgruppe »Weiße Rose« christlich motiviert war. Tatsächlich haben sich solche Streiter wider das Unrecht immer auf einschlägige Stellen in der Bibel berufen können. »Was ihr getan habt einem von diesen meinen geringsten Brüdern, das habt ihr mir getan« (Matthäus 25,40), predigte Jesus und auch, dass eher ein Kamel durch ein Nadelöhr gehe, »als dass ein Reicher ins Reich Gottes komme« (Matthäus 19,24). Jesus verkündete »das Evangelium den Armen« (Ernest Renan).[158] Der überheblichen Selbstgewissheit, mit der auf Gestrauchelte und Gescheiterte hinabgesehen wird, erteilte er eine Absage, wie in der berühmten Episode aus dem Johannes-

Evangelium, in der er eine Ehebrecherin rettet, der die Steinigung droht, und zwar mit den berühmten Worten: »Wer unter euch ohne Sünde ist, der werfe den ersten Stein auf sie.« (Johannes 8,7) Aber nicht nur gegen Unterdrückung und soziale Ungerechtigkeit lässt sich mit religiösen Motiven argumentieren, sondern auch gegen Gewalt und Kriegslüsternheit: »Wenn dich jemand auf deine rechte Backe schlägt, dem biete die andere auch dar«, steht geschrieben, und: »Liebt eure Feinde und bittet für die, die euch verfolgen« (Matthäus 5,44).

Theologen wie der ehemalige Münsteraner Professor Johann Baptist Metz entwickelten ein System einer regelrechten »neuen politischen Theologie«, das darauf hinausläuft, dass die Kirche nicht nur ihre Soziallehre verkünden, sondern auch scharfe »Sozialkritik«[159] betreiben solle. Selbst der Umsturz ungerechter Verhältnisse müsse von einer solchen Kirche unterstützt werden, so Metz: »Wo ein gesellschaftlicher Status quo ebenso viel Ungerechtigkeit enthält, wie eventuell entstehen mag, wenn er revolutionär abgeschafft wird, da kann eine Revolution für die Gerechtigkeit und Freiheit ›der Geringsten unter den Geschwistern‹ auch im Namen dieser Liebe nicht unerlaubt sein.«[160] Für Metz besteht das Drama des Christentums darin, dass es seine jüdisch-messianischen Wurzeln abgeschnitten und die Heilserwartung ins Innere des Gläubigen verlegt hat – salopp gesagt, dass der Christ eher betet, als dass er aktiv die Welt verändert. Er hält dagegen: »So etwa sind die Parabeln Jesu Parabeln des Reiches Gottes und *gleichzeitig* Parabeln, die uns in ein neues kritisches Verhältnis zu unserer Mitwelt setzen.«[161] Die Christen, kurzum, sollen nicht ihr privates Heil suchen, es bräuchte vielmehr eine Kirche, die sich an Jesus ein Vorbild nähme, der den »tödlichen Konflikt mit den öffentlichen Mächten seiner Zeit« nicht scheute.[162] Christentum, wie Metz es sich wünscht, ist getragen von »Empathie für fremdes Leid«, organisiert von einer Kirche, die weiß, »was es heißt, ausgestoßen zu sein«.[163] Die Kirche wäre dann eine Art Revolutionspartei, die das Banner mit der Parole »Nächstenliebe« vor sich her trägt.

Auch die jüdische Thora und die Bücher der Propheten, vom Christentum als »Altes Testament« zugleich eingemeindet und historisiert, sind eine reiche Quelle moralischer Unterweisung. *Gutes nicht mit Bösem vergelten!*, *Sei deines Bruders Hüter!*, das sind Postulate, die sich tief in das kollektive Gedächtnis und die Moral der Menschheit eingegraben haben, und auch die Forderung, »du sollst deinen Nächsten lieben wie dich selbst«, steht nicht erst, wie mancher Christ selbstgerecht vermuten würde, in den Evangelien, sondern bereits im Dritten Buch Mose (3. Mose 19,18). Zentral für das Judentum ist die Erinnerung an die Zeit der Sklaverei: »So sollst du deinem Sohn sagen: Wir waren Knechte des Pharao in Ägypten, und der HERR führte uns aus Ägypten mit mächtiger Hand.« (5. Mose 6,21) Jährlich wird zu Pessach an diese Erfahrung erinnert. Jeder gedenkt ihrer, als wäre er selbst Sklave gewesen in Ägypten. Aber das ist nicht nur eine Erinnerung an das Geschick des Volkes Israel, sondern auch eine Forderung für alle Zeiten: »Wenn ein Fremdling bei euch wohnt in eurem Lande, den sollt ihr nicht bedrücken (…), denn ihr seid auch Fremdlinge gewesen in Ägyptenland.« (3. Mose 19,34) Wir haben gesehen, mit welch egalitärem Eifer die Propheten gegen die Mächtigen ihrer Zeit angingen: »Helft den Unterdrückten«, forderte der Prophet Jesaja (Jesaja 1,17). Die jüdischen heiligen Schriften, aufgezeichnet und redigiert nach der Katastrophe der Zerstörung des ersten Tempels, waren »von unten her« (Jacob Taubes) geschrieben – sie hielten ein Volk zusammen gegen fremde Obrigkeit, ein Volk, das, sei es in Sklaverei oder in Zerstreuung, zueinandergestanden ist. Sie sind so gesehen – was immer sie sonst noch enthalten mögen – Postulate eines Ideals, das sich immer an der traurigen Wirklichkeit brechen musste. Rebellen, die eine bessere Welt erträumten, konnten sich zu allen Zeiten aus diesem reichen Schatz bedienen.[164]

Mutatis mutandis gilt Vergleichbares auch für die muslimische Religion. Soziale Gerechtigkeit, wie wir heute sagen würden, ist ihr ein hoher Wert, und der Koran ist voll von Versen, die die Gläubigen verpflichten, von ihrem Reichtum abzugeben, damit auch jene etwas abbekommen, die es bitterer nötig haben. »Und was ihr spendet an Gutem, siehe, Allah weiß es.« (Sure 2,273) Die Verehrung, die die Muslime der Generation des Propheten und der ersten Kalifen entgegenbringen, ist auch getragen von der – gewiss fantasierten – Erinnerung an eine moralisch gute Ordnung einer Gemeinschaft ohne Selbstsucht, Eigennutz, Gewinnstreben, an eine vergangene Epoche egalitärer Gerechtigkeit.

Nicht selten kam es in der Geschichte deshalb vor, dass Gesellschaftskritiker, sogar dann, wenn sie Atheisten waren und mit den Religionen nichts am Hut hatten, diese rebellischen Energien der Religionen bewunderten und auf Koalitionen mit spirituellen Kräften hofften, wenn es ihnen darum ging, das Unrecht aus der Welt zu schaffen und der Gerechtigkeit den Weg zu bahnen. Von Thomas Müntzer, dem Theologen und Revolutionär aus der Zeit der deutschen Bauernkriege bis zur »Theologie der Befreiung«, die ihre Hoch-Zeit in Lateinamerika in den Siebzigerjahren des 20. Jahrhunderts hatte, gibt es eine reiche Tradition der Zusammenarbeit von religiösen und umstürzlerischen Kräften. Darauf hoffen auch heute noch – oder wieder – manche subversiven Denker. So seien die Religionen zwar für die reaktionärsten Herrschaftsformen auf diesem Globus verantwortlich, andererseits verfüge »die Religion noch immer über Texte mit enormer Sprengkraft«, meinte unlängst der linke britische Kulturtheoretiker Terry Eagleton. Deshalb könne die Religion »durchaus als Motor für eine materialistische Kritik« dienen. Eagleton: »Man darf nicht vergessen, dass die jüdisch-christliche Tradition nicht im Westen begonnen hat. Jesus kam aus einem Dritte-Welt-Land, zumal aus einer Kolonie des Römischen Reichs. Am Anfang war das Christentum die Religion der Armen und Exilierten.«[165]

Von einem ähnlichen Geist waren auch die seltsamen Texte durchweht, die der legendäre französische Philosoph Michel Foucault bereits 1978 schrieb, als sich im Iran der Sturm zusammenbraute, der dann im Sturz des Schahs Reza Pahlevi und im Sieg der »islamischen Revolution« mündete, angeführt vom charismatischen Ayatollah Ruholla Khomeini. »Das Problem des Islam als einer politischen Kraft ist für unsere Zeit und die kommenden Jahre von zentraler Bedeutung«, bemerkte Foucault schon erstaunlich früh.[166] Aber Foucault hat das nicht nur kühl analysiert, er war auch beeindruckt von dieser eigentümlichen »politischen Spiritualität«[167], von der das gesamte iranische Volk mit einem Mal ergriffen war. Der Islam scheine, gerade wegen seiner Strenge und Unbeweglichkeit, als »Zufluchtsort«[168], die schiitische Religion als »die Form, die der politische Kampf annimmt, wenn er breite Volksschichten erfasst«[169]. Foucault war fasziniert von der »Kraft des mystischen Stroms«[170], der zwischen Khomeini, »einem alten, seit fünfzehn Jahren im Exil lebenden Mann und seinem Volk fließt, das nach ihm ruft«. Khomeini ist der Fixpunkt »eines gemeinschaftlichen Willens«[171], schreibt Foucault. Die Religion stoße nun in das Vakuum vor, das die alten sozialrevolutionären Ideologien hinterlassen hatten, die in den muslimischen Gesellschaften ohnehin nie wirklich Wurzeln schlagen konnten: »Ich kenne mehr als einen nach unseren Kategorien ›linken‹ Studenten, der auf das Transparent, das er in die Höhe hielt, in großen Buchstaben die Forderung nach einem ›islamischen Staat‹ geschrieben hatte.«[172] Für manche Kritiker, die gerne in den

Feuilletons beckmessern, gelten Foucaults Texte aus dem Jahr 1978 als schlagendes Exempel der nihilistischen Verbohrtheit eines durchgeknallten Theoretikers, der, versessen nach geistigen »Grenzsituationen« und intellektuellen »Verschärfungen«, voller Verachtung auf die liberale Moderne, ein Loblied auf eine »politische Spiritualität« gesungen hatte, die nur wenige Wochen danach vor den Erschießungskommandos der »Revolutionswächter«, mit Handabhacken und Steinigen geendet hatte. Und man kann das diesen Kritikern angesichts der schrillen Begeisterung des Pariser Intellektuellen auch nicht verdenken. Dennoch ist Foucaults Instinkt für die revolutionäre Kraft, die der Islam in den dreißig darauffolgenden Jahren gewinnen sollte, faszinierend. Foucault hat da etwas gespürt, was fade rationalistische Geister nicht so leicht gewittert hätten. Mit der »islamischen Revolution« begannen die Religionen wieder das Vokabular für sozialrevolutionäre Aspirationen bereitzustellen – in der islamischen Welt, aber nicht nur in ihr. Ausbruchs- und Umbruchssehnsüchte werden zunehmend wieder in religiösem Jargon formuliert, und gerade wenn sie von einer »politischen Spiritualität« getragen sind, haben sie Kraft, haben sie Wucht. Nur zeigt das iranische Beispiel eben leider auch, wie eng der Grat ist: Religionen können das Aufbegehren moralischer Menschen gegen unmoralische Regime unterstützen, doch Freiheitsbewegungen münden schnell in neuer Unfreiheit und Rigorismus, wenn sie sich mit dem religiösen Eiferertum verbinden. Dies ist der Preis für die »Rückkehr der Religionen« in das öffentliche Leben. Sind die, die diese Renaissance feiern, wirklich bereit, diesen Preis zu bezahlen?

Die religiösen Schriften sind gewiss so etwas wie das Inhaltsverzeichnis der Vorstellungen, was ein moralisch gutes Leben ausmacht. Aber sie sind, weil sie ein Sammelsurium aller möglichen unvereinbaren Werte sind, mehr als das. Sie lehren das Eiferertum, und die Bibel wie der Koran strotzen vor Passagen, die das Hinschlachten der Ungläubigen, der Fremden, die Bestrafung der weniger Glaubensstrengen legitimieren. Die Bibel ist bestimmt ein bedeutendes Stück Literatur und die Lektüre des Koran ein ästhetisches Erlebnis, aber beides sind keine Bücher, die man seinen Kindern geben sollte, wenn man sie zu moralischen Individuen erziehen möchte. Weder Moses noch Mohammed sind Role-Models für moralisches Verhalten. Diese heiligen Schriften formulieren erhabene moralische Gebote, nur um ein paar Seiten weiter schon das Gegenteil zu proklamieren. Dem Zentralgebot »Du sollst nicht töten« (5. Mose 5,17) folgen Mordaufrufe auf dem Fuße – insgesamt sieben Völker, die zum großen Teil in Palästina wohnen, werden von Jahwe der Verdammnis preisgegeben, sie sollen ausgetilgt werden, damit sein »auserwähltes Volk« seine Heimstatt beziehen kann. Und auch der Jesus der angeblich so friedliebenden Evangelien proklamiert zwischendurch: »Ich bin nicht gekommen, Frieden zu bringen, sondern das Schwert« (Matthäus 10,34). Wenn dir jemand auf die Backe schlägt, dann halte die andere hin und das Schwert? Bring ganze Völker um, aber vergiss nicht, du sollst nicht töten? Da soll man sich auskennen. Wenn die heiligen Schriften tatsächlich von Gott inspiriert sein sollen, dann muss der ein ziemlich verwirrter Kerl sein.

Das Christentum mag zwar die Botschaft der Liebe überbracht haben, ist darum aber nur von umso aufbrausenderer Empörtheit gegenüber jenen, die diese Frohbotschaft partout nicht annehmen wollen. Peter Sloterdijk hat erst jüngst wieder darauf hingewiesen, dass das Christentum, trotz allem modernen Freundlichkeitsgefuchtel und obwohl es »sich verbatim als Religion der Liebe, der Freiheit und der herzlichen Inklusion vorstellte, *de facto* auch in großem Ausmaß die Unerbittlichkeit, den Rigorismus und den Schrecken praktiziert«[173]. Es bringt den Heiden zwar die Botschaft der Liebe, hängt ihnen aber den Titel von »Ungläubigen« um, wenn sie in ihren bisherigen Vorstellungen verharren, und erklärt diese Bockigkeit zu einem »spirituellen Verbrechen mit fatalen metaphysischen Folgen«. Sloterdijk: »Daher umgibt sich die Heilsbotschaft seit ihren ersten Tagen mit einer Eskorte aus Drohungen, die das Schlimmste in Aussicht stellen. Zwar spricht das Evangelium davon, nach allen Seiten Segen bringen zu wollen, doch auf die Nichtbekehrten wünscht der christliche Militantismus von der ersten Stunde an den Fluch des Himmels herab.«[174] Gerecht bei Gott sei es, heißt es etwa im Zweiten Brief des Paulus an die Thessalonicher, es den Ungläubigen mit »Feuerflammen« heimzuzahlen, »Vergeltung zu üben an denen, die Gott nicht kennen und die nicht gehorsam sind dem Evangelium unseres Herrn Jesus. Die werden Strafe erleiden, das ewige Verderben, vom Angesicht des Herrn her und von seiner herrlichen Macht« (2. Thessalonicher 1,8-9). So, schreibt Sloterdijk mit feiner Ironie, »wird bereits in den Schriften des Völkerapostels für eine Liebe geworben, die sich, im Fall der Nichterwiderung, in auslöschungssüchtige Häme verwandelt«.[175]

Sei es in der Bibel, in den Evangelien oder im Koran – jeder kann sich nach Bedarf nehmen, was er braucht. Pointierter als der französische Essayist Michel Onfray kann man das nicht sagen: »Ein Heerführer sucht nach einem Vers, um seine kriegerischen Aktionen begründen zu können? Er wird unglaublich viele Verse finden. Aber auch ein den Krieg verabscheuender Pazifist, der seinem Standpunkt zum Sieg verhelfen will, kann genügend Zitate und Sprüche vorweisen, die das Gegenteil belegen. Der eine schöpft aus den Texten eine Rechtfertigung des totalen Vernichtungskrieges? Die Bücher und die Textstelle gibt es. Der andere ruft zum Weltfrieden auf? Auch er findet passende Maximen. Ein Antisemit will seinen hysterischen Hass rechtfertigen? Ein Gläubiger möchte seine Verachtung für die

Palästinenser auf die Bibel stützen? Ein Frauenfeind die Minderwertigkeit der Frauen beweisen? Jeder findet in den Texten, was er sucht, und zwar reichlich.«[176]

Gewiss, gewiss, es gibt viele fromme Menschen, die einen liberalen Glauben pflegen – im Christentum, im Islam, im Judentum. Die marschieren dann regelmäßig auf, wenn einige ihrer Glaubensbrüder Akte der Intoleranz setzen, wenn ihre Konfessionsgenossen die Erkenntnisse der modernen Wissenschaft aus dem Schulunterricht verbannen wollen oder gar zu Gewalt greifen, und sie erklären uns dann regelmäßig, »dass das eine Perversion des wahren Glaubens ist«, wie der britische Evolutionsbiologe Richard Dawkins schreibt, einer der schärfsten Kritiker der Religionen. Aber können es sich die Gemäßigten wirklich so leicht machen? Nein, ist Dawkins überzeugt, denn »sie machen die Welt sicher für die Fundamentalisten«[177]. Es ist der Humus der »normalen« Frömmlerei, auf dem die Radikalität gedeiht. Die Fundamentalisten beziehen sich auf dieselben religiösen Schriften wie die Moderaten, und dass dem Glauben mit Respekt zu begegnen sei, dass das Religiöse eine eigene Würde habe und einen Nutzen für das Leben, das ist es, was die Mainstream-Religiosität hochhält. Damit fordert aber der Obskurantismus eine Achtung ein, die der radikale Obskurantismus zu nützen weiß. Die moderate Religiosität gibt gewissermaßen den Grundton an, den die fundamentalistische ins Schrille dreht. Die Rolle der Moderaten ist da ähnlich glaubwürdig wie die des Alkoholverkäufers im Supermarkt, der seinen Kunden versichert, das Trinken sei schon in Ordnung, solange es das Alltagsleben nicht stört. Doch leider: Unter solchen Gemäßigten fühlt sich der Radikale wie der Fisch im Wasser. Oder, um das mit der schönen Metapher zu sagen, die der bissige muslimische Religionskritiker Ibn Warraq wählte: Dem moderaten Glauben liegt »dieselbe Unredlichkeit zugrunde wie der Softpornografie«[178]. Die grenzt sich bekanntlich auch wortreich vom Hardcore ab, mit dem sie angeblich nichts, aber rein gar nichts zu tun habe.

In seinem Buch »The God Delusion« – »Der Gotteswahn« – hat Richard Dawkins darum einen Frontalangriff auf das Religiöse gestartet. Eine Reihe anderer Autoren, wie etwa der bissige Publizist Christopher Hitchens (»Why God ist not great«) oder der flotte Schriftsteller Sam Harris (»Letter to a Christian Nation«), haben sich ihm angeschlossen. Die neuen Religionskritiker sind sich einig: Die eigentliche Botschaft der religiösen Renaissance ist, dass die Religionen die beste Basis für eine moralische Existenz seien, mit ihren Geboten und ihren Forderungen, einem sündhaften Leben zu entsagen, mit dem egalitären Gemeinschaftsgefühl, das sie begründen. Ohne Glauben, so wird uns weisgemacht, wüssten die Menschen nicht, woran sie sich zu halten hätten. Aber ist das wahr? Brauchen Menschen die Religion, um ein moralisches Leben zu führen? Sind religiöse Menschen, was immer Widersprüchliches in den heiligen Schriften stehen mag, im Durchschnitt moralischere Menschen? Macht die Religion, kurzum, die Menschen besser? Ganz im Gegenteil, sind Dawkins und Hitchens überzeugt.

Wenn der Mensch keinen Gott über sich fühlt, dann macht er sich zum Maß aller Dinge, dann »herrscht immer mehr die Willkür, verfällt der Mensch« (Joseph Ratzinger), ist unentwegt von religiöser Seite zu hören. Es ist ein abgedroschener Abiturientengemeinplatz, den man, ähnlich wie einen Ohrwurm, kaum mehr aus dem Kopf bekommt, dass dort, wo Gott nicht existiert, alles erlaubt wäre – sturmfreie Bude sozusagen. Gewiss, es hat schon Ungläubige gegeben, die sich in verrückter Egomanie als Herren über Leben und Tod gefühlt haben und dazu berechtigt, Hunderttausende oder gar Millionen in den Tod zu schicken. Aber es hat auch schon genügend Gläubige gegeben, die das getan haben, gerade weil sie geglaubt haben, der Gott, den sie über sich fühlten, würde genau das von ihnen erwarten. Sicher, sicher, man braucht keinen Gott, um Massenmorde zu begehen. Aber wenn man sich einbildet, dass Gott gerade das von einen wünscht, dann fällt das Massakrieren entschieden leichter.

Dennoch hält sich die fixe Idee in den Köpfen vieler, dass gläubige Leute moralisch irgendwie leichter Kurs im Leben halten können. »Viele religiöse Menschen finden es schwer vorstellbar, wie jemand ohne Religion gut sein kann, mehr noch, sie können nicht glauben, dass er überhaupt gut sein wollen könnte«, stellt Dawkins fest, um mit dem ihm eigenen Spott dann hinzuzufügen: »Davon ist es kurioserweise nicht weit zum Hass auf die, die ihren Glauben nicht teilen.«[179] Menschen, die meinen, dass moralisches Verhalten von Menschen darin motiviert sei, dass sie auf Gottes Lohn hoffen oder seinen Zorn fürchten, sollte man mit Skepsis begegnen – besser, man sollte vorsichtshalber Abstand von ihnen halten. »Heißt das, wenn es Gott nicht gäbe, würden sie rauben, vergewaltigen, morden? Wenn diese Leute das wirklich meinen, sollte man ihnen aus dem Weg gehen«, schreibt Dawkins.[180] Oder aber sie sind doch der Ansicht, sie könnten auch eine moralische Person bleiben, ohne dass Gott sein Auge auf sie hat – dann ahnen sie aber schon, was die meisten von uns wissen: dass es nämlich keinen Zusammenhang zwischen Moral und Glaube gibt – oder wenn, dann einen ziemlich komplizierten und widersprüchlichen Zusammenhang. Die Quellen, aus denen sich ethische Überzeugungen speisen können, sind vielfältig. Ein gesundes Solidaritätsgefühl für unsere Mitmenschen braucht keine religiösen Wurzeln. Ja, der Altruismus ist eine gute Sache, aber moralisches Handeln muss nicht einmal besonders altruistische Ursachen haben, es ist vielleicht sogar ein stabileres Fundament für ein gerechtes Gemeinwesen, wenn die Moral die

Selbstlosigkeit nicht nötig hat. Wir Menschen sind soziale Wesen und wissen, dass wir in Interaktion mit anderen unser Leben meistern müssen. Daraus allein folgt das Postulat: »Was du nicht willst, das man dir tut, das füg auch keinem anderen zu.« Eine sozial gerechte Gesellschaft ist für uns alle gut. Ich habe auch einen eigenen Nutzen davon, wenn nicht allzu viele meiner Mitmenschen im Elend leben – die Gefahr ist dann geringer, dass ich von einem, der nichts hat als sein nacktes Leben, im Park erschlagen werde. In einer Gesellschaft, in der sich alle nur um sich, nicht aber um das Geschick ihrer Mitmenschen kümmern, wäre es schnell für alle ungemütlich – auch die »Glücklichsten« sind dann dazu gezwungen, in den »Gated Communities« zu leben, in die sich in manchen Ländern heute schon die Reichen zurückziehen müssen, damit sie ihres Lebens sicher sind. Das ist dann freilich ein Leben im goldenen Käfig. Es ist also keineswegs so, dass die Menschen gleichsam natürlich zu Konkurrenz, Kampf, Hass und Gewalt neigen und nur durch moralische religiöse Botschaften von Mord und Totschlag abgehalten werden können. Eher das Gegenteil ist der Fall. Über Jahrtausende konnte das »Sozialwesen« Mensch einstudieren, dass es besser fährt, wenn es einerseits mit anderen kooperativ interagiert und andererseits eine gesellschaftliche Ordnung etabliert, an dessen Regeln sich alle halten müssen. Das evolutionäre Prinzip »Survival of the fittest« heißt eben nicht, dass der Brutalste gewinnt, sondern der, der sein Verhalten den Umweltbedingungen am besten anpasst. Und das bedeutet in Sozialverbänden meist: der, der am besten kooperiert. Das heißt, wie das US-Magazin *The Atlantic* unlängst schrieb: »Survival of the Kindnest« (»Überleben des Nettesten«). Die Evolution produziere deshalb eben auch »Selbstlosigkeit und Generosität«[181]. Nächstenliebe, meint der Soziologe Gerhard Schulze, sei darum »kein Monopol von Religionen, die oft genug als

Nächstenhasser aufgetreten sind, sondern eine anthropologisch gegebene Disposition«[182]. Oder, um das mit den Worten des großen Denkers und Humanisten Bertrand Russel zu sagen: Schon der »aufgeklärte Eigennutz«, müsse deshalb zur Abschaffung der Sklaverei führen, allein weil »in einem Staat mit zahlreichen Sklaven … dauernd Sklavenaufstände zu befürchten« seien.[183]

All dies heißt natürlich nicht, dass mich allein kalte Berechnung zur Beachtung moralischer Normen veranlassen könne, nach dem Motto: Kooperation ist nützlich, deshalb erschlage ich meinen Nachbarn nicht, wäre es aber anders, würde ich ihn kalten Blutes ermorden. Es ist eher so: Der Kooperationsgeist war der Humus, auf dem moralisches Empfinden über Jahrtausende wachsen konnte. Mitgefühl mit der Bedrückung meines Nächsten, eine Abscheu vor Gräueltaten, ein wacher Instinkt für Fairnessregeln gehören zur intuitiven Grundausstattung der Menschen. Das wissen auch Kleriker, auch wenn sie es vordergründig abstreiten. So wiederholte der Wiener Erzbischof Kardinal Christoph Schönborn jüngst wieder die alte Leier, wonach es eine stabile Moralität »ohne eine Verbindlichkeit Gott gegenüber« nicht geben könne (»Die Drohung mit dem Gericht Gottes, die tut uns schon ganz gut«[184]), nur um ein paar Gedankengänge später – wie ich glaube: realistisch – zu proklamieren: »Ich denke, die meisten Menschen wissen im Innersten sehr genau, was richtig ist und was nicht.«[185] Da zur Kategorie »die meisten Menschen« ja auch Milliarden Nichtchristen und hunderte Millionen Atheisten gehören, räumt damit auch der Kardinal implizit ein, dass ethisches Verhalten überhaupt nichts mit den Morallehren seiner Heiligen Schrift zu tun hat. Moral gehört, kurzum, zur Conditio humana dazu. Gott ist dafür nicht notwendig.

Eher im Gegenteil. Denn die Religion ist ein gutes Mittel, solche spontanen moralischen Empfindungen auszuschalten. In der Geschichte und in der Gegenwart gibt es genügend Beispiele, dass normale Individuen in anderen normalen Individuen nicht den Mitmenschen, sondern den Feind gesehen haben, sobald sie von diesem durch einen Graben religiösen Eifers getrennt waren. Natürlich, die Menschen brauchen nicht unbedingt Religion, um Kriege vom Zaun zu brechen – aber die Religion ist sehr nützlich dafür, lange und tiefe Gefühle der Aggression zu mobilisieren. Sicherlich, es braucht nicht unbedingt Religion, um andere Länder zu überfallen und zu besetzen – aber die Religion ist ein gutes Mittel, im Unterdrückten ein moralisch minderwertiges Subjekt zu sehen, das froh sein soll, dass man ihm die Zivilisation, den wahren Glauben oder was auch immer bringt, und im Unterdrücker die Gewissheit zu wecken, dass sein Handeln von Gott gerechtfertigt ist. Und Unrecht, das sich religiös begründen lässt, wird eher akzeptiert als Unrecht, für das dies nicht gilt. Man kann das nicht besser formulieren als Richard Dawkins, dem hier deshalb wieder das Wort erteilt werden soll: »Wenn die Fürsprecher der Apartheid darauf insistiert hätten, dass die Rassenmischung gegen ihre Religion verstoße, wäre ein Gutteil der Opposition gegen sie verschwunden – aus Respekt vor dem Glauben.«[186]

Gewiss gibt es viele religiöse Menschen, die moralische Individuen sind, die Gutes tun und das mit ihrem Glauben begründen. Es gibt, wie ein weiser Mann einmal formulierte, gute Menschen, die gute Dinge tun, und schlechte Menschen, die schlechte Dinge tun, ganz unabhängig davon, ob sie einen Glauben haben oder nicht. »Aber«, so fügte er sarkastisch hinzu, »damit gute Menschen schlechte Dinge tun, braucht es Religion.«

Nimmt man die historische Realität, dann wissen wir, dass es viele Ungläubige gab, die sich an den Menschenrechten vergingen, aber auch sehr, sehr viele Gläubige. Und es gab viele Gläubige, die gegen Unrecht aufstanden, aber auch viele Ungläubige. Martin Luther King trat für die Nachkommen der Sklaven ein, sein Namenspatron Martin Luther hetzte gegen die Juden und segnete die Obrigkeit, die während der Bauernaufstände die »mörderischen Rotten« der Freiheitskämpfer erschlagen ließ. Franjo Tudjman, der kroatische Staatspräsident, war gläubiger Katholik, General Radko Mladić, der Führer der serbischen Armee, ein orthodoxer Christ. Beide waren große Fans des Konzepts der ethnischen Säuberung und des genozidalen Massenmords, das ohne die Versessenheit auf ethno-religiöse Identitäten gar nicht hätte funktionieren können – denn die ansonsten nicht zu unterscheidenden Südslawen waren nur anhand der Kriterien »katholisch«, »orthodox« und »muslimisch« überhaupt auseinanderzuhalten. Oskar Romero, der Erzbischof von San Salvador, stellte sich vor dreißig Jahren mutig auf die Seite des unterdrückten Volkes, und er war, kein Wunder in seinem Job, ein gläubiger Christ – das waren aber die Anführer der faschistischen Todesschwadronen, die ihn hinterrücks während einer Predigt erschossen, ebenfalls. Sieht man sich die Geschichte der meisten Freiheitsbewegungen an, dann waren es jedenfalls meist die säkularen Kräfte, die sich mit dem Unrecht der Welt nicht abfinden wollten, während die Gläubigen in der überwiegenden Mehrzahl ihr Heil im Gebet suchten – ganz abgesehen davon, dass sich meist eine Bibelstelle fand, die die Eroberung eines Landes, die Unterdrückung der Frauen oder die Beibehaltung der Sklaverei legitimierte. »Die Wahrscheinlichkeit, dass sich jemand, der säkular oder Freidenker war, gegen das Unrecht stellte, war extrem hoch«, schreibt Christopher Hitchens in Hinblick auf den Kampf gegen die Sklaverei in Amerika. »Die Wahrscheinlichkeit, dass sich jemand auf Grund seiner religiösen Überzeugungen gegen die Sklaverei und Rassismus stellte, war ziemlich klein. Aber die Wahrscheinlichkeit, dass jemand auf Grund seines Glaubens die Sklaverei und den

Rassismus verteidigte, war statistisch extrem hoch, und das war auch der Grund dafür, dass der Sieg über das Unrecht so lange auf sich warten ließ.«[187]

Aber auch mit der angewandten Nächstenliebe sieht es unter praktizierenden Christen weit weniger rosig aus, als das der oberflächliche Beobachter annehmen würde. So wurden unlängst in der renommierten amerikanischen Mediziner-Fachzeitschrift *Annals of Family Medicine* die Resultate einer breit angelegten Studie präsentiert, in der untersucht wird, wie oft Ärzte selbstlos Dienst unter Armen tun. Das überraschende Ergebnis: Unter ungläubigen Ärzten ist die Bereitschaft stärker verbreitet. Immerhin haben 1144 Ärzte an der Untersuchung teilgenommen. Von den Religiösen haben 31 Prozent den unversicherten Armen gratis Hilfe gewährt, bei den Agnostikern, Atheisten und religiös praktisch Ungebunden lag dieser Wert bei 35 Prozent.

Es mag eine unangenehme Wahrheit für so manchen sozial engagierten und wohlgesinnten Christen sein. In aller Regel sind Fromme hartherzigere und autoritärere Knochen als Agnostiker und Atheisten. An all dem hat sich bis heute kaum etwas verändert. Oder ist es etwa ein Zufall, dass »Christianity« in den USA heute mit einer Partei verbunden ist, nämlich der »Republikanischen Partei« von George W. Bush, und mit Leuten wie John Ashcroft, dem Generalstaatsanwalt, der nach dem 11. September die Antiterrorgesetze durchboxte und der mit Sätzen berühmt wurde wie »Wir kennen keinen anderen König als Jesus« und die Demarkationslinie, die die Trennung von Kirche und Staat kennzeichnet, eine »Mauer des Unrechts« nannte? Ist es etwa eine verzerrte Wahrnehmung, dass man sich unter politisierenden Christen meist Leute wie den Kölner Kardinal Joachim Meisner vorstellt, der die gesamte moderne Kunst für »entartet« hält, weil sie Kultus ohne Gott sei? Ist es wirklich nur ein unbedeutendes Aperçu der Geschichte, dass man, wenn in unseren Breiten von »christlichen Politikern« die Rede ist, sofort spontan an Leute vom Schlage Andreas Khols denkt, den ehemaligen österreichischen Nationalratspräsidenten, einen Erzreaktionär mit schlechtem Charakter, von dessen »Nächstenliebe« so mancher »Parteifreund« aus der christdemokratischen »Österreichischen Volkspartei« ein Lied singt? Verwundert es uns eigentlich noch, dass es gerade solche Leute wie der ehemalige österreichische Bundeskanzler Wolfgang Schüssel sind, die »Politik in christlicher Verantwortung« einfordern (und zwar vor dem Internationalen Evangelisationskongress) – dieselben Leute, die anderntags völlig herzlos Flüchtlinge deportieren, integrierte Familien auseinanderreißen und Kinder abschieben lassen? Sind diese Leute Vorbilder eines sündenfreien Lebens, einer moralischen Existenzweise, der Feindesliebe? Sind das die Figuren, die uns spontan in den Sinn kommen, wenn wir unseren Kindern Vorbilder für ein »gutes Leben« präsentieren wollen? Natürlich nicht. Natürlich werden wir diese Leute unseren Kindern höchstens als Exempel für besonders unmoralische Individuen präsentieren.

Wir alle, ob gläubig oder nicht, wissen, dass wir uns gut fühlen, wenn wir etwas getan haben, was vor unseren Kriterien einer moralischen Lebensführung zu bestehen vermag, und dass wir uns schlecht fühlen, wenn wir etwas getan haben, was quer zu unserem inneren moralischen Kompass liegt. Wir haben in einem solchen Fall Gewissensbisse. Da brauchen wir keinen Gott über uns. Im Gegenteil: Meist sind es der Welt zugewandte Menschen, die Unrecht als besonders unerträglich empfinden, während ein guter Gläubiger oftmals die fixe Idee in seinem Kopf hat, dass die rein äußerlichen Unterschiede auf Erden keine Rolle spielen, da alles Irdische ohnehin eitel sei. Sklave oder Bürger? Alles unwichtig.[188] Ja mehr noch, oftmals wurde unterstellt, »der gute Sklave, der sich in seine Sklavenrolle fügt« (Michel Onfray), tut ein gottgefälliges Werk, weil er wie ein guter Diener seines Herrn auf dem Platz bleibt, auf den ihn Gott auf Erden gestellt hat – eine »Demutshaltung«, mit der er sich »einen Platz im Paradies« verdient.[189] »Ein jeglicher bleibe in dem ruff / darinnen er beruffen ist«, heißt es in der Luther-Bibel (1. Korinther 7,20), woher bezeichnenderweise auch das deutsche Wort »Beruf« stammt. Jeder soll bleiben, was er ist, denn er ist von Gott dorthin »berufen«, und der Knecht mag zwar irdisch unfrei sein, aber wenn er den Herrn bei sich weiß, dann ist er »ein Freigelassener des Herrn« (1. Korinther 7,22). Toller Ratschlag. Manche Ratschläge sind eben auch nur Schläge.

Nein, um Unrecht als unerträglich zu empfinden, brauchen wir keinen Gott. Und eigene Taten, die gegen unsere moralischen Wertvorstellungen verstoßen, werden wir verabscheuen, auch wenn wir nicht in den Kategorien von »Sünde« denken. Ja, in dem Moment, in dem Menschen tatsächlich aufgrund von religiösem Glauben Angst vor der Sündhaftigkeit haben, wächst sich das schnell zu einer Obsession aus. Sie sind besessen von Sünde, Sünde, Sünde, einem scheußlichen kleinen Vorurteil, von dem sie ihr Leben bestimmen lassen. Sie haben derartige Panik vor der »Fleischeslust«, dass sie andauernd »unreine Gedanken« imaginieren, die Schuld und die Sünde auf die anderen projizieren – die werden dann denunziert, an den Pranger gestellt. Sie müssen ihr Leben nicht vor sich meistern, sondern vor einem Gott, dessen Gebote derart streng und obskur sind, dass sie ein normaler Mensch nie erfüllen kann, weshalb sie sich auch stetig in einem Zustand der Sünde befinden, was ihre panische Besessenheit noch einmal steigert (man denke nur daran, dass nicht nur der Ehebruch mit des Nächsten Weib verboten ist, sondern einem sogar aufgetragen ist, »du sollst nicht begehren …«). Das Sündenbewusstsein und die stetige Angst zu sündigen, wie es den Frommen eigen ist, wird zu einer veritablen

»Gemütsverfassung«, wie Bertrand Russell mit der ihm eigenen lakonischen Eleganz beschrieb: »Die beste Lebensführung wird gewiss nicht durch eine solche Gemütsstimmung inspiriert.«[190]

Richtig ins Perfide hat das Christentum den Begriff der Sünde gedreht, mit der Einführung der Erbsünde und dem Ausmalen aller möglichen Höllenqualen und dem Fegefeuer für die »Sünder« sowie der obsessiven Verdammung alles Körperlichen. Paulus (»Ich bezwinge meinen Leib und zähme ihn«; 1. Korinther 9,27) war derart besessen von dem Hass auf weltliche Freuden, von der Verachtung der Sexualität, der Angst vor der verführerischen Niedrigkeit der Frauen (»Es ist gut für den Mann, keine Frau zu berühren«; 1. Korinther 7,1), dass Michel Onfray sarkastisch von klaren Symptomen »für eine sich immer deutlicher abzeichnende Hysterie«[191] spricht. Wie auch immer, vielleicht wäre Paulus heute ein Fall für einen guten Arzt, vielleicht war er nur vollkommen verstrickt in die Selbstgeißelungs- und Unterwerfungssehnsüchte des Monotheismus, oder er litt eben, wie das ja oft der Fall ist, unter seinem geschlechtlichen Verlangen, das ja einerseits zur Natur des Menschen gehört, andererseits jedoch oft eine große Qual sein kann. Das macht keinen Unterschied, denn, wie es so schön heißt, an ihren Früchten sollt ihr sie erkennen. Diese Früchte genießen wir seit 2000 Jahren: Die Besessenheit von der Sündhaftigkeit imaginiert den Menschen als jämmerliche Kreatur. Und die Idee von der Erbsünde treibt dieses Menschenbild auf die Spitze.

Die Erbsünde, von Paulus erfunden, von Augustinus, einem großen Philosophen, aber schlimmen autoritären Finger, theoretisiert, geht von einem Problem aus: Wenn Gott ewiges Leben verspricht, die Menschen aber dennoch sterben, dann muss die Sterblichkeit also so etwas wie eine Strafe sein – eine Strafe, die freilich unabhängig von irgendwelchen strafbaren Handlungen ist. Die Sterblichkeit des

Menschen, schloss Paulus messerscharf, ist die Kollektivstrafe für den Ungehorsam Adams gegen Gott. Wer an Jesus glaubt, der erkennt diese Schuld an und lebt sozusagen als »Begnadigter« weiter. Und, nebenbei gesagt, für diese »Schuld« ist eine Frau hauptverantwortlich, weil die gerissene Eva den dummen Adam dazu verführte, vom Baum der Erkenntnis zu essen. In dieser Fabel konzentriert sich alles, was die großen Monotheismen verbindet: die Besessenheit von der Sündhaftigkeit, die Verachtung des Wissensdranges (»Baum der Erkenntnis«) und die Angst vor der sexualisierten Frau.

Es lohnt sich an dieser Stelle, ein paar Worte über Augustinus zu verlieren, immerhin der Lieblingskirchenvater des gegenwärtigen Papstes. Außer Paulus hat kein anderer so viel zur Neurotisierung der westlichen Kultur beigetragen wie Augustinus, der die Spaltung von Geist und Leib theologisch auf die Spitze trieb und uns die Körperfeindschaft einbrockte. Augustinus, »der stets zu allem bereite Sektierer« (Sam Harris)[192], argumentierte unter anderem, wenn die Folter schon bei denen angebracht sei, die das Gesetz der Menschen brächen, eigne sie sich erst recht für jene, die das Gesetz Gottes brächen. Darauf konnte sich die spätere Inquisition glänzend berufen. Augustinus, ein Muttersöhnchen, der Frau und Kind kaltherzig verließ, weil Mama sich das wünschte und es seiner Karriere günstig war, legte die Religion der Liebe auf seine Weise aus. »Fleischliche Sinnesgenüsse«, so kam er in einer Unterhaltung mit seiner Mutter zum Ergebnis, »seien nicht einmal der Erwähnung wert«, verglichen mit der Freude eines gottesfürchtigen Lebens.[193] Dass er die Geliebte mit dem Kind sitzen ließ, glorifizierte er sogar, weil es ihm ja dem Ideal der Enthaltsamkeit näher brachte. Und auch den Ungläubigen, Häretikern und sonstigem Gesocks könne man keinen größeren Gefallen tun, als sie mit Gewalt unter die Knute des Glaubens zu zwingen, war Augustinus überzeugt. Die »verderbte Natur« des Menschen habe einfach zur Folge, dass die allermeisten nicht fromm würden, also müsse man etwas nachhelfen. »Wozu Erzieher, Lehrer, Stecken, Riemen, Ruten, wozu die Züchtigungen, mit denen man, wie die Heilige Schrift sagt, den Rücken des geliebten Sohnes bläuen soll?«,[194] fragt er rhetorisch. Natürlich um ihn auf den rechten Weg zu führen. Das ist die wahre Liebe. Liebe ist, wenn man verprügelt, foltert, zwingt, um den Glauben zu verbreiten. Lieblos dagegen wäre es, die Ungläubigen einfach gewähren zu lassen, desinteressiert an ihrem Heil. »Würden wir nun diese unsere bisherigen Feinde, die unseren Frieden und unsere Ruhe durch alle möglichen Gewalttaten und Hinterlist stören, derart verachten und ertragen, dass wir auf nichts sinnen, nichts tun, wodurch sie in Schrecken gesetzt und gebessert werden könnten, so würden wir in Wahrheit Böses mit Bösem vergelten.« Es hieße »Böses mit Bösem vergelten, wenn er [der Katholik] ihn so laufen ließe, statt ihn zurückzuhalten und binden zu lassen«.[195] Diese Menschen können also von Glück sprechen, wenn ein Berufener, Augustinus etwa, kommt und ihnen seine Liebe schenkt (eine Schenkung, die die meisten nicht überleben). Es ist im Lichte der Augustinus-Verehrung Benedikts XVI. vielleicht doch nicht nur ein Fauxpas gewesen, dass der Papst bei seiner Lateinamerika-Visite 2007 erklärte, die Zwangschristianisierung mit Feuer und Schwert durch die Conquistadores sei keine Vergewaltigung der Ureinwohner gewesen, die Indios hätten diese im Gegenteil »still herbeigesehnt«. Augustinus war übrigens auch der erste der Kirchenväter und großen Bischöfe, der die Staatsmacht aufforderte, sich beim Kampf gegen Häretiker einzuschalten. Neben Augustinus' regelrecht psychopathischen Verdammung der Frau ist aber eben vor allem seine Gnadenlehre das schlimmste Erbe, was uns der schwarze Pädagoge hinterlassen hat. Die gesamte Menschheit sei »ein einziger

Sündenklumpen, der von der höchsten Gerechtigkeit die Todesstrafe verdient hat«[196], dozierte der Bischof, aber ein paar wenige würden von Gott begnadigt – wer, das wisse man nicht, und es unterliege der Willkür Gottes. Aber diese Willkür hat natürlich nichts Despotisches, im Gegenteil, die paar, denen die Seligkeit geschenkt würde, erhielten die ja unerwartet und unverdient. Diese »grausame Lehre« schreckte lange Zeit nicht einmal »vor der Schlussfolgerung zurück, dass Säuglinge, die ungetauft sterben, in die Hölle kommen« (Bertrand Russell).[197] Immerhin, im vergangenen Jahrhundert wurde für ungetaufte Säuglinge die Vorhölle »Limbus Puerorum« eingerichtet, die den Vorteil hatte, dass es in dieser nicht gar so schrecklich zugehen würde wie in der Hölle, die den wahrhaftig Verdammten vorbehalten blieb. Erst 2007 (!) erklärte Papst Benedikt XVI., dass er die krude Lehre nicht weiter zu verbreiten gedenke.

All das ist so grotesk, dass man gar nicht glauben mag, dass irgendwelche vernunftbegabten Wesen darauf jemals etwas gehalten haben. Aber tatsächlich hat die Erbsünde so etwas wie die Anthropologie des Christentums begründet. Die Menschen kommen als Schuldige auf die Welt. »Was ist das für eine ethische Philosophie«, fragt Dawkins, »die ein jedes Kind, noch bevor es geboren ist, dazu verurteilt, eine Sünde zu erben?«[198] Was diese Lehre bedeutet, formuliert der Berliner Philosoph Herbert Schnädelbach, »liegt auf der Hand: Sie ist menschenverachtend. Der Mensch, wie er geht und steht, ist verblendet, wenn er sich nicht für ›verderbt‹ und für unfähig zum Guten hält. Dass die Ideen der Menschenwürde und der Menschenrechte christliche Wurzeln hätten, ist ein gern geglaubtes Märchen.« Das Christentum ist hier der Höhepunkt der Perversion. »Der fromme Jude spricht sich selbstverständlich die prinzipielle Fähigkeit zu, ›gerecht‹, das heißt, dem göttlichen Gesetz gemäß, zu leben; er kennt keine Erbsünde, sondern nur die Sünden, die er selbst begangen hat.«[199]

Die Idee der Versündigung gegenüber den Geboten des einen Gottes steht zentral in jeder monotheistischen Religion und ist die Grundlage einer seltsamen, grausamen und neurotischen Subjektivierung. Einerseits sieht der Gläubige sich ins Zentrum der kosmischen Ordnung gestellt, es wird ihm weisgemacht, dass sich Gott um ihn – um jeden Einzelnen – individuell kümmert, was man schon auch ein bisschen wichtigtuerisch finden kann. Auf der anderen Seite sieht sich der Gläubige immerzu als nichtswürdiger, verworfener Sünder, an der Schwelle zu ewiger Verdammnis, als moralisches Nichts, der vor seinem Herrn auf die Knie zu fallen hat. Superioritäts- und Minderwertigkeitsgefühle liegen in seiner Seele im Streit. Gesund ist das bestimmt nicht. »Wenn man hört, wie sich die Menschen in den Kirchen entwürdigen, sich als schreckliche Sünder darstellen, dann wirkt das verachtenswert und für menschliche Wesen, die sich selbst respektieren, vollkommen unangemessen«, schrieb Bertrand Russel in seiner überzeugenden Lakonie.[200] Das Konzept »Sünde«, von den Religiösen als Grundlage moralischen Verhaltens verkauft (weil man »gut« ist, um die »Sünde« zu vermeiden), ist eine grandiose Unmoralität und schlägt um in unmoralisches Eiferertum, die Sorge vor der eigenen Verdammnis kippt in die Verdammung der anderen. Nichts ist besser geeignet, Kinder in Angst und Schrecken zu versetzen und aus normalen Kleinen neurotische Erwachsene zu machen. Wie weit das gehen kann, zeigt sich alle Tage. Jedes Unglück wird als Strafe Gottes gewertet, und jeder, der irgendein Pech im Leben hat, wird es schon irgendwie verdient haben, heißt es in dieser kruden Logik. Die Kehrseite dieses Hasses auf den Sünder sind geradezu eine Lust an den grausamsten Strafen, die der Unglückliche verdient hat, und mangelnde Empathie für den Gestrauchelten – die Umstände, die ihn womöglich zur Sünde, zu Vergehen, bisweilen zu Verbrechen geführt haben mögen, interessieren nicht, schließlich habe er ja einen freien Willen und hätte sich gut verhalten können. Mildernde Umstände gibt es vielleicht in sachlich-kühlen Gesetzbüchern und der bürgerlichen Gerichtsbarkeit, in den angeblich moralischen Religionen der Barmherzigkeit sind sie nicht vorgesehen. Keine Perfidie ist zu bösartig, als dass sie nicht manchem entrückten Gläubigen als gottgefällig erscheinen könnte. Berühmt ist etwa das Diktum Jerry Falwells, des unlängst verstorbenen einflussreichen amerikanischen (Fernseh-)Predigers und Begründers der »Moral Majority«, der verkündete, Aids sei nicht nur die Strafe Gottes für die Homosexuellen, sondern Gottes Strafe für eine Gesellschaft, die Homosexuelle toleriert.[201] Welch pathologischer Sadismus muss einer solchen »Moralität« zugrunde liegen?

Mit der »Renaissance der Religionen« kehrt ein Obskurantismus zurück, von dem man gehofft hatte, er würde langsam, aber sicher aussterben. Und mit ihm auch, man möchte beinahe sagen, »wie das Amen im Gebet«, die Religionskritik. In den USA liefern sich die durchgeknallten Religiösen und die »Neuen Atheisten« schon regelrechte Schlachten. Da geht es aufs Wildeste durcheinander. Schon spricht das Magazin *Wired* in einer opulenten Coverstory vom »Kreuzzug gegen die Religion«, der deutsche *Spiegel* titelte: »Gott ist an allem schuld!« Religiöse Autoren, sofern sie eine Spur Ironie bewahrt haben, fragen, ob Gott womöglich nicht allmächtig und omnipräsent sei, schließlich könne der doch »einen Blitz vom Himmel schicken und Richard Dawkins zerschmettern« – der Evolutionsbiologe ist so etwas wie der Prophet der Neuen Atheisten. Im Internet macht eine »Blasphemy Challenge« (»Die blasphemische Herausforderung«) Furore, auf You Tube stellen unzählige, vor allem junge Leute kurze Videoclips online, in denen sie ihre Überzeugung bekunden: »Hey, ich bin Christopher, und ich leugne mit Entschiedenheit Gott den Vater, seinen Sohn Jesus und ihren magischen, fliegenden heiligen Geist.« Ein anderer: »Ich bin Alex und leugne die Existenz des Heiligen Geistes.« Auf der Webpage www.whygodhatesamputees.com wird ein eindrucksvoller Beweis vollzogen, warum Gott nicht existieren könne. Wenn Gott existiert und die Gebete der Menschen erhört, warum wachsen dann bei Amputierten nicht die Gliedmaßen nach? Entwaffnende Antwort: »Entweder die Gebete nützen nichts, weil Gott nicht existiert. Oder Gott existiert – und hasst die Amputierten.«

Doch nicht nur Antigottesbeweise von solch bestechender Logik finden sich hier. Die Religiosität beschäftigt immer mehr auch die Wissenschaft. So berichtete das renommierte Fachmagazin *Discover*[202] von Gottes-Experimenten, wissenschaftlichen Versuchen verschiedener amerikanischer und britischer Neurobiologen, die Existenz Gottes, die Nichtexistenz Gottes oder die neurophysiologische Basis religiöser Empfindungen zu beweisen beziehungsweise zu erforschen. Ausgangspunkt ist bei einer dieser Versuchsanordnungen etwa die Überlegung, dass in den unterschiedlichsten Kulturen zu unterschiedlichsten Zeiten relativ gleichartige Ideen »übernatürlicher lenkender Wesen« entstanden seien. Evolutionär müsse sich also in den Gehirnen von Menschen irgendetwas entwickelt haben, was solchen Vorstellungen günstig sei. Gleichzeitig, so die Beobachtung, haben alle diese »übermenschlichen« Wesen in den Vorstellungen der Menschen recht menschenähnliche Züge. Die Hypothese der Evolutionsbiologen ist: Wer unerklärliche Geschehnisse menschenähnlichen Eingriffen zuschrieb, hatte einen Evolutionsvorteil. Die Idee lautet etwa so: Wenn ein Neandertaler hörte, wie ein Baum umfällt, und sich dachte, da steckt ein anderer Neandertaler dahinter, witterte er also Gefahr, selbst wenn nur der Wind schuld war – und war im Notfall auf Angriffe vorbereitet. Der Neandertaler, der bei einem Knacksen dachte, ach, es ist bestimmt nur der Wind, der hatte Pech, wenn es doch nicht der Wind, sondern ein Feind war. Wer also an bewusste Lenkungen glaubte, der war eher auf der sicheren Seite. Deswegen haben jene, die auf einen Ton gestimmt waren, der bewusste Lenkungen übernatürlicher Wesen als plausibel ansah, evolutionär gewissermaßen die Oberhand gewonnen. Ob manche Menschen neuronal für solche Dinge empfänglicher sind als andere, wurde ebenfalls wissenschaftlich zu ergründen versucht, indem etwa an der Universität von Pennsylvania Gehirnscans von zwanzig spirituellen musikalischen Leuten, darunter buddhistischen Mönchen und christlichen Nonnen, durchgeführt wurden. Herausgestellt hat sich unter anderem, dass die neuronalen Aktivitäten bei spirituellen Erlebnissen ziemlich ähnlich den Gehirnströmen sind, die sich bei Orgasmen messen lassen. Der nächste logische Schritt war der Versuch eines Neurowissenschaftlers in Ontario, der versuchen wollte, ob man religiöse Erlebnisse durch Stimulierung der fraglichen Gehirnpartien technisch auslösen könnte. So richtig gelungen ist das nicht, auch wenn die Probanden das unbestimmte Gefühl hatten, sie würden von einer höheren Autorität beobachtet – was ja zweifelsfrei der Fall war, standen sie ja unter Beobachtung der Forscher.

Ein anderer Forscher wollte gar ein «Gott-Gen« entdeckt haben, das für die Produktion bestimmter Neurotransmitter verantwortlich sei und spirituelle Erlebnisse auslösen sollte. Der nächste tippte eher auf das »Spiritualitäts-Molekül« DMT, eine Substanz mit ähnlicher Wirkung wie LSD, die aber vom menschlichen Körper produziert wird. Versuche mit Zwillingen wiederum, die bei verschiedenen Zieheltern aufwuchsen, ergaben erstaunliche Übereinstimmungen im Bet-Verhalten, was eine gewisse genetische Prädisposition dafür nahelegt, ob jemand eher die Präsenz Gottes zu spüren vermag oder eher weniger.

Das Lustigste an all dem ist, dass diese Versuche nicht

nur von atheistischen Neurobiologen durchgeführt werden, wie etwa von jenem, der den Gottglauben mit der Hypothese erklärt, dass eine Gehirnhälfte die andere nicht als Teil desselben Organs erkennt, sondern als einen anderen imaginiert (= Gott), der also Religiosität als Folge cerebraler Fehlschaltungen deutet, sondern auch von christlichen Forschern, die ernsthaft meinen, sie täten ihrem Glauben einen Gefallen, wenn sie »Religion« und »Wissenschaft« zu versöhnen suchen.

Das kann manchmal auch ziemlich nach hinten losgehen. So wollten christliche Ärzte wissenschaftlich beweisen, dass Gebete helfen, also von Gott erhört werden. Eine Kirchengemeinde mit mehreren tausend Anhängern wurde verpflichtet, für Herzkranke zu beten. Die Herzkranken wurden in drei Gruppen eingeteilt: In jene, für die gebetet wurde, ohne dass sie davon wussten. In jene, für die gebetet wurde und die davon wussten. Und in eine dritte Gruppe, für die nicht gebetet wurde, wovon sie natürlich auch nichts wussten. Das Experiment brachte das für Agnostiker wenig überraschende Ergebnis, dass die, für die gebetet wurde und die nichts davon wussten, und jene, für die nicht gebetet wurde, eine ähnliche Genesungsrate aufwiesen – die bigotten Mediziner hatten aber fix ein anderes Ergebnis erwartet. Kurios freilich ist, dass von denen, für die gebetet wurde und die davon wussten, überdurchschnittlich viele gestorben sind oder deutlich längere Heilungsperioden aufwiesen. Man interpretiert dieses überraschende Resultat jetzt so, dass Letztere sich sehr geschreckt hatten: »Wie krank muss ich sein, wenn tausende Wildfremde für mich beten«, sodass sie gleich viel kränker wurden.

Nun, sofern man keiner von den armen Herzpatienten ist, die da Opfer solch haarsträubenden Unsinns geworden sind, kann man herzhaft lachen über diese kuriose Mixtur aus religiösem Obskurantismus mit amerikanischem Positivismus. Aber wollen wir nicht spotten: Nicht jeder, der unter Wahnvorstellungen leidet, ist religiös, und es gibt auch unter Nichtgläubigen genügend Narren, die schnell bereit sind, die abstrusesten Hypothesen oder Theorien zu glauben. Es wäre gewiss zu viel der Polemik, würde man so tun, als wäre der Unsinn aus der Welt geschafft und die Zeit der Kriege vorbei, wenn es keine Religionen gäbe. Und man soll auch nicht der irreführenden Überzeugung anhängen, man könne das, was Religionen »leisten«, einfach durch Aufklärung aus der Welt schaffen, als könne man durch Aufklärung und den Siegeszug eines positivistischen wissenschaftlichen Weltbildes Religionen ersetzen. Die Eiferer für ein naturalistisches Weltbild wie Dawkins klingen selbst religiös. Gewiss lassen sich die Menschen nicht ausreichend als biochemische Prozesse erklären, und dass Bewusstsein ein Resultat synaptischer Verschaltungen ist, ist zwar richtig, macht aber alle Versuche dieses Bewusstseins, über »Sinn« oder Ähnliches nachzudenken, noch nicht von vornherein obsolet.

Die Menschen brauchen Geschichten, mit deren Hilfe sie ihrem Dasein einen Sinn geben, kongruente Erzählungen, in die sie sich selbst einschreiben – gewissermaßen ein Drehbuch ihres »Ich«, in dem sie eine Rolle spielen, in der sie sich wiederfinden können. Sie brauchen ein Narrativ, ob das Religionen sind oder das, was man so gemeinhin »Ideologien« nannte und nennt. Unser aller Leben ist eine Abfolge von chaotischen Ereignissen, denen wir durch solche Erzählungen eine Struktur verleihen. Das war immer der blinde Fleck aller »Religionskritik« oder auch der »Ideologiekritik« – die Annahme, dass eine »ideologiefreie«, »rationale« Existenz möglich wäre, die meist von einer seltsamen Blindheit des Kritikers getragen war. Die Argumentationsweise einer solchen Kritik könnte man ironisch etwa so zuspitzen: Alle Erzählungen sind ideologisch, außer der, die ich gerade vortrage.

Nur, wenn es, wie heute, an solchen Ideen oder Geschichten mangelt, wenn alle anderen Überzeugungen, die Gemeinschaft stiften und überindividuellen Sinn produzieren können, entwertet sind, dann sind es gerade wieder die Religionen, die auf den Plan treten und das Vakuum füllen. Das ist es, was wir gerade erleben. Aber damit kehren die Menschen nicht einfach zur Religion zurück, sie flüchten eher in sie, aus einer Welt, aus der alle Hoffnung auf eine bessere, eine sinnvollere Existenz verschwunden scheint. In diesem Sinne ist die Religion noch immer – und wieder –, was Karl Marx in ein paar schwungvollen religionskritischen Sätzen beschrieben hat: »Ausdruck des wirklichen Elends und (...) Protestation gegen das wirkliche Elend«, der »Geist geistloser Zustände«.[203] Nur in einem hatte Marx vielleicht mit Blick auf heutige Verhältnisse unrecht – sie ist nicht unbedingt »das Opium des Volkes«. Ja, wären die Religionen das nur, stünden wir alle zusammen zwar nicht unbedingt gut da, aber entschieden besser. Heute sind die Religionen viel zu oft das »Aufputschmittel«, mit dem die Völker aufeinander losgehetzt werden.

Die Religionen werden politisch, weil sie das, was eine politische Ausdrucksweise verlangen würde, ersetzen. Der politische Islam greift die antikolonialen Reflexe auf, die viele in den islamischen Ländern mit Recht hegen, und übersetzt die Demütigungsgefühle vieler Muslime – im Orient und im Westen – in eine Sprache, die dort Stolz schwellen lässt, wo bisher nur Geringschätzung empfunden worden ist. Das politisierte Christentum fühlt sich einerseits bedroht durch die »spirituelle Intensität« des Islam und springt sofort in Frontstellung, im Glauben, die christliche Welt stünde der islamischen wieder in einem globalen Kampf gegenüber, formuliert aber seinerseits eine weltflüchtige Antwort auf das grassierende Unbehagen an der Totalkommerzialisierung, die von immer mehr Menschen als unbefriedigend empfunden wird. Radikale Muslime und jüdische Extremisten wiederum verwandeln einen territorialen Konflikt, der seit fünfzig Jahren Leid produziert – und damit viel Hass gesät hat – in einen Zwist mit religiösen Obertönen, in denen die eine Seite ein biblisches Recht auf das gelobte Land imaginiert, die andere den Kopf voll hat mit Koransuren über den »Verrat der Juden«. Einwanderer von London bis in die Leopoldstadt kompensieren ihren niedrigen gesellschaftlichen Status mit der Rückbesinnung auf ihre »islamische Identität«, die Mehrheitsgesellschaft wiederum führt die Probleme mit der Integration auf den Umstand zurück, dass »die Muslime nicht zu uns passen«. Man kann die Schreckensliste endlos fortsetzen.

All diese Probleme sind, man soll das nicht beschönigen, reale Probleme, die auch ohne Religion zu schwierigen Konflikten führen würden. Aber die Religionen machen die Sache nicht besser, sondern schlechter. Gewiss, wir können den Glauben nicht so einfach aus der Welt schaffen. Auch wenn wir zu dem Schluss kämen, wir stünden besser da, würden die Menschen nicht an den einen, den eifernden Gott glauben, der die Sündigen verdammt und die Gottgefälligen belohnt, so werden wir diesen Fluch so schnell nicht abschütteln. Aber wir können unsere Sinne schärfen: Für die gefährliche Unbedingtheit, die ins Spiel kommt, wenn die Religion ins Spiel kommt, dafür, dass es ein schöner, aber dummer Satz ist, dass die Menschen ohne Religion keine moralische Existenz führen können, dass es für ein gemeinschaftliches Leben eine Bereicherung ist, wenn Menschen an Gott glauben. Nein, es ist keine Bereicherung, wenn Menschen ihre Identität aus dem Glauben an den einen, wahren Gott ableiten und alle anderen für Ungläubige halten. Nein, es fehlt uns nichts, wenn sich Menschen seltener in die Luft sprengen. Nein, es ist kein moralischer Fortschritt, wenn eine Gruppe von Menschen alle anderen, die ihre Werte nicht teilen, für verderbte Sünder hält. Um es noch einmal so simpel wie möglich zu sagen: Es führt kein Weg vorbei an der Erkenntnis, dass es nicht so oft vorkäme, dass gute Menschen Schlechtes tun, wenn sie nicht der religiöse Wahn dazu treiben würde.

Bibelkreis und Korankränzchen 8

Die Juden – ein »heimtückisches Volk«

Es ist ein Phänomen, das multikulturelle Hoffnungen ziemlich welk werden ließ: das Phänomen des moslemischen Antijudaismus. Eine recht verstörende Erscheinung. Natürlich hat das viel mit Politik zu tun und nicht notwendigerweise mit heiligen Schriften. Die antijüdischen Übergriffe in Europa haben seit Beginn der zweiten Intifada zugenommen. Muslimische Jugendliche identifizieren sich mit dem Kampf der Palästinenser und machen alle Juden für die Politik Israels verantwortlich. Aber dieser Konflikt wird eben auch religiös kodiert. Übrigens auch in Israel, wo die »religiösen Zionisten« darauf hinweisen, dass Gott in der Bibel dem Volk Israel das gesamte Land Kanaan versprochen hat, sie also auf dieses Anspruch haben. Christliche Fundamentalisten sehen das übrigens auch so, wie der berühmte Ausspruch von Tom DeLay beweist, immerhin bis 2006 Sprecher der US-Republikaner im Repräsentantenhaus. Der sagte nach einer Israel-Reise: »Ich bin durch Judäa und Samaria gereist und habe auf den Golanhöhen gestanden. Besetztes Land habe ich nicht gesehen. Ich habe Israel gesehen.«

Im Streit um Landnahme und Vertreibung in Nahost werden alte Stereotype abgerufen. Und da findet sich in den heiligen Schriften reichlich Material. »Die Juden sind ein heimtückisches Volk. Allah hat uns den Umgang mit ihnen verboten (...) Tötet alle Juden!«, heißt es auf der Homepage einer deutschen Islamisten-Partei. Von der Heimtücke der Juden ist im Koran manches zu lesen. Es heißt sogar, sie stammten von Affen und Schweinen ab. Der Ursprung der Wut des Propheten Mohammed auf die Juden ist zweierlei. Einerseits sah er sich als Erneuerer der Prophetie Mose an, als Verwirklicher des eigentlichen

Eingottglaubens, und war enttäuscht, dass sich die Juden – »das Volk des Buches« – ihm nicht anschlossen; und dass die Juden Medinas seine Herrschaft nicht umstandslos akzeptierten, weckte endgültig seinen blutigen Zorn. Die Juden Medinas scheinen Mohammeds politische Führerschaft zwar zeitweilig akzeptiert zu haben, aber sie weigerten sich, in ihm einen Propheten im Sinne ihrer Überlieferung zu sehen. Den Juden hat das schlecht bekommen. Und, siehe da, in Mohammeds Herzen fanden sich prompt Verse aus Gottes Buch, die das legitimierten. »Wahrlich, es schloss Allah einen Bund mit den Kindern Israel, aber die brachen den Bund. Und dieweil sie den Bund brachen, haben Wir sie verflucht und haben ihre Herzen verhärtet.« (Sure 5,12 und 5,13) »Gefesselt werden ihre Hände und verflucht werden sie für ihre Worte. Nein, ausgestreckt sind Seine beiden Hände. Er spendet, wie Er will, und wahrlich, viele von ihnen wird das, was auf dich herabgesandt ward von deinem Herrn, zunehmen lassen in Widerspenstigkeit und Unglauben, und werfen werden Wir zwischen sie Feindschaft und Hass bis zum Tag der Auferstehung (...) Und sie betreiben auf Erden Verderben, Allah aber liebt nicht die Verderben Stiftenden.« (Sure 5,64) Der Koran ist voller Verwünschungen über die Juden, die als »innere Feinde« angesehen werden. Einerseits. Andererseits wird ihnen als »Volk des Buches« auch eine privilegierte Rolle zugewiesen. Sie waren die ersten, denen der eine Gott sich offenbart hat.

Der Hass auf die Juden ist eine Art Narzissmus der kleinen Differenz. Aber gerade deshalb, weil die Juden, denen durchaus Respekt entgegengebracht wird, in ihrem Jüdischsein verharren und sich nicht der neuen Religion anschließen, schlägt der Respekt in umso größeres Ressentiment um. Es ist dies ein Mechanismus, wie man ihn in beiden der großen »Nachfolge-Monotheismen« eindeutig findet. Der Völkerapostel Paulus, geboren als der Jude Saulus aus Tarsus, hat die jüdische Sekte der Jesus-Anhänger auch ins antijüdische gedreht. Gewiss, er tat das nicht zuletzt aus pragmatischen Gründen: Indem er den ethnischen Partikularismus des Judentums überwand und den Universalismus erfand, schuf er die Voraussetzung für den weltweiten Siegeszug des Christentums. Aber er legte auch die Basis für die antijüdische, tendenziöse Botschaft der Evangelien: die Juden als Gottesmörder. Es sind immer »die Juden«, die sich in den Evangelien gegen Jesus stellen – als wäre Jesus nicht auch ein Jude gewesen. Es sind »die Juden«, die den Tod des Mannes fordern, der sich als Messias ausgab, während Pilatus sagt, »ich bin unschuldig an seinem Blut« (Matthäus 27,24). Was immer an der Jesusgeschichte wahr ist, wenn überhaupt etwas an ihr wahr ist, eines ist bestimmt nicht wahr: Dass der grausame römische Statthalter Pilatus sich besonders viele Gedanken über ein Todesurteil mehr oder weniger gemacht hätte, darf man getrost ins Reich der Legende verbannen.

Übrigens: Viel Fantasie brauchten die christlichen und islamischen antijüdischen Schriftsteller nicht aufbringen. Es ist eine Ironie der Geschichte, dass ein Großteil der antijüdischen Invektiven aus den jüdischen heiligen Schriften selbst stammen. Gottes Volk wird darin über weite Strecken als »halsstarriges Volk« dargestellt, das bei jeder Gelegenheit vom Glauben abfällt, moralisch verkommen ist und auf seine Propheten nicht hört.

Neuntes Kapitel

Taufe oder Tod

Warum man die Religionen nicht für jedes Übel in der Geschichte verantwortlich machen, sie aber auch nicht leichtfertig davon freisprechen soll.

> Alle, die zum Schwert greifen, werden durch das Schwert umkommen.
>
> *Matthäus-Evangelium 26,52*

Aber lassen wir noch einmal Gnade walten. Brechen wir nicht den Stab über die Religionen. Versuchen wir, nicht alles schlecht zu sehen. Die Religionen sind nicht für alles Unheil in der Welt verantwortlich. Sie sind nicht einmal für alles Unrecht in der Welt verantwortlich, an dem wir ihnen spontan auf Basis unseres oberflächlichen Geschichtswissens die Schuld geben würden. Und religiöse Menschen sind ganz bestimmt nicht immer schlechte Menschen. Ich habe bei der Vorbereitung für dieses Buch, und natürlich nicht erst bei diesem Anlass, mit einigen gesprochen, und manche haben sich als sehr gewinnende Gesprächspartner herausgestellt. So habe ich eines Abends einen Keller in der Favoritenstraße im 4. Bezirk in Wien besucht, wo ein hiesiger Rechtsanwalt eine Art Salon betreibt. Diesmal war Kardinal Christoph Schönborn zu Gast. Ein bedächtiger Mann, der nicht nur denken kann, sondern auch Charme hat und lustige Witze macht. So berichtete er von einer Reise nach Jerusalem, wo er erlebte, wie christliche Pilger verschiedener Konfessionen sich beinahe in die Haare gerieten. »Da versteht man, dass die Leute sagen, schafft das ab. Nur, der Richard Dawkins wird die Religionen nicht abschaffen«, scherzte der Kardinal. Zum Abschluss einer sehr lebhaften Diskussion, in der es um Kirche, Glaube, Evolution, Intelligent Design und Naturwissenschaften ging und in der ihm manche Agnostiker hart zusetzten, erzählte der Kirchenfürst noch, dass er jeden Abend ein Gebet spräche, in dem er für die Menschen in der Stadt und im Land bitte. »Für alle. Also auch für die Agnostiker und Atheisten. Ich hoffe, es stört Sie nicht.« Alle lachten. Keiner protestierte.

Ein paar Tage danach traf ich den umstrittenen Islamgelehrten Tariq Ramadan. Ein junger Mann, in schickem Anzug, elegantem Hemd, mit coolem Dreitagebart, feingliedrig und mit wachen Augen, wir unterhielten uns über den Islam. Der in der Schweiz aufgewachsene Ramadan ist eine Art Popstar des »Euroislam«, und viele junge Einwanderer, die im muslimischen Glauben ihrer Eltern Halt suchen, hängen an seinen Lippen. Ramadan plädiert für eine moderne Auslegung der islamischen Glaubenstradition und dafür, dass die jungen Muslime selbstbewusst in die moderne Welt hinausgehen, anstatt sich in ihren Communities und Parallelgesellschaften abzuschotten, diesen Brutstätten von Wahnideen. Das US-Magazin *Time* reihte ihn unter die hundert einflussreichsten Persönlichkeiten der Welt. Was ihn selbst in Verruf bringt, ist, dass er sehr vorsichtig die koranischen Dogmen hinterfragt, was dann oft zu obskuren Verrenkungen führt. So plädiert Ramadan nicht für ein Ende von Körperstrafen in muslimischen Gesellschaften, sondern nur für ein »Moratorium«. Außerdem halten manche Ramadan für einen Wolf im Schafspelz, weil er gewissermaßen vom islamistischem Adel abstammt. Sein Großvater war Hassan al-Banna, der Gründer der ägyptischen Moslembrüderschaft, sein Vater Said Ramadan, Lieblingsschüler al-Bannas, war ebenfalls ein führender Funktionär der radikalen Fundamentalisten-Truppe, weshalb er in den Fünfzigerjahren ins Exil gehen musste. Tariqs Bruder Hani ist ein düsterer Dschihad-Apologet.

Sitzt man Tariq Ramadan gegenüber, dann merkt man sofort: Dieser Mann hat kein Problem mit der Moderne, er ist mediengewandt und sonnt sich darin, wie gut er ist im zeitgenössischen Gewusst-wie. Die jungen Muslime wenden sich dem Islam zu, »weil sie Sinn suchen«, weil sie »eine Sehnsucht nach den spirituellen Dimensionen des Daseins« haben, erzählt Tariq Ramadan. Aber auch, weil sie den Druck der Mehrheitsgesellschaft spüren, der sie ohnehin abstempelt, weshalb sie noch mehr nach Halt in der Religion suchen. Aber man kann sich mit Ramadan auch gut über andere Dinge unterhalten. Was er denn davon hält, dass der Islam wie alle großen Monotheismen die gegenwärtigen Gesellschaften als »niedrig« einstufe, frage ich ihn, weil überall nur Spaß, Hedonismus und sexuelle Libertinage herrschten. Was ist denn so schlecht am sexuellen Appetit? Ramadan: »Nichts ist schlecht am sexuellen Appetit. Da haben Sie ganz recht. Sexualität ist kein Problem. Spaß und Lust sind kein Problem. Fantasien sind kein Problem. Menschen sollen ihre Natur akzeptieren, aber sie brauchen auch eine ethische Basis. Das ist ein ganz wichtiges Prinzip, nicht nur für die Religionen, auch für jede humanistische Philosophie.« Aber wozu braucht diese Ethik Religiosität? Welche ethischen Werte können sie nicht haben, wenn sie nicht religiös sind? »Das sage ich doch gar nicht. Ich kenne viele Leute, die Agnostiker sind, die Humanisten sind und sehr moralische Menschen. Aber Sie fragen von außerhalb des religiösen Feldes. Ich sage von innen: Die Religiosität ist meine Antwort auf die Frage nach dem Sinn. Und auf Basis dieser Antwort formuliere ich eine Ethik, die mir und anderen religiösen Menschen erlaubt, mit Ihnen zusammenzuleben. Ich frage Sie ja auch nicht: Warum brauchen Sie den agnostischen Rationalismus?« Aber ich ließ nicht locker. »Warum«, fragte ich, »sagen Sie Ihren Leuten nicht: Vergessen wir das mit der Religion!?« Ramadan: »Aber ich bin doch ein Gläubiger!« An dieser Stelle war das Gespräch zwar nicht aus, aber es gab nicht mehr allzu viel zu besprechen.

Zweifellos sind der charmante Ramadan und der freundliche Kardinal fromme Leute, die die heiligen Schriften ihrer Religion »anders«, nämlich kontextuell zu lesen empfehlen und die dafür plädieren, dass man auch die gewalttätigen Stellen dieser Bücher nicht als Aufruf zu eifernder Glaubenskriegerei verstehen soll, die meinen, man solle unter den religiösen Erzählungen nicht das verstehen, was sie buchstäblich sagen, sondern irgendetwas ganz anderes, was da zwar nicht steht, aber dafür freundlicher klingt. Männer, die darauf verweisen, dass in den Religionen sehr viel Potenzial für Gutes liegt, und die sich für die schrecklichen Seiten ihrer religiösen Tradition aufrichtig schämen. Und die gelegentlich darauf hinweisen, dass die Religionsgeschichte doch etwas anderes sei als eine große »Kriminalgeschichte«, wie man das in Anlehnung an Karlheinz Deschners Schwarzbücher über das Christentum nennen kann. Denn eine solche Darstellung wäre ungerecht und einseitig.

Und ganz unrecht haben sie nicht damit. Denn erstens werden viele Untaten der »Weltreligionen« in bisschen legendenhaft aufgebauscht und zweitens sind viele davon lange her – so ging es, beispielsweise, zur Zeit der Kreuzfahrer grundsätzlich nicht allzu zimperlich zu, und man sollte die christlichen Heere nicht an der zartfühlenden Gewaltabscheu unserer Tage messen, sondern an den Verhältnissen früherer. Auch die Inquisition kann man, verglichen mit den juristischen Praktiken der Zeit, geradezu ein einwandfreies rechtsstaatliches Verfahren nennen. Der Kirchenhistoriker Arnold Angenendt hat in seiner monumentalen Studie »Toleranz und Gewalt« jüngst versucht, die Dinge ein bisschen zurechtzurücken, und für Gerechtigkeit gegenüber den Religionen plädiert. Das Material, das er in diesem erstaunlichen Buch ausbreitet, ist tatsächlich beeindruckend. Angenendt, der sich auf das Christentum konzentriert, versucht zu zeigen, dass der Monotheismus und die christlichen Kirchen im Besonderen eine ganze Reihe von Fortschritten brachten, die die moderne Toleranz, den Individualismus und die Rechtsstaatlichkeit vorbereiteten.

Zunächst hat erst der Monotheismus, der den Menschen in ein Zwiegespräch mit dem einen Gott verwickelte, »die Entstehung des Inneren Menschen« möglich gemacht. Nicht mehr Opfer sollten die Götter besänftigen, sondern gottgefälliges Leben. Diese hochreligiöse Wende habe zu einer »Vergeistigung«[204] geführt, überhaupt erst das geschaffen, was wir heute »Gewissen« nennen: »So ist zunächst einmal zur Kenntnis zu nehmen, dass das Gewissen nicht einfach gegeben ist, vielmehr geweckt und aufgebaut werden muss«[205], schreibt Angenendt. Luthers »Hier stehe ich, ich kann nicht anders« wäre ohne das gar nicht denkbar gewesen. Aber auch die vielen anderen Schrecklichkeiten, die man dem Christentum heute so anlastet, die Kreuzzüge, die Inquisition, Koalitionen mit allem möglichen Reaktionären, die ideologische Munitionierung von Eroberungen und Kolonisation, die Hexenverfolgung und die Aufstachelung des Judenhasses – all diese Dinge, plädiert Angenendt, müsse man relativ sehen. Und gewiss hat die alte Leier davon, was das Christentum in den vergangenen zweitausend Jahren so angerichtet hat, etwas Ermüdendes. Schließlich waren es staatliche (Gewalt-)Herrscher, die oft die Religion in Dienst genommen und dabei ziemlich verbogen haben, außerdem sind diese Dinge meistens lange her, und wenn die Kritiker nur mit vergangenen Untaten aufwarten können, dann ist das ja offenkundig ein Beweis dafür, dass es so schlecht um die aktuelle Kirche nicht stehen kann. Also, wer die Religion heute noch als riskante Sache beschreiben will, muss schon mit mehr aufwarten. Er soll die barbarischen Akte aus dem Mittelalter und der frühen Neuzeit nicht vergessen, aber wenn er seine ganze Anklage darauf baut, dann hat sie nicht gerade festes Fundament.

Zumal Angenendt manche Mythen überzeugend zurechtrückt.

So hat sich das Christentum lange Zeit von den Mächtigen ferngehalten. Noch lange prunkte die frühe Kirche damit, dass die Christengemeinde »nicht viele Mächtige, nicht viele Vornehme« kenne, wie es bei Paulus heißt (1. Korinther 1,26). Noch im 3. Jahrhundert amtierten mehrmals Freigelassene – also ehemalige Sklaven – als Päpste. Erst in der Spätantike trat langsam ein Wandel ein. »Der bekannte Chronist der Merowinger-Zeit, Gregor von Tours, rühmte sich, der sechste Tourser Bischof aus seiner eigenen senatorisch-adeligen Familie zu sein.« Mit dem Aufstieg des Christentums und dessen Erfolg wandte sich die Oberschicht der Kirche zu, dem Prinzip folgend: adelig von Geburt und mehr noch von Tugend. Das Ergebnis war freilich eine zunehmende Symbiose der feudalen Herrschaftsklasse mit der Kirche. Weil immer mehr Adelige Priester wurden, predigten die Priester für den Adel, für die Monarchie, für die hergebrachte Ordnung. Kein Wunder, dass die Kirche im Zeitalter der demokratischen Revolutionen auf der anderen Seite der Barrikaden stand. In seiner Bulle »Unam sanctam« nannte der seliggesprochene Papst Pius IV. die von der Französischen Revolution proklamierten Freiheitsrechte einen »Wahn«.

Freilich, das religiöse Eiferertum, die Unbedingtheit, mit der Andersgläubigen begegnet wurde, ging dennoch nicht in erster Linie immer von Bischöfen und Päpsten aus. Die plädierten oft für Toleranz, weil erstens ein erzwungener, unfreiwilliger Glaube in ihren Augen nutzlos war und zweitens gewaltsames Vorgehen gegen Anders-, Un- oder Irrgläubige gegen Gottes Willen verstoßen würde – schließlich gäbe es ja auch beim schlimmsten Häretiker noch »Hoffnung auf Bekehrung und Rettung«, und darum »war die Tötung untersagt«.[206] Oft wurde an das Gleichnis vom Weizen und vom Unkraut (»Lasst beides wachsen bis zur Ernte«, Matthäus 13,24-30) erinnert, was als Jesu Wort für die Schonung der Irrenden gedeutet wurde. Doch schon mit der Ernennung des Christentums zur Staatsreligion durch den römischen Kaiser Konstantin ließen sich diese Prinzipien nicht immer einhalten – und zwar weniger im Interesse der Christen als im Interesse des Staates. Der Zentralstaat wolle unterschiedliche Religionen kaum dulden. So wurden die heidnischen Kulte verboten, »untersagt wurde das Betreten der Tempel, die Verehrung von Götterbildern, das Aufhängen von Kränzen, die Darbringung von Rauchopfern (auch in Privathäusern)« – diese anderen religiösen Praktiken wurden zum *Crimen* erklärt. Die Proklamation des Christentums zur Staatsreligion lief, so Angenendt, auf »ausschließliche Christlichkeit hinaus«, und nur das Judentum wurde weiter toleriert. Doch die Staatschristlichkeit warf wiederum eine Reihe weiterer Probleme auf, sobald etwa neue Gebiete hinzu erobert wurden. Die in diesen lebenden Nichtchristen »hatten nun gleichfalls, um die religiöse Geschlossenheit des Reiches aufrechtzuerhalten, Christen zu werden. Hiermit setzte die Gewaltbekehrung ein (...) Auf diese Weise entstand eine imperiale Religionspolitik mit Nötigung zur Taufe, was letztlich zur Formel führte: Taufe oder Tod.«[207] Dennoch ging man mit Häretikern noch schonend um. So ist die »Hinrichtung des spanischen Asketen Priscillian für das erste Jahrtausend der einzige im Westen sicher bezeugte Fall geblieben«[208]. Und wenn es zu Übergriffen kam, dann waren diese eher spontane Folgen der Volksfrömmigkeit, die sich vor überirdischer Strafe ängstigte, sollte sie den Unglauben tolerieren. Doch nach und nach setzte eine Verfolgungswelle ein, die Verbreitung des Glaubens »mit Schwert und Feuer«[209] und die Gnadenlosigkeit gegen andere. Schon der heute vielgerühmte Thomas von Aquin war der Meinung, hartnäckige Ketzer verdienen »nicht nur von der Kirche durch den Bann ausgeschieden, sondern auch durch den Tod von der Welt ausgeschlossen zu werden«. Bestechende Logik: Wenn schon einfache Diebe und Räuber zur Rechenschaft gezogen würden, »so können umso mehr die Häretiker (…) auch rechtens getötet werden«[210]. Denn ist ein Raub schlimmer als die Versündigung gegen Gott?

Freilich, diese Unduldsamkeit gegen Abweichler stand immer auch im Zusammenhang mit der Entwicklung der früheren Reiche zum modernen Zentralstaat, der ein Interesse daran hatte, bunt durcheinandergewürfelte Völkerschaften zu einem einheitlichen Volk zusammenzuschweißen. Und das war kein freundlicher Prozess. Man sollte da den christlichen Kirchen nicht etwas vorwerfen, was man im Falle der modernen Staatlichkeit als notwendigen Preis des Fortschritts zu akzeptieren bereit ist. Noch die Formel »Cuius regio eius religio« (»Wessen Gebiet, dessen Religion«), mit der die Religionskriege beendet wurden – und die pazifierende Wirkung hatte –, zielte auch darauf ab, den modernen Staat mit religiöser Autorität durchzusetzen. Fortschritt und Gewalttätigkeit, Friedenswille und Niedertracht gingen ohnehin oft paradoxe Symbiosen ein. Die Inquisition forderte klare Beweise und zweifelsfreie Zeugen für die Untaten der Angeklagten – war also vom Geist der Rechtsstaatlichkeit durchdrungen. Weil aber als sicherster Beweis das Geständnis galt, zog das »eine böse Folge nach sich: die Folter«. Doch da man schnell erkannte, dass unter schlimmer Tortur die Angeklagten alles gestehen, zog man den Nutzen bald wieder in Zweifel. So entwickelte die christliche Kirche noch in ihren dunkelsten Epochen auch Argumente, auf die sich seither humane Geister aller weltanschaulichen Richtungen stützen können. Und so schrecklich gewütet, wie man sich das landläufig vorstellt, hat die Inquisition ohnehin nicht. In Spanien, wo die Verfolgung am härtesten war, gab es exakt 826 Todesurteile.

Die Stimmen der Humanität sind ohnehin nie ganz verklungen. In den Zeiten der tumultarischen Hexenverfolgungen wandten sich Päpste und Bischöfe gegen diese Gewaltaktionen, etwa Gregor VII. »Glaubt nicht, Ihr dürftet Euch gegen Frauen versündigen, die (…) mit Unmenschlichkeit nach einem barbarischen Brauch abgeurteilt werden.«[211] Auch während der bestialischen Niedermetzelung und Versklavung der amerikanischen Ureinwohner während der Eroberung des Kontinentes erhoben immer wieder Kirchenmänner ihr Wort. Nicht nur der berühmte Bartolomé de Las Casas machte sich zum Fürsprecher der Rechte der Indios, auch sein dominikanischer Ordensbruder Antonio Montesinos klagte in seiner Adventspredigt im Jahr 1511 an: »Sag, mit welcher Berechtigung und mit welchem Recht haltet ihr diese Indios in so grausamer und schrecklicher Sklaverei? Was ermächtigt euch, so verabscheuungswürdige Kriege gegen diese Menschen zu führen, die friedlich und ruhig in ihrem eigenen Lande lebten?«[212] Und es war Papst Paul III., der 1538 in einer Bulle schrieb: »Deshalb entscheiden und erklären Wir, dass die vorgenannten Indianer und alle übrigen Völker, die den Christen später noch bekannt werden (…) ihrer Freiheit und Verfügungsgewalt über ihre Güter nicht beraubt werden dürfen (…), dass sie nicht zu Sklaven gemacht werden dürfen.«[213] Einzelne Kirchenväter haben auch schon früh mit Hinweis auf die Gottesebenbildlichkeit des Menschen die Sklaverei verurteilt, zumindest zur humanen Behandlung der Sklaven wurden ihre Besitzer aufgefordert und der Gefangenenfreikauf zur religiösen Pflicht erklärt. Auch die Stellung der Frau wurde in aller Regel nach der christlichen Missionierung mehr respektiert als davor.

Müssen wir angesichts dieser Bilanz nicht unser Urteil über die Religionen revidieren? Müssen wir dem Christentum sogar dankbar sein, weil es nicht nur eine Abfolge von Barbareien zu verantworten hat, sondern auch die Begrifflichkeiten lieferte für die Emanzipation und Menschenrechte? Ist das sein eigentliches Erbe, während all die schrecklichen Akte nur Abweichungen waren, Fehler, wie sie sich im Laufe der Geschichte eben häufen können? Nein, sagt der Berliner Philosoph Herbert Schnädelbach: »Ich sehe einfach nicht ein, warum wir an dieser Stelle andauernd dankbar sein sollen.«[214] Sicherlich, da in bestimmten Epochen die religiöse Sprache im Grunde die einzige war, mit der Probleme artikuliert und Konzepte geäußert werden konnten, und es »säkulare Denker« angesichts der Dominanz des Christentums schlechterdings nicht gab, kann es gar nicht verwundern, dass auch humane Positionen in religiöser Sprache vorgetragen wurden. Selbst wenn bestimmte Konzepte wie das des »Gewissens« durch die geistesgeschichtliche Entwicklung geprägt wurden, die in der Begrifflichkeit religiöser Menschenbilder formuliert war, heißt das noch lange nicht, dass wir heute noch die Religion brauchen, um nicht wieder zu gewissenlosen Kerlen zu werden. Und ohnehin könnte man angesichts von Arnold Angenendts vielfältigen Hinweisen auf humane Prinzipien der christlichen Theologie die Frage stellen, wieso denn dann eigentlich die christlichen Religionen derart oft in Gewalttätigkeit verfallen sind? Ist das nicht sogar ein Symptom für die Gefährlichkeit der Religionen, für eine innere Logik, gegen die die besten Prinzipien und höchsten Lehren offenbar keine Chance haben? Man sollte sich das zumindest gut überlegen, bevor man zu dem Urteil gelangt, die modernen Gesellschaften bräuchten die Religionen, weil es ohne Sinn und spirituelle Dimension nicht geht.

Wenn die Religionsglut erlösche, so die Meinung von Denkern wie Angenendt, dann fehlt etwas, »wo doch so vieles der modernen Welt durch die Religion und speziell durch das Christentum entstanden« sei. »Jürgen Habermas sieht derzeit etwas verloren gehen und empfiehlt rettende

Übersetzungen. Können Menschen auf die Kraft der Religion verzichten? Auch Nicht-Religion schafft Probleme«, ist er überzeugt.

Einspruch!, ruft da der italienische Philosoph Paolo Flores d'Arcais.»In der Regel ist die Religion eine sichere und permanente Versuchung zum konfessionellen Machtmissbrauch gegen die Demokratie. Für diese bedrohliche Hilfe gibt es keinen Bedarf.« Es ist, so Flores d'Arcais, »ein wesentliches Merkmal aller religiösen Sprachen, wenn sie nicht ins Säkulare übersetzt werden, dass sie auf das trennende ›Gott will es‹ rekurrieren; dass sie also beständig den Anspruch erheben, eine Lebensform im Ganzen zu strukturieren, um dann die Gesetze des Staates an das eigene Dogma anzupassen.«[215]

Gewiss, Arnold Angenendt hat recht, man soll den Religionen nicht alles Übel in der Welt anlasten und auch nicht so tun, als gäbe es nichts am religiösen Erbe, was zur positiven Entwicklung der Menschheit beigetragen hat.

Aber man soll sie auch nicht leichtfertig freisprechen.

Bibelkreis & Korankränzchen 9

Sind Frauen weniger wert als Männer?

Ein Stück Stoff kann ganz schöne Krisen auslösen. Kaum etwas hat so viel Identifikations-Signifikanz wie das Kopftuch. Junge Frauen, ob Konvertiten oder mit »Migrationshintergrund«, wie man heute so schön sagt, werfen es sich über – aus den verschiedensten Gründen. Weil das in patriarchalisch geprägten Familien so gewünscht wird. Aber auch, weil sie sich selbstbewusst als fromme Muslimas ausweisen wollen. Oder einfach, um zu zeigen, dass sie anders sind, nicht Mainstream. Man kann das nie so genau wissen, wie es da so tickt im Kopf unter dem Tuch. Aber eines kann man wissen: dass die Trägerinnen sich ziemlich sicher sind, dass sie dieses Tuch einfach tragen müssen. Das wird von Muslimas so erwartet, das steht so im Koran, muss man ja nur nachblättern, Sure 24, Vers 31: »Und sprich zu den gläubigen Frauen, dass sie ihre Blicke niederschlagen und ihre Scham hüten und dass sie nicht ihre Reize zur Schau tragen, es sei denn, was außen ist, und dass sie ihren Schleier über ihren Busen schlagen und ihre Reize nur ihren Ehegatten zeigen oder ihren Vätern oder den Vätern ihrer Ehegatten oder ihren Söhnen oder den Söhnen ...« und so weiter und so fort.

Nun ja, man kann darüber wahrlich nicht streiten, der Koran hat ziemlich klare Vorstellungen davon, wie ein schickliches Leben für die Frauen aussieht. Nur über eines kann man sehr wohl lange räsonieren: ob das mit dem Schleier wirklich sein muss. Denn im arabischen Original kommt ein Wort vor, von dem man nicht so recht weiß, was es heißt. Überhaupt ist der Satz ziemlich obskur. Es heißt in der Passage, »sie sollen ihre chumur über die Taschen schlagen«. Man kann sich vorstellen, dass die Köpfe der frühen Islamgelehrten ziemlich geraucht haben müssen. Was ist ein chumur? Was soll das heißen: über die Taschen schlagen? Irgendwann hat man sich darauf geeinigt, dass es ein Tuch, eine Art Schal, sein muss, den man über den vorderen Schlitz des Kleides schlagen soll. Warum man sich darauf verständigt hat? Ja, schwer zu sagen, aber wahrscheinlich ist den Gelehrten keine bessere Deutung eingefallen. Wahrscheinlich haben die höherrangigen arabischen Frauen ohnehin Kopftücher getragen – nicht zuletzt als Distinktionsmerkmal gegenüber den Niederrangigen, die ohne Kopfbedeckung bei Wind und Sandsturm ihre Arbeit verrichteten – und da war das natürlich die einfachste Variante, daraus einen religiösen Imperativ zu machen.

Der gewiss nicht unumstrittene deutsche Islamgelehrte, der unter dem Pseudonym Christoph Luxenberg schreibt, vertritt die These, dass ein Großteil der undurchschaubaren Passagen des Koran daher rührt, dass ursprünglich syrisch-aramäische Wendungen die arabische Sprache durchzogen haben, die man später nicht mehr verstanden hat. Wenn das stimmt, dann würden sich einige Verständnisschwierigkeiten auflösen. Dann würde die Kopftuchpassage in Wirklichkeit so lauten: »Sie sollen sich ihre Gürtel um die Lenden binden.« Ob Luxembergs These stimmt oder nicht, es ist jedenfalls ziemlich offensichtlich, dass heute Millionen Muslimas wegen einer recht zweifelhaften Übersetzung ein Kopftuch tragen oder sich eine Burka überwerfen. Jedenfalls kann es gar keinen Zweifel geben, wie die Religionshistorikerin Karen Armstrong schreibt: »Die Verschleierung der Frauen ist weder eine Erfindung noch eine zwingende Praxis des Islam.« Aber natürlich wäre die Rolle der Frau im Islam keine so andere, wenn die Korankompilatoren etwas besser Aramäisch gesprochen hätten. Dass der »praktische« Islam sehr patriarchalisch ist, darüber brauchen wir nicht viele Worte zu verlieren. Und auch den Koran muss man nicht lange durchsehen, bis man Stellen findet wie diese: »Die Männer sind den Weibern überlegen wegen dessen, was Allah den einen vor den andern gegeben hat, und weil sie von ihrem Geld (für die Weiber) auslegen. Die rechtschaffenen Frauen sind gehorsam und sorgsam in der Abwesenheit (ihrer Gatten), wie Allah für sie sorgte. Diejenigen aber, für deren Widerspenstigkeit ihr fürchtet – warnet sie, verbannet sie in die Schlafgemächer und schlagt sie. Und so sie euch gehorchen, so suchet keinen Weg wider sie; siehe, Allah ist hoch und groß.« (Sure 4,34) Gleichzeitig gibt es viele Koranstellen, »die die Rechte der Frauen ganz klar gegen die Willkür der Männer verteidigen«, schreibt die deutschtürkische Publizistin Hilal Sezgin. Zum Beispiel spricht der Koran den Frauen den halben Erbteil zu, in vorkoranischer Zeit haben sie nichts geerbt. Ein Mann darf die Frau nach einer Scheidung nicht daran hindern, einen anderen zu heiraten, ja, er darf seine Frau nicht einmal vererben.

Zyniker werden jetzt sagen: richtig feministisch, der Koran. Andere wiederum werden einwenden: Man muss die Texte mit dem historischen Kontext vergleichen, und da kann das, was uns heute frauenfeindlich erscheint, einen relativen Fortschritt bedeutet haben. Kurzum: Es ist ziemlich fruchtlos, das Hin und Her des Streits zu referieren, in dem die einen die Frauenfeindlichkeit des Islam beklagen, die anderen betonen, der Islam lege viel Bedacht auf die Würde der Frauen. Hinzu kommt natürlich, dass sich in den Jahrhunderten der Konfrontation von Islam und »dem Westen« Reflexe herausgebildet haben, die die Sache weiter verkomplizieren. Westliche Imperialisten, daheim die größten Paschas, waren plötzlich sensibel, wenn es um die Rechtlosigkeit der muslimischen Frauen ging. Das ist ja bis heute so: Wenn etwa ein CSU-Mann eine verschleierte Frau sieht, dann wird er zum Frauenrechtler, da ist die Alice Schwarzer nichts dagegen. Das macht die feministische Kritik am Islam nicht immer, na, sagen wir, glaubwürdiger. Und führt auch zu den bekannten Abwehrreaktionen mit perversen Resultaten: dass gerade auch sehr selbstbewusste, emanzipierte muslimische Frauen den Schleier tragen, halb aus Trotz, ein bisschen als Widerstandsgeste, halb auch als Selbststigmatisierung, von der man halten kann, was man will. Und auch das ist gar keine so neuartige Entwicklung. Diese Paradoxien zeitigten schon zu Kolonialzeiten recht groteske Erscheinungen. So war der britische Lord Cromer Mitbegründer der Londoner »Liga der Männer gegen das Frauenstimmrecht«, aber in seinem Monumentalwerk über Ägypten bekundete er seine große Sorge über die Lage der muslimischen Frauen. Es war kein Einzelfall, dass die kolonialistischen Raubeine ganz zartfühlend wurden, wenn es um muslimische Frauen ging, und deshalb »verwandelte sich der Schleier (...) im Verlauf der erhitzten Debatte (...) in ein Symbol des Widerstands gegen den Kolonialismus«, schreibt Karen Armstrong: »Und so blieb es. Viele Muslime betrachten heute den Schleier als unerlässlich für alle Frauen und als ein Zeichen des wahren Islams. Weil die Kolonialherren aus Propagandazwecken auf feministische Argumente zurückgegriffen hatten, denen die meisten wenig oder keine Sympathie entgegenbrachten, ließen sie den Feminismus in der muslimischen Welt insgesamt in Misskredit geraten.«

Aber es ist irgendwie auch lustig zu sehen, was in vierzehnhundert Jahren aus einem Übersetzungsfehler so werden kann. Apropos. Der Islam hält ja die Züchtigkeit hoch, wenn es um lebende Frauen geht, ist aber sehr für sexuelle Ausschweifungen, wenn es um tote Männer geht. Immer wieder werden die Freuden beschrieben, die den Rechtgläubigen im Paradies erwarten. »Sie sind die Nahegebrachten. Im Garten der Wonne. Eine Schar der Früheren. Und wenige der Späteren. Auf durchwobenen Polstern. Sich lehnend auf ihnen einander gegenüber. Die Runde machen bei ihnen unsterbliche Knaben. Mit Humpen und Eimern und einem Becher von einem Born. Nicht sollen sie Kopfweh von ihm haben und nicht das Bewusstsein verlieren. Und Früchte, wie sie sich erlesen. Und Fleisch von Geflügel, wie sie's begehren. Und großäugige Huris. Gleich verborgenen Perlen. Als Lohn für ihr Tun.« (Sure 56,11-24) Das Wort von den Huris kommt im Koran vier Mal vor. Von diesen Stellen leitet sich die Hoffnung des durchschnittlichen Selbstmordattentäters auf sein erotisches Nachleben ab. Nun, wer sich seinen Bombengürtel in der Hoffnung auf die Paradiesjungfrauen umschnallt, sollte sich nicht zu sicher sein. Denn mit dem Wort »Huris« ist es wie mit dem Wort »chumur«, das irrtümlich das Kopftuchdogma begründete: Man weiß eigentlich nicht, was es bedeuten soll. Und weil man es nicht wusste, haben die Korankommentatoren gemeint, na, dabei kann es sich nur um Paradiesjungfrauen handeln. Übrigens ist auch nirgends gesagt, dass nur Märtyrer, also die, die für den Islam sterben, in den Genuss der Huris kommen. Und dass es ausgerechnet 72 sein sollen, wie Osama bin Laden seinen Fußsoldaten verspricht, steht auch nur in ziemlich unzuverlässigen Hadithen. Die sind dafür auf groteske Weise präzise: Huris seien junge Frauen mit transparenten Körpern, haben weder Menstruation noch Menopause, müssen nicht aufs Klo und können auch keine Kinder kriegen. Die Männer werden im Paradies immer 30 Jahre alt sein und, wie es in einer Hadith heißt, die Virilität von hundert Männern haben. Anderswo steht, sie hätten eine ewige Erektion, was aber wohl ohnehin auf dasselbe rauskommt.

Nun, bevor Sie, lieber Leser, angesichts solcher Aussichten blitzschnell zum Islam konvertieren und sich einen Bombengürtel umschnallen, lesen Sie das Folgende: Das Wort »Huri« stammt, jedenfalls ist das wieder Luxembergs Deutung, offenbar auch aus dem Syrisch-Aramäischen und heißt »weiße Trauben«. Also: Keine großäugigen Jungfrauen warten im Paradies, sondern Weintrauben. Auch nicht schlecht, werden Sie jetzt vielleicht sagen? Ja, und außerdem fügen sich die Trauben auch viel logischer in den Text. Sie hatten ja einen fixen Platz in den orientalischen Paradiesvorstellungen, was man von durchsichtigen Feen ohne Menstruation nicht unbedingt behaupten kann. Wie auch immer: Muslimische Frömmler, und zwar nicht nur dschihadistische Wirrköpfe, reagieren höchst pikiert auf solche berechtigte Zweifel. Als ich einmal in einem meiner Blogs auf diese neuen Forschungen hinwies, hagelte es wütende Reaktionen. »Ihre Abrechnung mit dem Gütigen wird hart.« Wobei die etwas missverständliche Formulierung wohl andeuten sollte, dass der Gütige mit mir hart abrechnen werde, und nicht ich mit ihm (was aber auch einmal eine Überlegung wert wäre). Ein anderer brachte einen »Beweis« für die Existenz der Paradiesjungfrauen vor, dessen Selbstreferentialität einem den Atem raubt: Der »Beweis« bestünde in dem Hadith, in dem den Männern im Paradies die Potenz von hundert Männern versprochen wird. »Wozu eigentlich, wenn es dort nur Weintrauben gibt?«

Aber das hat mich alles nicht überzeugt. Ich bleibe dabei. Pech gehabt, Dschihadisten. Keine Huris im Paradies.

Schluss

Gott schütze uns vor der Rückkehr der Religionen!

> Es gibt nicht nur keinen Gott, schlimmer noch, es ist auch unmöglich, am Wochenende einen Klempner zu bekommen.
>
> *Woody Allen*

> Wäre Woody Allen ein Muslim, er wäre längst tot.
>
> *Salman Rushdie*

Wer Gläubigen den Frevel antut, etwas Kritisches über ihre Religion zu sagen, dem ist die Wut der Religiösen sicher. Wer in Abrede stellt, dass der Islam prinzipiell friedliebend sei, der kann mit den ready-made Fatwas rechnen, die heute von globalisierten Islamgelehrten im Eilverfahren verabschiedet werden. Aber auch wer seine Zweifel anmeldet, ob das zeitgenössische Christentum tatsächlich die Kraft göttlicher Aufklärung ist, als die es sich heute darstellt, der kann mit wütenden Protesten rechnen. Jeder Journalist wird das bestätigen: Man kann über die wichtigsten politischen Themen die provokantesten, elegantesten und auch skurrilsten Auffassungen verbreiten, meist kümmert dies kaum jemanden. Schreibt man aber einen kritischen Halbsatz über eine Religion – oder gar über die Religiosität als solche –, dann ist der E-Mail-Account schnell verstopft, und die Postfächer quellen unter Protestbriefen über. Manche legen einem die Barmherzigkeit Gottes ans Herz, auf dass die Verstocktheit des Kommentators sich öffne (»Lieber Herr Misik! … Möge Gott, Jahwe, Sie segnen!«), andere prophezeien dem Autor ewige

Verdammnis, der Nächste verweist darauf, dass die Bibel tatsächlich wörtlich wahr sei, die Vierten diagnostizieren einfach schlichte Vorurteilsbeladenheit. »Die Aufklärung ist in der Tat ein Ergebnis der jüdisch-christlichen Religion«, schrieb mir ein wütender Poster einmal bei solcher Gelegenheit, und selbst der Hinweis, dass der Respekt vor Ratio, Demokratie und Menschenrechten den christlichen Kirchen abgerungen werden musste, der wird dann noch mit viel sophistischer Raffinesse zu deren Ehre ausgelegt: Toll sei doch, »dass das den Kirchen abgerungen werden konnte. In anderen Religionen gibt es eine solche aufklärerische Dynamik eben nicht.«

In welchem Paralleluniversum die Anhänger solcher Thesen kreisen, veranschaulicht man sich am besten, wenn man einen kurzen Blick auf die Schlagzeilen diverse Zeitungen wirft. Nehmen wir nur ein halbes Dutzend Ausgaben just aus jenen Tagen, in denen der Poster seine Behauptung aufstellte. »CDU-Generalsekretär fordert Kruzifixe an allen Schulen«, lautete eine Überschrift, und nur einen Tag später machten alle großen deutschen Zeitungen mit dem Vorschlag des Fraktionsvorsitzenden der regierenden deutschen Christenunion auf: »Bosbach für ›Konvertiten-Register‹«. Jeder, der von einer anderen Religion zum Islam übertrete, solle in einer zentralen Datei vermerkt werden, so der originelle Vorschlag im Kampf gegen den Terror. Flankiert wurden die Forderungen durch die Bekundung des Kölner Kardinals Joachim Meisner, moderne Kunst sei »entartet«, und durch den Aufstand gegen Moscheebauten in verschiedenen deutschen Städten. Sogar so vernünftige Geister wie der Schriftsteller Ralph Giordano warnten alarmistisch vor der »schleichenden Islamisierung«, und Kärntens Landeshauptmann Jörg Haider dekretierte, dass islamische Gebetshäuser mit Minaretten in seinem Bundesland nichts zu suchen hätten – eine Äußerung, die schon alleine deshalb reichlich obskur war, weil überhaupt niemand vorhatte, in Kärnten eine Moschee mit Minarett zu bauen. Sein Amtskollege, der normalerweise als zurechnungsfähig geltende Landeshauptmann Erwin Pröll aus Niederösterreich, proklamierte, Minarette seien »artfremd«. Im Wiener Stadtbezirk Brigittenau wiederum marschierte ein xenophober Mob vor einem türkischen Kulturzentrum auf, das erweitert werden sollte (fälschlicherweise war von einem Moscheebau die Rede). Die christdemokratische Volkspartei (ÖVP) hatte ebenso zu dem Protest aufgerufen wie die rechtsradikale Freiheitliche Partei (FPÖ). »Mir sind hier ja scho die Minderheit«, klagten Anrainer, oder: »De Kruzifixe werdn obgnumma, aber die bauen a Moschee.« Vor dem Kulturzentrum angelangt, skandierten die Demonstranten »Anzünden! Anzünden!«. Anderntags forderte der ÖVP-Generalsekretär mit dem Namen Hannes Missethon, »die müssen unsere Spielregeln lernen«.

Damit meinte er natürlich nicht, dass die Muslime jetzt auch vor katholischen Kulturzentren aufmarschieren und lautstark fordern sollten, diese warm abzutragen.

Und das sind nur ein paar schrille Exempel des grassierenden Wahnsinns, die sich zufällig in fünf, sechs Tagen konzentriert haben. Aber die Anhänger der obskuren Theorie, dass das Christentum mit der Aufklärung und der Vernunft im Bunde stehe, ficht all das nicht an. Gewiss werden die Vertreter dieser These jetzt anmerken, all dies habe mit dem Christentum im eigentlichen Sinn nichts zu tun. Populistische Politiker versuchten einfach zu punkten, und das könne ihnen umso leichter gelingen, als sich in der Bevölkerung die Angst vor dem islamischen Terror mit ohnehin endemischen xenophoben Ressentiments paare. Dabei ist gerade das ja das Erschreckende: Man verfällt selbst im säkularen Europa in dem Moment, in dem eine andere Religion sichtbar wird und diffuse Sorgen über die Gefährlichkeit »der Muslime« hochkochen, sofort in die

Sprache von Religionskriegen: Kruzifixe versus Moscheen, Kirchtürme versus artfremde Minarette. Kaum läuft etwas schief, wird das Gift des religiösen Eiferertums verabreicht.

Also wehren wir den Anfängen.

Damit hier kein Missverständnis entsteht: Natürlich ist das europäische Christentum heute eine gezähmte Religion, und man kann sogar die Hoffnung hegen, wie das Peter Sloterdijk tut, dass hier die »Zivilisierung der Monotheismen« zumindest in Hinblick auf die alteingesessenen Kirchen abgeschlossen ist, dass selbst Stenggläubigen, Pastoren und Bischöfen »viele Stellen aus den eigenen sakralen Büchern, aus denen der heilige Furor redet, wie peinliche Archaismen vorkommen«, sodass sie heute »nur noch die Stellen (...) zitieren, die mit den herrschenden Sensibilitäten kompatibel sind«[216]. Soll heißen: Der Gott eines glücklicherweise geschlagenen Christentums ist tatsächlich ein »lieber Gott«, der niemandem etwas zuleide tut.

Ebenso selbstverständlich ist, dass heute die Hauptgefahr religiösen Eiferertums von fanatischen fundamentalistischen Muslimen ausgeht, von Radikalen, denen die Gemäßigten keinen Einhalt gebieten können, weil Erstere eben ganz viele Passagen ihrer Heiligen Schrift für sich ins Treffen führen können.

Doch eine schöne Maxime, an die ich mich möglichst zu halten versuche, lautet: Ein jeder rede von der Schande der eigenen Leute. Jeder Muslim, der seine Religion einer harten Kritik aussetzt, hat meine Unterstützung. Und im persönlichen Kontakt mit muslimischen Freunden werde ich ihnen auch immer klarzumachen versuchen, dass sie die Versuche zurückweisen sollen, sie auf ihre religiöse Identität zu reduzieren. »Diese Zuschreibungen eindeutiger Identitäten – christlich, jüdisch, muslimisch – ist nicht nur faktisch falsch, es ist auch schädlich, weil ein Charakteristikum der Person überbewertet wird. Daran haben natürlich gewisse Leute ein Interesse. Pfarrer, Mullahs, Kardinäle. Aber warum sollten wir die Religionen so wichtig nehmen?«, schrieb ich unlängst einem »moderaten Muslim«, mit dem ich in regem Austausch stehe.

»Religionskritik« am Islam ist wichtig, aber sie ist die Sache der Muslime. Der Islam ist in den westlichen Gesellschaften primär eine Religion der Unterprivilegierten. Kritik »von außen« ist da immer die Kritik der Avancierten an den Outcasts – und deshalb von schnöseliger Selbstgerechtigkeit so oft verdammt schwer zu unterscheiden. Als Angehöriger einer westlichen Nation und als Bürger eines katholischen Landes muss ich mir die Religion vorknöpfen, die in meiner Kultur dominant ist. Säkularisierung und Aufklärung ist etwas, was von innen kommen muss. Auch die europäische Aufklärung, die christliche Dogmen und Obskurantismus zurückdrängte, war von Christen und Ex-Christen betrieben, also Selbstaufklärung. Deswegen konnte sie so erfolgreich sein. Hätten Buddhisten, Muslime oder Hindus versucht, den Europäern den biblischen Dogmatismus auszutreiben, wäre die Sache bestimmt anders ausgegangen. Die heute so modisch gewordene »Religionskritik« dagegen, die manche Christen oder Juden am Islam üben, ist natürlich keine »Religionskritik«, sondern so ziemlich das Gegenteil davon – parteiisches Verhalten in einer Konfliktlage, die mehr und mehr die Charakteristika eines Religionskrieges anzunehmen beginnt. Und selbst wenn sie das nicht ist, wird sie von der anderen Seite leicht so aufgefasst werden können, was die Sache dann wieder kontraproduktiv macht.

Die Gefahr ist groß, wie wir gesehen haben, dass mit dem Aufstieg des Islamismus auch christliches Eiferertum zunimmt – als Abgrenzung, zur Selbstvergewisserung. »Sie [die Muslime] erinnern uns (…) daran, dass wir unsere Religion etwas leichtfertig abgelegt haben«, hofft etwa Wiens Kardinal Christoph Schönborn. »Sie erinnern uns vielleicht auch daran, dass Religion ein bisschen ernster zu nehmen ist, als es das säkularisierte Europa derzeit tut.«[217] Aber nicht nur die Abgrenzung vom Islam führt zu einer neuen »christlichen Verschärfung«, man soll auch den Umstand nicht gering schätzen, dass sich christliches Eifertum aus den gleichen Quellen speist wie das islamische: Die Delegitimierung weltlicher Ideologien und das Unbehagen an der modernen Kultur führen zu einer Flucht in den Glauben, zur Renaissance des Religiösen. Aber das löst kein Problem. Im Gegenteil: Das macht jedes Problem noch größer.

Dieses Buch handelt von der Politisierung der Religion – also von der praktischen, öffentlichen Seite des Glaubens. Ich habe mich absichtlich, auch um mein Thema nicht zu sprengen, nicht damit aufgehalten, zu beweisen, dass es Gott nicht gibt. Wer sich in die sophistischen Nischen der Gottesbeweise und Antigottesbeweise begeben und jahrhundertelange fruchtlose Debatten aufwärmen will, der muss sich anderweitig umsehen. Ich werde jemanden, der festen Glaubens ist, gewissermaßen unter der Videoüberwachung Gottes zu stehen, nicht vom Gegenteil überzeugen. Ich will das auch gar nicht. Auch wer meint, dass die Welt vor 6000 Jahren innerhalb von sechs Tagen erschaffen wurde und der Allmächtige am Samstag ein Nickerchen machte, soll das meinetwegen glauben. Und auch wer seinen Glauben mit der modernen Wissenschaft aussöhnen will und der Idee vom »Intelligent Design« anhängt, der soll das ruhig tun – so abstrus sich die Fantasie auch ausnimmt, Gott hätte die Welt zwar als Ursuppe erschaffen, hatte aber schon die Evolution vorausgeplant, also in seiner Allwissenheit die evolutionäre Entstehung aller Arten mit all ihren Eigentümlichkeiten »vorherdesigned«. Gott hat also schon zu Urknallzeiten die Nase der Menschen entworfen, damit später einmal Brillengläser stabil darauf sitzen können. Übrigens meinen die Anhänger des ID tatsächlich, die Evolution beweise zwar vieles, erkläre aber nicht alles, und in den Fugen des Unerklärbaren säße Gott, was ihn gewissermaßen zu einem Loch-Gott mache. Doch nicht nur das Unerklärbare, also das Chaotische, hat es ihnen angetan, sondern die Ordnung der Natur, die sich wissenschaftlich beweisen lasse, sei Hinweis auf einen planenden Schöpfer. So ist das bei den Religionen immer: Wenn ein Argument beweist, dass Gott die Hand im Spiel hat, dann heißt das noch lange nicht, dass das Gegenteil davon nicht auch als Gottesbeweis taugt. Es ist zum Schreien komisch.

Dennoch, jeder soll glauben, wozu er lustig ist. Nahe Verwandte von mir glauben, dass es Unglück bringt, einen Hut auf das Bett zu legen oder zurückzugehen, wenn man einmal die Wohnung verlassen hat. Damit schaden sie niemandem (außer mir, weil ich es bin, der zurückgehen muss, wenn sie etwas vergessen haben). Aber sie wollen nicht, dass alle Menschen glauben, dass Zurückgehen Unglück bringt. Sie meinen nicht, dass Menschen, die zurückgehen, Ungläubige sind, der ewigen Verdammnis preisgegeben. Sie haben um ihre Überzeugung, dass der Hut am Bett das Pech anzieht, auch keineswegs eine Fülle moralischer Imperative gruppiert, seien es sinnvollere (»Du sollst keinen Hutträger töten«) oder unsinnigere (»Menschen ohne Hut sind unrein«). Sie finden auch nicht, dass man die Lehre vom verderblichen Zurückgehen in den Schulen unterrichten soll. Und sie sind insbesondere nicht der Meinung, dass Menschen, die die Hut- oder Nicht-zurückgeh-Lehre nicht teilen, einer anderen Kultur, einer anderen Zivilisation angehören, von der man Abstand halten oder die man sogar aktiv bekämpfen solle. Ja, sie finden noch nicht einmal, dass man mit diesen anderen Menschen einen »Dialog« über die verschiedenen Auffassungen in der Hutfrage führen müsse, und sie sind auch keineswegs der Meinung, dass sie ein festes Anrecht darauf haben, vom

Bundeskanzler, von Ministern oder Parlamentariern angehört zu werden, bevor diese knifflige Entscheidungen über medizinische Angelegenheiten treffen. Selbstverständlich finden sie auch nicht, dass der Staat über das allgemeine Steueraufkommen ihre Hüte zu finanzieren hat.

Wenn es also alle Religionen und Gläubigen so hielten wie meine Verwandten, hätten wir alle kein Problem. Da dies aber leider nicht der Fall ist, ist es an der Zeit, die liberale, elegante Zurückhaltung im Umgang mit den Religionen wieder ein wenig in Frage zu stellen und nicht verschämt um Wahrheiten herumzureden, auch wenn diese für die Religiösen unbequem sein mögen. Ich möchte deshalb die bisher vorgebrachten Argumente noch einmal zusammenfassen und resümieren.

Die Religiösen verteidigen ihren Glauben heute, wie wir gesehen haben, nicht nur mit dem Hinweis, dass er wahr ist (das ist heute eher eine Botschaft, die für ihren innerreligiösen Binnendiskurs relevant, für das öffentliche Leben aber bedeutungslos ist), sondern vor allem damit, dass er nützlich sei. Dies ist aber aus mehrerlei Gründen nicht der Fall. Erstens schadet die Religion, weil sie die mächtigste Kraft ist, die Menschen gegeneinander aufbringt und kulturell von anderen Menschen abgrenzt. Zweitens ist es keineswegs so, dass man nur auf Basis einer religiös begründeten Moralität unmoralisches Verhalten überhaupt zu kritisieren vermag. Das würde ja bedeuten, dass wir ohne Gottesbezug nicht einmal in der Lage wären, zu begründen, dass die Handlungen von Hitler und seinen Nationalsozialisten moralisch falsch waren. Jeder sieht auf den ersten Blick, wie unsinnig eine solche Behauptung wäre. Drittens unterstellt eine solche Auffassung natürlich, dass religiösere Gesellschaften irgendwie moralisch besser wären als nichtreligiöse Gesellschaften. Damit freilich begeben sich die Religionen glücklicherweise auf jenes Feld, das sie normalerweise meiden wie der Teufel das Weihwasser, nämlich auf das Feld des Überprüfbaren. Wenn dem so wäre, müsste das ja mit der Empirie zumindest grob übereinstimmen, dann müssten frommere Gesellschaften moralisch fortgeschrittener sein als agnostischere. Wie wir wissen, ist aber eher das Gegenteil der Fall. Geben wir Sam Harris das Wort:

»Norwegen, Island, Australien, Kanada, Schweden, die Schweiz, Belgien, Japan, die Niederlande, Dänemark und Großbritannien zählen heute zu den am wenigsten religiösen Gesellschaften der Welt. Entsprechend dem Human Development Report der Vereinten Nationen aus dem Jahr 2005 sind sie aber auch die gesündesten, und zwar gemäß Indikatoren wie Lebenserwartung, Alphabetisierung, Geschlechtergleichheit, Mordrate oder Kindersterblichkeit. (...) Im Kontrast dazu sind die Nationen am untersten Ende der Entwicklung durchgehend ziemlich religiöse Gesellschaften.«[218] Auch innerhalb einer Nation wie den USA kann man diese Zusammenhänge beweisen, so Harris: Von den 25 Städten mit den niedrigsten Mordraten befinden sich 62 Prozent in den eher wenig religiösen Staaten, in denen die Demokraten dominieren, 28 Prozent in den eher religiösen Staaten, in denen die Republikaner dominieren. Von den gefährlichsten Orten der USA liegen drei Viertel in religiös dominierten republikanischen Staaten.

All das leuchtet Personen, die bereit sind, ihren Verstand zu benützen, sofort ein. Kein Mensch würde ja behaupten, dass die Moralität im ziemlich agnostischen Schweden auf einem niedrigeren Level ist als im recht religiösen Sizilien. Natürlich kann man zur Verteidigung der Religionen ins Treffen führen, dass die religiösen Zonen auf der Welt die wirtschaftlich und sozial schlechter entwickelten Regionen sind, wohingegen die Wohlstandszonen eher agnostisch sind, weil Religiosität mit zunehmender Prosperität abnimmt, kurzum: dass nicht die Prosperität Resultat des Agnostizismus ist, sondern umgekehrt der Agnostizismus

Resultat der Prosperität. Zwar ist auch das ein Einwand, der zu diskutieren wäre, nur ändert er an dem Sachverhalt nichts, dass mehr Religiosität offenbar keineswegs mehr Moralität nach sich zieht. Das Argument, dass Religiosität für die öffentliche Moral und für das Gemeinwohl nützlich ist, ist also eindeutig falsch.

Gewiss ist die christliche Religion in Europa heute geläutert. Die Inquisition, der christliche Judenhass und dessen Folgen – der moderne Antisemitismus bis zum Holocaust – all das ist den christlichen Kirchen mittlerweile peinlich. Aber das hat nichts damit zu tun, dass das Christentum besonders kompatibel mit der Aufklärung wäre. Bestimmt kann man in jedem theologischen Gebäude, vor allem in einem mit so vielen Gängen, Zimmern und Nebentrakten wie dem Christentum, Aspekte finden, die dem freien Gebrauch der Vernunft günstig sind. Die Zwei-Reiche-Lehre (»Gebt dem Kaiser, was des Kaisers ist, und Gott, was Gottes ist«) half der Säkularisierung, sich Bahn zu brechen. Aber natürlich gibt es auch in der islamischen Tradition Details, für die Ähnliches gilt: So hat die Faszination der Schöpfung Generationen muslimischer Naturwissenschaftler inspiriert. Solche Nebenaspekte dürfen allerdings nicht darüber hinwegtäuschen, dass jede Religion der Aufklärung feindlich gegenübersteht. Um das mit Bertrand Russels Worten zu sagen: »Es ist wahr, dass der moderne Christ heute weniger zupackend ist, aber das ist er keineswegs wegen des Christentums. Er ist es dank Generationen von Freidenkern. Es ist amüsant, zuzuhören, wenn ein zeitgenössischer Christ erklärt, wie mild und vernünftig das Christentum wirklich ist, und dabei den Umstand ignoriert, dass wir all diese Milde und Vernunft Männern verdanken, die zu ihrer Zeit von frommen Christen verfolgt wurden.«[219]

Ohnehin ist es mit der Milde nicht so weit her, wie das Beispiel der USA zeigt. In Europa wurde noch nicht in seiner ganzen Dimension erfasst, wie weit der Zugriff fundamentalistischer Narren auf die Regierung der Vereinigten Staaten reicht. So ist, um nur ein Beispiel zu nennen, der Unterstaatssekretär im Verteidigungsministerium William G. Boykin der festen Überzeugung, »unser Feind ist ein Kerl namens Satan«[220]. Der Mann ist immerhin verantwortlich für die Special Forces, die unter anderem Osama bin Laden jagen.

Und im Obersten Gerichtshof der Vereinigten Staaten, dem wichtigsten juridischen Organ Amerikas, in dem etwa das Recht auf die Fristenlösung beschlossen wurde (und möglicherweise bald wieder kassiert wird), sitzt ein hochdekorierter Richter namens Antonin Scalia, der über das Thema Todesstrafe Folgendes zu sagen hat: »Dies ist nicht das Alte Testament, wie ich betonen möchte, sondern der heilige Paulus (...) Der Kern der Botschaft besagt, dass eine Regierung – wie auch immer man diesen Begriff eingrenzen möchte – ihre moralische Autorität von Gott bezieht (...) In der Tat, mir scheint, je christlicher ein Land ist, umso weniger wahrscheinlich ist es, dass man die Todesstrafe in diesem Land als unmoralisch empfindet (...) Dies als Ergänzung zu der Tatsache, dass für den gläubigen Christen der Tod nichts Weltbewegendes ist. Die absichtliche Tötung einer unschuldigen Person ist etwas Weltbewegendes: Es ist eine schwere Sünde, die den Verlust der Seele zur Folge hat. Doch dieses Leben verlieren, um das nächste dafür zu erhalten? (...) Für den Ungläubigen hingegen bedeutet jemanden seines Lebens berauben dasselbe wie dessen Existenz auslöschen. Welch schreckliche Tat! Die Reaktion gläubiger Menschen auf die Neigung der Demokratie, die hinter der Regierung stehende göttliche Autorität zu verschleiern, sollte nicht in Resignation bestehen, sondern in der Entschlossenheit, so wirkungsvoll wie möglich dagegen vorzugehen. Dies haben wir (im Gegensatz zu Kontinentaleuropa) in diesem Land getan, indem wir uns in unserem öffentlichen Leben zahlreiche Dinge bewahrt haben, die uns daran erinnern, dass wir – gemäß einer Aussage des Obersten Gerichtshofs aus den 40er-Jahren – ›ein religiöses Volk‹ sind, ›dessen Institutionen ein Höchstes Wesen voraussetzen‹. (...) All dies ist, wie gesagt, höchst uneuropäisch, und es hilft uns zu begreifen, warum unser Volk sich eher dazu eignet, gleich dem heiligen Paulus zu verstehen, dass die Regierung das Schwert als ›Gottes Dienerin‹ trägt, um das ›Strafgericht zu vollziehen‹ an den Missetätern.«[221] Man muss sich das auf der Zunge zergehen lassen: Ein Richter am Supreme Court der allein verbliebenen Supermacht rühmt christliche Gesellschaften mit dem Argument, hier habe man noch ein gesundes Verhältnis zur Todesstrafe, und zwar, weil der Christ weiß, dass mit dem Tod nicht alles aus ist. Mit demselben Argument kann man den Einsatz von Atombomben legitimieren. Ein nuklearer Holocaust? Was soll's, wo doch alles Irdische eitel ist.

Der römische Papst sieht die Sache mit der Todesstrafe vielleicht nicht ganz so, aber auch nicht sehr viel anders. Gewiss, die Kirche hält fromme Reden für die »Kultur des Lebens«, vor allem wenn es sich um eben gezeugte Föten oder befruchtete menschliche Vier- oder Achtzeller im Reagenzglas handelt. Bei geborenen Menschen will der römische Klerus das aber nicht so eng sehen, wie der geltende Katechismus beweist, der der Todesstrafe seinen Sanktus erteilt. Laut § 2267 des gültigen lateinischen Katechismus ist die Todesstrafe weiter gerechtfertigt, wenn sie »der einzige mögliche Weg ist, das Leben von Menschen wirksam gegen einen ungerechten Angreifer zu verteidigen«. Damit ist die katholische Kirche auf dem zivilisatorischen Pfad zwar schon einige Schritte weiter als der Höchstrichter Scalia oder der wiedergeborene Christ George W. Bush, aber immer noch weit entfernt von, sagen wir, der Moralität von Amnesty International.

Mit einem Wort: Es soll nicht bestritten werden, dass Religiosität auch positive Auswirkungen haben kann, weil sie zum Zusammengehörigkeitsgefühl zwischen Menschen beitragen und Solidarität stiften kann und weil sich bisweilen ein Gläubiger für seine Mitbürger in einem Ausmaß engagiert, das er vielleicht nicht an den Tag legen würde, meinte er nicht, dass ein Gott dies von ihm verlangte. Diesem Nutzen stehen aber doch viel größere Nachteile gegenüber: Religion neurotisiert. Sie hetzt die Menschen gegeneinander auf. Sie pflanzt gesunden Kindern die Idee der Sünde in den Kopf. Sie verleitet dazu, im Nachbarn den verderbten Ungläubigen zu sehen. Sie bringt Männer dazu, Frauen als sexualisierte Hexen wahrzunehmen. Sie verleitet dazu, Unrecht zu respektieren, das nie toleriert würde, wenn es nicht den Adel des Spirituellen hätte. Sie macht aus gefährlichen Konflikten brandgefährliche Konflikte, bei denen sich dann schnell »Wir« und »Sie« unversöhnlich gegenüberstehen. Im Namen der Religion dürfen die obskursten Dinge verbreitet werden, und wer diese Narreteien Narreteien nennt, der hat das Stigma des Intoleranten.

Die Religion – eine Sinnressource? Eher eine Unsinnressource.

Gott schütze uns vor der Renaissance der Religionen.

Anmerkungen

1 Rainer Traub: Die Rückkehr des Glaubens. In: Karen Andresen/ Stephan Burgdorff: Weltmacht Religion. München 2007, S. 20.
2 Christoph Schönborn/Barbara Stöckl: Wer braucht Gott? Salzburg 2007, S. 7.
3 Paolo Flores d'Arcais: Elf Thesen zu Habermas. In: Die Zeit, 22. 11. 2007.
4 Jürgen Habermas: Ein Bewusstsein von dem, was fehlt. In: Neue Zürcher Zeitung, 10. 2. 2007.
5 Schönborn / Stöckl, S. 68.
6 Christopher Hitchens: God is not great. New York 2007.
7 Jan Philipp Reemtsma: Muss man Religiosität respektieren? In: Le Monde diplomatique, 8/2005.
8 Ebenda.
9 Volkhard Krech: Wir sind diffus. Gibt es eine Wiederkehr der Religion? In: Süddeutsche Zeitung, 29. 4. 2005.
10 Siehe hierzu: Paolo Flores d'Arcais / Joseph Ratzinger: Gibt es Gott? Berlin 2006, S. 73.
11 Ebenda, S. 87.
12 Slavoj Žižek: Gefährlicher Glaube. In: Die Zeit, 11. 3. 2004.
13 Harald Martenstein: Ihr Christen! In: Die Zeit, 8. 2. 2007.
14 »Der Westen interessiert sich für unsere Köpfe nur, wenn sie rollen.« Ein Gespräch mit Jürgen Habermas. In: Frankfurter Allgemeine Zeitung, 13. 6. 2002.
15 Samuel P. Huntington: Die Religion entscheidet Wahlen. In: Cicero, Oktober 2004.
16 Rainer Traub: Die Rückkehr des Glaubens. In: Andresen/ Burgdorff, S. 15.
17 Frankfurter Allgemeine Zeitung, 20. 4. 2005.
18 Eric Kaufmann: Breeding for God. In: Prospect, November 2006.
19 Thomas Assheuer: Auf dem Gipfel der Freundlichkeiten. Jürgen Habermas und Kardinal Ratzinger diskutieren über Religion und Aufklärung. In: Die Zeit, 22. 1. 2004.
20 Jürgen Habermas: Zur Diskussion mit Kardinal Ratzinger. In: Information Philosophie, Oktober 2004, S. 7.

21 Jürgen Habermas: Glauben und Wissen. Dankesrede des Friedenspreisträgers.

22 Jürgen Habermas: Zur Diskussion mit Kardinal Ratzinger. In: Information Philosophie, Oktober 2004, S. 8.

23 Ebenda, S. 10.

24 Ebenda, S. 14.

25 Ernst-Wolfgang Böckenförde: Die Entstehung des Staats als Vorgang der Säkularisation. In: Recht, Staat, Freiheit. Frankfurt a. M. 1991, S. 112.

26 Carl Schmitt: Politische Theologie. Berlin 1993, S. 43.

27 Jacob Taubes: Theologie und politische Theorie. In: Vom Kult zur Kultur. München 1996, S. 258.

28 Michael Walzer: Exodus und Revolution. Frankfurt a. M. 1995, S. 7.

29 Ebenda, S. 90.

30 Ebenda, S. 55.

31 Karl Marx: Die Klassenkämpfe in Frankreich. Zitiert nach Walzer, S. 63.

32 Karl Löwith: Weltgeschichte und Heilsgeschehen. Köln 1953, S. 15.

33 Hans Küng: Spurensuche. Die Weltreligionen auf dem Weg. München 2005, S. 38.

34 Schönborn / Stöckl, S. 129.

35 James D. Tabor: Die Jesus-Dynastie. München 2006, S. 184.

36 Ernest Renan: Das Leben Jesu. Zürich 1981, S. 149.

37 Max Weber: Aufsätze zur Religionssoziologie, Band III. Zitiert nach Jacob Taubes: Abendländische Eschatologie. München 1991. S. 21.

38 Tabor, S. 324.

39 Hans Blumenberg: Die Legitimität der Neuzeit. Frankfurt a. M. 1983, S. 23.

40 Ebenda, S. 109.

41 Ebenda, S. 103.

42 Peter Sloterdijk: Gottes Eifer. Vom Kampf der drei Monotheismen. Frankfurt a. M. 2007, S. 32.

43 Kurt Flasch: Von Kirchenvätern und anderen Fundamentalisten. In: Süddeutsche Zeitung, 17. 10. 2006.

44 d'Arcais, S. 9.

45 Ebenda, S. 13.

46 Flasch, in: Süddeutsche Zeitung, 17. 10. 2006.

47 Otto Kallscheuer: Der neue Herr im Haus des Herrn. In: Frankfurter Allgemeine Sonntagszeitung, 24. 4. 2005.
48 Vanity Fair, 16/2007.
49 Schönborn/Stöckl, S. 140.
50 Zitiert nach Peter Seewald: Benedikt XVI. Ein Porträt aus der Nähe. Berlin 2007, S. 20.
51 Vanity Fair, 16/2007.
52 Andrea Roedig: Der Herr ist auf Sendung. In: Freitag, 11. 3. 2005.
53 Joseph Ratzinger/Benedikt XVI.: Jesus von Nazareth. Freiburg/Basel/Wien 2007, S. 305.
54 Ebenda, S. 11.
55 Ebenda, S. 351.
56 Ebenda, S. 107.
57 Ebenda, S. 122.
58 Ebenda, S. 121.
59 Ebenda, S. 233.
60 Seewald, S. 66.
61 Roedig, in: Freitag, 11. 3. 2005.
62 Ratzinger/Benedikt XVI., S. 390.
63 d'Arcais/Ratzinger, S. 38.
64 Ebenda, S. 39.
65 Detlef Horster: Jürgen Habermas und der Papst. Bielefeld 2006, S. 25.
66 Joseph Ratzinger: Was die Welt zusammenhält. In: Jürgen Habermas/Joseph Ratzinger: Dialektik der Säkularisierung. Freiburg 2005, S. 56.
67 Horster, S. 29.
68 Joseph Kardinal Ratzinger: Wahrheit, Werte, Macht. Freiburg 1993, S. 28.
69 Ebenda, S. 29.
70 Ebenda, S. 68.
71 Seewald, S. 283.
72 Jan Assmann: Monotheismus und die Sprache der Gewalt. Wien 2007, S. 20.
73 Jan Assmann: Die mosaische Unterscheidung. Oder der Preis des Monotheismus. München 2003, S. 12 f.
74 Sloterdijk, S. 31.
75 Terry Eagleton: Holy Terror. Oxford 2005, S. 104.
76 Assmann 2003, S. 31.
77 Assmann 2007, S. 51.

78 Arnold Angenendt: Toleranz und Gewalt. Das Christentum zwischen Bibel und Schwert. Münster 2007, S. 90.
79 Ebenda, S. 229.
80 Sloterdijk, S. 45.
81 Ebenda, S. 205.
82 Assmann 2007, S. 51.
83 Max Weber: Asketischer Protestantismus und kapitalistischer Geist. In: Ders.: Soziologie. Stuttgart 1992, S. 362.
84 Ebenda, S. 371.
85 Eagleton, S. 77.
86 Sayyid Qutb: Kindheit auf dem Lande. Berlin 1997.
87 Paul Berman: Terror und Liberalismus. Hamburg 2004, S. 88.
88 Gilles Kepel: The Origins of Radical Islam. London 2005, S. 39.
89 Zitiert nach Rolf Potts: The Tourist Who Influenced the Terrorists. In: The Believer, October 2006.
90 Kepel, S. 39.
91 Zitiert nach Thomas Schmidinger: Islamischer Integralismus in Ägypten. (Internet).
92 Extreme Islam: Anti-America Propaganda of Muslim Fundamentalism Edited by Adam Parfrey. Feral House 2001. S. 82 f.
93 Berman, S. 93.
94 Ebenda, S. 94.
95 Ebenda, S. 92.
96 Kepel, S. 41.
97 Berman, S. 87.
98 Robert Irwin: Is this the man who inspired Bin Laden? In: Times Literary Supplement, November 1, 2001.
99 Fouad Allam: Der Islam in einer globalen Welt. Berlin 2004, S. 58.
100 Ebenda, S. 59.
101 Grundsätzlich ist diese Absage an weltliche Herrschaft, dieser »antiautoritäre« Instinkt in allen monotheistischen Weltreligionen zu finden. Man denke nur an die berühmte Wendung aus der Apostelgeschichte: »Man muss Gott mehr gehorchen als den Menschen.« (Apostelgeschichte 5,29).
102 Sayyid Qutb: In The Shade of The Qur'an. Volume I. London 2003.
103 Ebenda, S. 272, zitiert nach Karen Armstrong: Im Kampf um Gott. München 2004, S. 338.
104 Ebenda, S. 339.
105 Qutb, S. 272 f.

106 Allam, S. 113.
107 Ebenda, S. 64.
108 Ebenda, S. 97.
109 Oliver Roy: Der islamische Weg nach Westen. München 2006, S. 43.
110 Allam, S. 62.
111 Gerd Baumann: The Multicultural Riddle. New York/London 1999, S. 78.
112 Roy, S. 20.
113 Kepel, S. 244.
114 Roy, S. 180.
115 Victor und Victoria Trimondi: Krieg der Religionen. München 2006. S. 17 f.
116 Ebenda, S. 20.
117 Eagleton, S. 93.
118 Armstrong, S. 241 f.
119 Ebenda, S. 18.
120 Zitiert nach Armstrong, S. 208.
121 Zitiert nach Armstrong, S. 250.
122 Michel Foucault: Schriften. Band 3, Frankfurt a. M. 2003, S. 868.
123 Ali Schariati: The Visage of Prophet Mohammad. Internet: www.shariati.com/mohamad2/html
124 Ali Schariati: Arise and Bear Witness. Internet: www.shariati.com/arise.html
125 Allam, S. 139 f.
126 Malise Ruthven: Der Islam. Stuttgart 2000, S. 66.
127 Ebenda, S. 61.
128 Bernard Lewis: Die Araber. München 2002. S. 62 ff.
129 Bernard Lewis: Die Wut der islamischen Welt. Frankfurt a. M. 2003, S. 48.
130 Ebenda, S. 34.
131 Ali Schariati: The Visage of Prophet Mohammad. Internet: www.shariati.com/mohamad2/html
132 Ralf Ludwig: Mohammed. Der Prophet und seine Lehre. München 2002, S. 55.
133 Ebenda, S. 60.
134 Ibn Warraq: Warum ich kein Muslim bin. Berlin 2004, S. 35.
135 Ebenda, S. 171.
136 Ruthven, S. 72.
137 Bernard Lewis: Islam and Liberal Democracy. In: The Atlantic Monthly, Februar 1993.

138 Zitiert nach Lewis 2003, S. 130.

139 Bernard Lewis: Islamic Revolution. In: The New York Review of Books, January 21. 1988.

140 Ian Buruma: Lost in Translation. In: The New Yorker, 14. 6. 2004.

141 Navid Kermani: Eine Schrift zwischen zwei Buchdeckeln. In: Süddeutsche Zeitung, 4. 2. 2003.

142 Lewis 1993.

143 Ruthven, S. 159.

144 Lewis: Islamic Revolution. In: The New York Review of Books, January 21. 1988.

145 Christoph Türcke: Wir ein Genius. In: Süddeutsche Zeitung, 22./23. Mai 2004.

146 Hilal Sezgin: Muslime unter Verdacht. In: Frankfurter Rundschau, 24. 11. 2004.

147 Samuel P. Huntington: The Clash of Civilisations. In: Foreign Affairs, Summer 1993.

148 Nils Minkmar: Familienstreit im Haus Europa. In: Haustein/Scherer/Hager: Feindbilder. Göttingen 2007, S. 23.

149 Götz Nordbruch: Der Islam ist nicht die Lösung. In: die tageszeitung, 22. 10. 2007.

150 Gerd Baumann: The Multicultural Riddle. New York/London 1999. S. 72 ff.

151 Seyla Benhabib: Der Kampf um die Kultur: Gleichheit und Vielfalt im öffentlichen Diskurs Europas. In: Feindbilder, S. 59.

152 Ebenda, S. 66.

153 Amartya Sen: Die Identitätsfalle. München 2007, S. 9.

154 Ebenda, S. 20.

155 Ebenda, S. 21.

156 Ebenda, S. 54.

157 Die Welt, 16. 2. 2006.

158 Renan, S. 69.

159 Johann Baptist Metz: Zum Begriff der neuen Politischen Theologie. Mainz 1997, S. 21.

160 Ebenda, S. 19.

161 Ebenda, S. 15.

162 Ebenda, S. 13.

163 Ebenda, S. 75.

164 Textkritisch sei es durchaus interessant, so Otto Kallscheuer, »zu wissen, wann etwa bestimmte Passagen radikaler Kritik an der Königs- oder Staatsmacht in den ›Geschichtsbüchern‹ des

Alten Testaments (Richter, Samuel, Könige) tatsächlich verfasst wurden. Gab es da überhaupt noch einen jüdischen Staat, oder entstammt die vermeintlich *anti*staatliche Kritik der Autoren oder Redakteure dieser Bücher bereits der ›*nach*staatlichen Reflexion über den Untergang der Monarchie und das Ende der Staatsreligion‹?« (Kallscheuer: Die Wissenschaft vom lieben Gott. Frankfurt 2006, S. 409.) Schrifthistorisch ist das eine faszinierende Fragestellung, im Ergebnis freilich unerheblich: Das Resultat ist eine Theologie »von unten« mit einem egalitären und antiautoritären Stachel (jedenfalls, was die weltlichen Autoritäten betrifft).

165 die tageszeitung, 7. 10. 2006.
166 Foucault, Schriften 3, S. 887.
167 Ebenda, S. 870.
168 Ebenda, S. 858.
169 Ebenda, S. 862.
170 Ebenda, S. 865.
171 Ebenda, S. 897.
172 Ebenda, S. 859.
173 Sloterdijk, S. 55.
174 Ebenda, S. 86 f.
175 Ebenda, S. 87.
176 Michel Onfray: Wir brauchen keinen Gott. München 2006, S. 221 f.
177 Richard Dawkins: The God Delusion. London 2006, S. 306.
178 Warraq, S. 34.
179 Dawkins, S. 211.
180 Ebenda, S. 226.
181 Olivia Judson: The Selfless Gene. In: The Atlantic Monthly, October 2007.
182 Gerhard Schulze: Grenzgang mit Humor. In: Uwe Justus Wenzel (Hrsg): Was ist eine gute Religion? München 2007, S. 49.
183 Bertrand Russell: Moral und Politik. München 1988, S. 82.
184 Schönborn / Stöckl, S. 153, 155.
185 Ebenda, S. 137.
186 Dawkins, S. 23.
187 Hitchens, S. 180.
188 »Ein guter Christ, wie ein Sklave oder Soldat, stellt keine Fragen«, sagte etwa der berühmte amerikanische Prediger Jerry Falwell.
189 Onfray, S. 265.

190 Russell, S. 35.
191 Onfray, S. 189.
192 Sam Harris: Das Ende des Glaubens. Winterthur 2007, S. 86.
193 Uwe Neumann: Augustinus. Reinbeck 1998, S. 34.
194 Ebenda, S. 44.
195 Ebenda, S. 45.
196 Ebenda, S. 68.
197 Russell, S. 82.
198 Dawkins, S. 252.
199 Herbert Schnädelbach: Der Fluch des Christentums. In: Die Zeit, 11. 5. 2000.
200 Bertrand Russel: Why I am not a Christian. New York 1957, S. 23.
201 Jener Jerry Falwell nahm unter Ronald Reagan sogar an geheimen nationalen Sicherheitsberatungen teil und ging später ein enges Bündnis mit George W. Bush ein. Er wurde durch manche krude These berühmt. So forderte er etwa das Verbot der TV-Sendung »Teletubbies«, weil Tinky-Winky homosexuell sei (die Figur trägt eine Handtasche!). Falwell, der davon überzeugt war, er werde das Ende aller Zeiten selbst noch erleben, verstarb 2007 an Herzrhythmusstörungen.
202 John Horgan: The God Experiments. In: Discover, December 2006.
203 Karl Marx: Zur Kritik der Hegelschen Rechtsphilosophie. Einleitung. In: Karl Marx/Friedrich Engels: Werke. Band 1, Berlin 1961, S. 378.
204 Angenendt, S. 93.
205 Ebenda, S. 56.
206 Ebenda, S. 248.
207 Ebenda, S. 380.
208 Ebenda, S. 251.
209 Ebenda, S. 252.
210 Zitiert nach Angenendt, S. 255.
211 Ebenda, S. 302.
212 Ebenda, S. 466.
213 Ebenda, S. 467.
214 Herbert Schnädelbach: Armes Christentum! In: Die Zeit, 30/2000.
215 d'Arcais: Elf Thesen zu Habermas. In: Die Zeit, 22. 11. 2007.
216 Sloterdijk, S. 168.
217 Schönborn/Stöckl, S. 97.

218 Sam Harris: Letter to a Christian Nation. New York 2007, S. 44.
219 Russel, S. 36 f.
220 Zitiert nach Harris, Das Ende des Glaubens, S. 160.
221 Zitiert nach ebenda, S. 161.

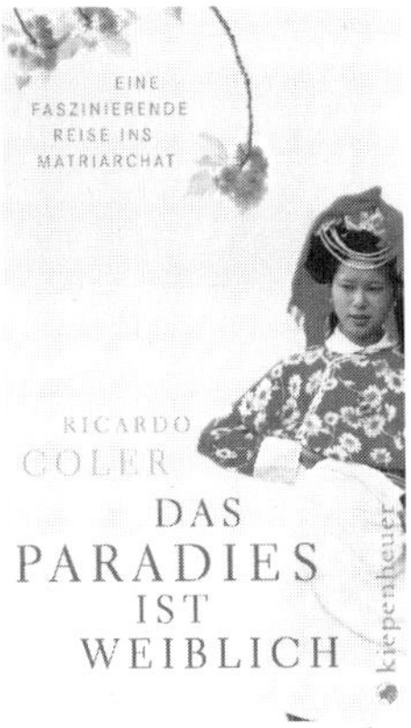

Ricardo Coler
Das Paradies ist weiblich
Eine faszinierende Reise ins Matriarchat
Aus dem argentinischen Spanisch
von Sabine Giersberg
165 Seiten. Gebunden
ISBN 978-3-378-01103-8

Im Reich der Frauen

Monatelang lebte der Journalist Ricardo Coler im Süden Chinas unter den Mosuo, einem der letzten Matriarchate dieser Welt. Er wollte mit eigenen Augen sehen, wie eine Gesellschaft funktioniert, in der die Frauen das Sagen haben und über das Vermögen der Sippe verfügen. Eine Gesellschaft, in der Mann und Frau nie als Paar zusammenleben, gemeinsamen Besitz erwirtschaften und eine Familie gründen. Eine Gesellschaft, in der Kinder nicht wissen, was ein Vater ist, und dennoch glücklich und behütet aufwachsen.
Ein faszinierender, farbenfroher Bericht aus einer Welt, der unsere Vorstellungen von Männlichkeit und Weiblichkeit auf den Kopf stellt.

»Ein absolut mitreißender Bericht.« ELLE

Mehr Informationen erhalten Sie unter
www.aufbau-verlag.de oder in Ihrer Buchhandlung

kiepenheuer